자원봉사론

임원균 · 이문국 · 이혜림 · 신용석 · 김한욱 · 김부산

창지사

머리말

우리 사회는 4차 산업 혁명의 새로운 변화를 맞이하는 가운데 더욱 복잡하고 다양한 사회 문제에 직면하고 있습니다. 사회 문제는 우리 사회복지 실천 현장에서 다양한 자원을 연계하여 문제를 해결해야 하는 상황이기 때문에 인적 자원은 매우 중요합니다.

이러한 상황에서 자원봉사 활동에 대한 사회적 인식 변화로 인해 다양한 영역에서 시민들의 자발적 참여가 증가하고 있습니다. 자원봉사 활동도 환경·문화·지역 사회 등으로 확대되고 있어 패러다임의 변화를 맞이하고 있습니다. 자원봉사 활동은 국가 차원에서 정책과 제도의 뒷받침과 함께 민간 차원에서 비영리 조직들의 참여를 통한 새로운 관점을 반영해 사회 문제를 해결해 가는 노력이 필요한 시점이라 생각합니다. 이에 공적·사적 영역의 자원봉사 활동이 시대적인 변화의 흐름에 대응하고 사회복지 활성화에 기여하고자 본서를 출간하게 되었습니다.

이 책은 총 4부 14장으로 구성하였습니다. 1부는 자원봉사의 이해로 2개의 장을 포함하였습니다. 1장은 자원봉사의 개념과 가치에 대해 서술하였습니다. 2장은 자원봉사 이론을 정리하였습니다.

2부는 자원봉사의 발달과 현황으로 2개의 장으로 구성하였습니다. 3장은 외국의 자원봉사 역사로 영국, 미국, 일본 등의 현황을 다루었고, 4장은 우리나라의 자원봉사 역사와 현황을 다루었습니다.

3부는 자원봉사 관리 과정으로 5개의 장으로 구성하였습니다. 5장은 자원봉사 관리, 6장은 자원봉사 프로그램의 기획과 직무 설계, 7장은 자원봉사자 모집과 선발, 8장은 자원봉사자 훈련과 슈퍼비전, 9장은 자원봉사의 인정·보상과 평가를 다루었습니다.

4부는 자원봉사의 실천으로 5개의 장으로 구성하였습니다. 10장은 자원봉사센터, 11장은 시민 단체(NGO)와 자원봉사, 12장은 자원봉사 학습, 13장은 활동 주체별 자원봉사 활동, 14장은 활동 분야별 자원봉사 활동을 다루었습니다.

이 책이 출판되기까지 많은 지원을 해 주신 도서출판 창지사 김기섭 대표님, 김영식 상무님, 그리고 편집부 이윤희 차장님께 감사드립니다. 부족하지만 이 책이 자원봉사론을 가르치는 데 유용한 교재가 되기를 바랍니다.

2021년 2월

저자 일동

차 례

♥ 2부 … 자원봉사의 발달과 현황 • 59

♥ 3부 … 자원봉사 관리 과정 • 111

1부

자원봉사의 이해

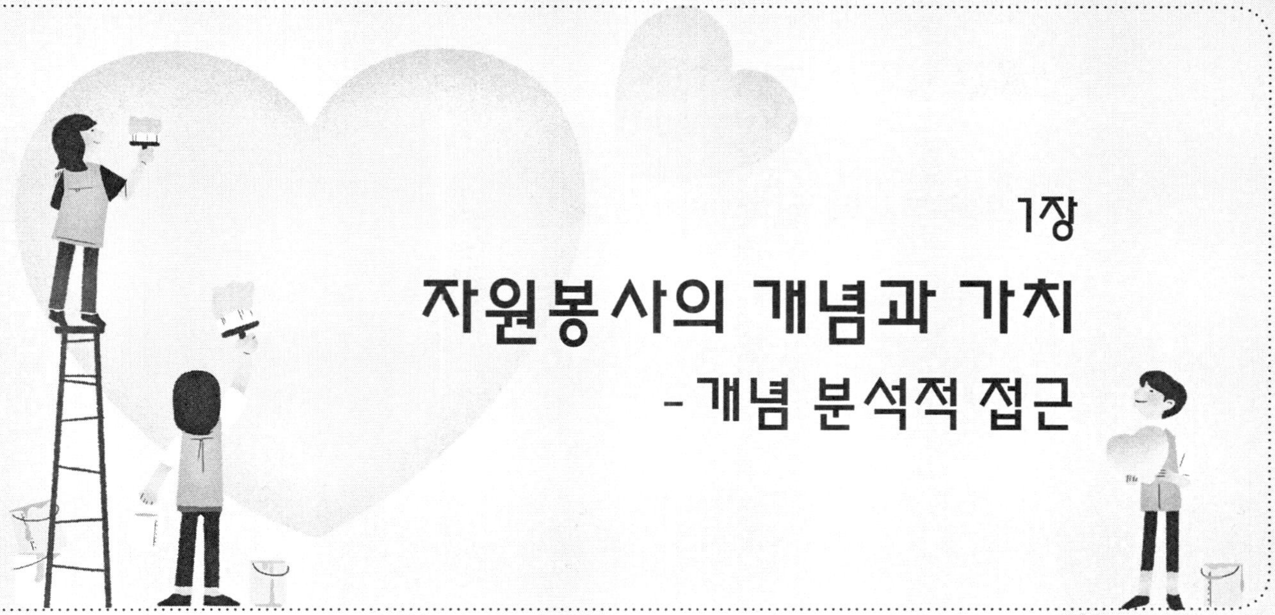

1장
자원봉사의 개념과 가치 - 개념 분석적 접근

본 장에서는 자원봉사의 개념적 검토를 통해 자원봉사의 일반적 의미와 맥락을 본격적으로 파악하고자 한다. 먼저, 통상 자원봉사의 '특성'이라고 타 교과서에 소개된 다양한 자원봉사의 '속성'들을 가시적인 두 층으로 원심 분리해 내고자 한다. 각 층은 '일반적 속성'과 '가치 중심적 속성'으로 명명하였다. 이렇게 분리된 두 층과 층별로 내포된 각각의 자원봉사 속성들을 다시 세부적으로 개별 설명할 것이다. 특히, 절을 달리하여 가치 중심적 속성의 층으로 구성된 각 4개의 속성들을 세부적으로 분석 설명할 것이다. 이 4개의 가치 중심적 속성들이 자원봉사의 철학과 가치를 구성하는 것으로 개념적으로 분석하였다. 각각의 가치 중심적 속성들에 담긴 정치-사회 철학적 의미와 맥락을 중심으로 검토함으로써, 자원봉사에 담겨 있는 그 고유한 가치적 차원을 자원봉사의 개념적 정의로부터 연역 도출하여 심층적으로 의미를 부여하고 분석적으로 설명하고자 하였다.

1. 자원봉사의 개념적 정의와 속성

먼저 어의적·사전적 정의를 검토하고자 한다. 본 정의로부터 특징적 속성을 분리하여 세부 설명할 것이다. 다음으로 개념적 정의를 검토한 후, 이로부터 본격적인 개념에 내포된 특징적 속성들을 분리 도출하여 세부적인 설명을 수행할 것이다.[1)]

1) 자원봉사의 어의적·사전적 정의

개념적 정의에 앞서 보다 기초적으로 자원봉사에 관한 어의적·자구적·사전적(辭典的) 정의를 알아보면 다음과 같다. 먼저 자원봉사(voluntarism)란 '자유 의지'를 뜻하는 라틴어인 'voluntas'에서 유래했다(정길영, 2013, 재인용). 박용순 등(2013)은 'voluntas'를 의지(will)와 욕망(desire)을 나타내는 단어로 설명하며, 통상적인 '의지'에 '욕망'의 의미를 추가했다. 즉, 자원봉사(voluntarism)는 자발적 의지(voluntary will)를 뜻하는 'volo'에 주의(主義)나 사상(思想)을 의미하는 '–ism'을 결합하여 '자유 의지를 기반으로 행동하고자 하는 실천적 입장' 정도의 의미로 해석된다.

계속해서 한자어 유래를 검토하면 다음과 같다. 한자어인 자원봉사(自願奉仕)를 한 글자씩 분리하여 검토하면 스스로 자(自), 바랄 원(願), 받들 봉(奉,) 섬길 사(仕)이다. 즉, '스스로 바라고 원하여 특정 대상을 받들고 섬긴다.'의 뜻이다. 결국 자원봉사의 자구적 의미는 종교적인 맥락에서 '신을 섬긴다'는 것을 뜻하게 된

---

1) 대다수 자원봉사 관련 교재들은 어의적·개념적 정의와 개념적 속성, 가치와 철학 간의 어떠한 유기적 연관성도 밝히지 않고 모두 백화점식 나열만 하고 있다. 그래서 왜 그렇게 자원봉사라는 현상은 이해되고 설명되며 일정한 원칙을 가지고 수행할 것을 요구하는지에 관해 아무런 논리적 설명이 존재치 않았다. 그냥 이런 것이며 이렇게 하라고 제시만 되어 있을 뿐이었다. 본 필자는 이러한 측면에 대한 명확한 문제의식을 가지고 1장을 서술하고자 노력하였다. 물론 용두사미의 우려가 크다. 어쨌든 자원봉사의 어의적 정의와 개념적 정의로부터 특징적 속성과 자원봉사의 가치 영역을 연역적으로 도출하며, 이에 근거한 자원봉사의 원칙적 활동을 논리와 일관성을 가지고 설명하고자 노력하였다.

다. 봉건 정치적으로 또한 '신민이 왕을 받들고 섬긴다.'는 의미가 된다. 계속해서 가족에 대한 봉건 윤리적인 면에서 '아내가 남편을, 자식이 부모를 섬긴다.'는 의미이다.

정리하자면, 자원봉사(自願奉仕)의 자구적 의미는 절대자, 절대 군주 혹은 가부장을 섬기는 심정으로 타인을 받들고 섬긴다는 의미가 논리적으로 도출된다. 이와 비슷하게, 신기철·신용철(1990)은 '일정한 일을 자기 스스로 원함'을 뜻하는 자원(自願)과 '남의 뜻을 받들고 섬김', 또는 '(국가나 사회 또는 남을 위하여) 자기 이해를 돌보지 않고 노력이나 힘을 들여 친절하게 보살펴 주거나 일함'을 뜻하는 봉사(奉仕)의 합성어로 풀이했다. 그래서 현외성(2014)은 자원봉사를 자구적으로 "자기 스스로 원하여 다른 사람이나 사회를 위해 도움을 제공하는 활동"으로 정의했다.

지금까지의 논의를 기반으로 라틴어 어원과 한자어를 결합하여 자원봉사의 사전적·어원적 정의를 내리면 "자유 의지를 기반으로 특정 대상을 받들고 섬기는 인간 활동"으로 요약된다. 여기서 '특정 대상'이란 신(神)일수도 사람일 수도 있고 혹은 다양한 지역 사회 문제를 의미하는 다원적인 포괄성을 담고 있는 개념으로 전제된다. 또한 사전적·어원적 정의로부터 자유 의지를 기반으로 활동하는 '자발성(自發性)'과 무언가를 받들고 섬기는 '헌신성(獻身性)', '이타성', '노력성' 등 자원봉사 자체로부터 다수의 내적 속성이 논리적으로 분리 도출된다. '지금까지 논의한 바와 같이 '특정 대상에 대한 자발적 받듦과 섬김'을 중심으로 자원봉사에 관해 보다 전문적이고 학술적인 개념적 정의를 살펴보면 다음과 같다.

2) 자원봉사의 개념적 정의와 내재된 특징적 속성의 도출

(1) 외국 학자 및 제 단체의 정의와 속성

먼저 외국의 학자나 자원봉사 관련 기관에서의 자원봉사에 관한 개념적 정의는 다음과 같다. 계속해서 개별 개념적 정의로부터 논리적으로 특징적 속성들을 분리 도출하고자 한다.

맨서와 캐스(Manser & Cass, 1970)는 자원봉사가 "개인 자신이 선택한 자원봉사 기관을 통하여 활동, 창조, 실험하며 새로운 목표를 달성하기 위해 노력하는 과정에서 최대 자유를 향유하며 민주적 과정에서 독특한 역할을 수행하고, 공익적인 요소를 촉진하기 위하여 자발적이고 사적인 노력에 따라서 실천하는 활동과 기관(김영호, 2003, 재인용)"을 의미한다고 정의했다. 맨서와 캐서의 정의로부터 다음과 같은 내재된 특징적 속성이 추출된다. 즉 활동성, 창조성, 실험성, 노력성, 자유, 민주, 참여, 공익성(공공성), 자발성 등을 들 수 있다. 맨서와 캐스의 개념에서 자유, 민주, 참여는 내적 속성이자 동시에 후술할 자원봉사의 철학과 가치를 형성하는 '가치 중심적 속성'이다.

맥그리거(McGregor)는 자원봉사가 "금전적인 보상 없이, 또는 필요한 경우에 최소한의 지불로 타인에게 서비스, 기술, 시간, 경험을 제공하는 것"이라고 정의하였다(임상록 외, 2007, 재인용). 맥그리거의 개념적 정의에서 무보수성, 헌신성이 속성으로 도출된다.

스미스(Smith, 1972)는 자원봉사를 "특정 사회 요구의 인식 아래 사회적 책임감의 태도를 가지고 금전적 보상이나 이득에 관계없이, 또 기본적 의무감에 매이지 않은 상태에서 행동할 것을 자발적으로 선택해서 이뤄지는 타인 지향적 활동"이라고 정의했다(임상록 외, 2007, 재인용). 스미스의 개념적 정의로부터 (사회적) 책임성, 무보수성, 자발성, 이타성의 속성이 도출된다.

다빌과 먼데이(Darvill & Munday, 1984)는 자원봉사를 "자신의 친족이 아닌 사람들을 위하여 무보수로 자발적인 서비스를 하는 것으로, 비공식적인 이웃과 만남을 통해서가 아닌 특정한 공식 조직을 통해 수행하는 서비스"라고 정의하였다(정길영, 2013, 재인용). 다빌과 먼데이의 개념적 정의로부터 이타성, 무보수성, 자발성, 공식성의 속성이 도출된다.

브루니(Brudney, 1998)는 자원봉사를 "공동의 행복을 지향하는데 필수 불가결한 요건으로 민주주의 철학을 기반으로 하여 개인, 집단, 지역 사회에서 발생하는 문제를 예방, 통제, 개선, 해결하려는 노력으로, 그에 상응하는 대가(보수, 지위, 명예)를 바라지 않고 자발적으로 참여하는 이타적 활동"이라고 정의하였다(박용순 외, 2013, 재인용). 브루니로부터 민주성, (사회 문제 해결)노력성, 무보수성, 자발성, 참여성, 이타성의 속성이 도출된다.

미국의 사회복지대백과사전(1995)에서는 자원봉사를 "욕구가 인식되었을 때 어떤 구체적인 이득을 생각하지 않고 사회적 책임이라는 태도로 행동을 선택하는 것이며, 이것은 시혜나 무언가를 기대하거나 어쩔 수 없이 행하는 것을 초월하는 것"으로 정의했다(이문국 외 역, 1999). 미국 사회복지대백과사전의 개념적 정의로부터 무보수성, 사회적 책임성, 비시혜성, 자발성이 속성으로 도출된다.

영국 자원봉사센터에서는 자원봉사 활동을 "자신이나 직접적인 가족이 아닌 다른 사람을 위하여 직접적인 보상 없이, 그리고 국가나 기관에 의해 요구되는 것이 아닌, 자유로운 선택에 의해 수행되는 활동"으로 정의하였다(류기형 외, 2013, 재인용). 영국 자원봉사센터의 개념적 정의로부터 이타성, 무보수성, 자발성의 속성이 도출된다.

(2) 국내 학자 및 제 단체의 정의와 속성

남기철(2007)은 "시민 사회에 능동적으로 참여하여 사회 문제를 해결하고 지역 사회의 삶의 질을 증진하고자 하는 자발적 활동"으로 정의했다. 남기철의 개념적 정의로부터 능동성, 참여, (사회 문제 해결) 노력성, 자발성의 속성이 도출된다.

김영호(2003)는 자원봉사를 '자원 복지'라는 개념으로 수정하여 정의하였다. 즉 자원봉사 행위의 자발성과 구성원의 행복 나눔이라는 개념을 전면에 내세운 '자원 복지'란 개념의 정의는 "공동체 혹은 지역 사회에서 주민들이 다양한 지역 사회 문제를 해결하고 예방하며, 전인적 인간화와 복지 공동체 문화를 창출하고, 공동의 복지 목표(생명 존중, 사랑, 정의, 평화, 행복한 삶)를 달성하기 위하여 무보수로 자발적으로 협동, 참여 혹은 지원하는 가치 창조적, 사회적 조화 노력임과 동시에 인간의 바람직한 질적인 삶, 복지적 삶 그 자체인 것"이라고 정의하였다. 김영호의 개념적 정의로부터 무보수성, 자발성, 협동성, 참여, 가치 창조성, 노력성 등의 속성이 도출된다.

김동배 등(2009)은 자원봉사를 “다른 사람이나 물질의 힘에 의지하지 않은 개인의 자유로운 결정, 즉 자발성을 그 핵심으로 하고, 경제적 이득을 얻기 위한 직업의 형태가 아닌 무상으로 이루어지며, 특정한 계층이나 개인만이 할 수 있는 특별한 활동이 아니라 사회 구성원 누구나 참여할 수 있는 사회 활동이다. 특히 자원봉사는 특정한 개인의 이익이 아닌 공익을 위한 활동이며, 조직적이고 지속적인 활동”으로 정의했다. 김동배 등으로부터 자발성, 보편성, 무보수성, 공익성, 조직성, 지속성의 속성이 도출된다.

2005년 입법 제정된 우리나라 「자원봉사활동 기본법」은 자원봉사를 “개인 또는 단체가 지역 사회, 국가 및 인류 사회를 위하여 대가 없이 자발적으로 시간과 노력을 제공하는 행위”라고 정의하였다. 이와 같은 「자원봉사활동 기본법」의 정의로부터 무보수성, 자발성의 두 속성이 도출된다.

구재관 등(2014)은 자원봉사를 “타인으로부터 물질적인 기대나 반대급부 없이, 개인이 자발적으로 공적, 사적 기관을 통해 다른 사람이나 자신이 속한 크고 작은 공동체의 안녕과 발전을 위해 노력하고 애쓰는 다양한 형태의 이타적 행위”를 의미한다고 정의했다. 구재관 등으로부터 무보수성, 자발성, 공식 조직성, 이타성의 속성이 도출된다.

한국자원봉사단체협의회(1997)는 자원봉사란 “한 개인이 소유한 자원이나 능력을 활용하여 자발적으로 사회, 공동체, 환경, 타인을 위하여 반대급부를 요구하지 않으면서 계획적이고 지속적인 활동으로 체계적인 노력을 통해 문제를 개선하고 변화시키는 것”으로 정의했다. 한국자원봉사단체협의회의 개념적 정의로부터 자발성, 무보수성, 계획성, 지속성, 체계성의 속성이 도출된다.

조휘일(2009)은 자원봉사 활동을 맨서와 캐스의 정의와 거의 유사하게 정의하였다. “개인 자신이 선택한 자원봉사 기관을 통하여 활동하고 창조하고 실험하며, 또 새로운 목표를 달성하려고 노력하는 과정에서 최대의 자유와 민주적 과정에 따라 독특한 역할을 수행하며, 공공의 이익을 위하여 자발적으로 노력하는 활동”

이라고 정의하였다. 조휘일의 정의로부터 자발성, 창조성, 실험성, 노력성, 자유, 민주, 공익성이라는 맨서와 캐스의 속성과 비슷한 속성들이 도출된다.

현외성(2014)은 자원봉사를 "물질적인 반대급부 없이 자발적으로 개인이나 사회를 위해 도움을 제공하는 사람의 다양한 분야의 활동"으로 정의하였다. 현외성의 개념적 정의의 특징은 자원봉사자와 자원봉사 활동을 분리 설명하는 다른 학자들의 정의와는 달리 양자를 결합하여 한 문장으로 정의하였다는 데 있다. 현외성(2014)의 개념적 정의로부터 무보수성, 자발성, 이타성의 속성이 도출된다.

3) 자원봉사 속성의 층별 분리와 심층 분석

본 절에서는 전 절에서 다루어진 자원봉사의 개념적 정의로부터 추출된 속성을 모두 종합하였다. 여기에는 가시적인 두 층이 나타나는데, 첫 번째 층은 자원봉사의 전형적인 속성을 나타내는 층으로 '일반적 속성'이라고 명명하였다. 유사 개념을 통폐합하고 가치의 성격이 강한 속성을 제외하면 다음과 같이 13개의 속성으로 요약 정리된다.

두 번째 현저히 가시적인 층은 여기에서 제외된 4개의 속성으로 민주성, 참여성, 자유성, 이타성 등이다. 이들 속성은 가치 지향성이 특히 강하다고 판단하여 '가치 중심적 속성'으로 명명하였다. 무엇보다도 각 속성의 말미에 민주주의, (시민) 참여주의, 자유주의, 이타주의와 같이 '−주의'를 붙여야 더 적합하다거나 자연스럽다고 여겨지는 속성들은 자원봉사의 가치적 속성을 논하는 절에서 다루고자 일반적 속성의 최종 선택 과정에서 층화 분리하였다.

즉 일반적 속성으로 가치 창조성, 공식 조직성(체계성 포함), 공익성, 노력성(헌신성 포함), 무보수성, 보편성, 실험성, 비시혜성, 자발성, 지속성(책임성 포함), 활동성(능동성 포함), 협동성, 계획성을 들 수 있다. 국내외 학자와 단체의 자원봉사 개념적 정의를 근거로 자원봉사의 속성을 표로 제시하면 다음과 같이 요약 정리된다. 빈도가 떨어지는 '비시혜성, 계획성, 협동성, 보편성'은 오로지 표를 간소화하기 위한 일환으로 '기타'로 묶었다.

〈표 1-1〉 자원봉사의 일반적 속성

	가치 창조성	공식 조직성 (체계성)	공익성	노력성 (헌신성)	무보수성	자발성	실험성	지속성 (책임성)	활동성 (능동성)	기타 (계획, 협동, 보편, 비시혜성)
맨서와 캐스	○		○	○			○		○	
맥그리거				○	○					
스미스					○	○		○		
다빌과 먼데이		○			○	○				
브루니				○	○	○		○		
미국 사회복지 대백과 사전					○	○		○		○
영국 자원봉사 센터					○	○				
남기철	○			○					○	○
김영호	○			○	○	○				○
김동배 등		○	○		○	○		○		○
자원봉사 활동 기본법					○	○				
구재관 등		○			○	○				
한국자원 봉사단체 협의회		○			○	○		○		○
조휘일	○		○	○		○	○			
현외성					○	○				
현외성 외					○	○				
계	4	4	3	6	13	13	2	5	2	5

상기 〈표 1-1〉에 나타난 속성의 경향을 살펴보면, 국내외 학자나 단체 등에 무관하게 일관성을 보이는 압도적인 특징적 속성이 '자발성'과 '무보수성'이었다. 역으로, 자원봉사는 오로지 자발성과 무보수성만을 속성으로 가진 개념인 것으로 환원하여 정의하여도 무방한 수준이다.

다만 외국 학자나 단체에서의 개념적 정의를 통해 추출되는 속성으로는 '노력성(헌신성 포함)'과 '지속성(책임성 포함)'의 빈도가 국내에 비해 상대적으로 높게 나타났다. 자원봉사 활동이 '자발적이고 무보수이지만 책임지고 지속적으로 노력과 헌신을 해줄 것'을 개념적으로 요청한 결과로 판단된다.

반면 국내의 경우는 '가치 창조성'과 '조직성(체계성 포함), 노력성(헌신성 포함)'에서 빈도수가 증가한 경향성을 보인다. 노력성은 국내외 각각 공히 3회씩(총 6회)의 빈도를 동일하게 보였다. '창조적이고 조직적인 자원봉사 활동을 헌신적으로 노력하여 수행할 것'을 개념적으로 기대한 결과로 추정 해석된다.

다만 이상에서 언급된 국내외 학자들이 내린 자원봉사의 개념 정의와 하위 속성 분석이 완전한 대표성을 지녔다고 보기에는 다소 어려움이 있다. 그래서 본 필자의 분석적 해석에 절대적인 의미 부여는 명백히 한계가 있다.

4) 자원봉사 개념의 일반적 속성과 관련 쟁점

이전 절에서 논의했던 국내외 학자 및 단체와 관계 법적 정의로부터 추출된 자원봉사에 내재된 속성에서 가장 공통적으로 등장하는 속성으로서 적어도 4회 이상 언급된 속성들을 중심으로 빈도순으로 재정리하면 자발성, 무보수성, 노력(헌신)성, 지속(책임)성, 공식 조직성, 가치 창조성의 6가지 속성으로 요약 정리된다. 빈도수만 놓고 논의하자면 총 15명 중에서 자원봉사의 속성으로 각각 13회씩(87%) 동일하게 언급된 '자발성'과 '무보수성'으로 대표된다고 해도 과언은 아닐 것이다. 학자에 따라서는 이 둘만을 자원봉사의 당연한 속성이라고 언급한 경우도 종종 있었다.

이들 6가지 속성을 근거로 개별 자원봉사의 속성과 해당 속성으로부터 파생되는 제반 쟁점들을 중심으로 세부 논의하면 다음과 같다.[2)]

(1) 자발성

자발성이란 사전적 의미로서 '남의 지시나 명령에 의하지 않고 자기 스스로의 의지에 따라 행동하는 성질이나 특성'을 뜻한다. 그래서 자원봉사에서 자발성의 속성은 자원봉사의 사전적·어의적 정의와 가장 일치하는 속성이다. '스스로 원해서 누군가를 받들고 돌보고 섬긴다.'는 사전적 정의로부터 자발성은 자원봉사의 가장 명백한 특징적 속성을 보인다. 결국 타인이나 제도의 강요로부터 이루어지는 어떤 행위도 자원봉사가 될 수 없음을 표현한다. 외관상 가치 있고 고귀해 보이는 행위도 감추어진 비자발성으로 인해 그 가치를 상실한다는 뜻이 된다.

이런 맥락에서 자발성과 관련한 자원봉사에 대한 몇 가지 쟁점이 다음과 같이 제기된다.

첫째, 학생들에게 내신이나 학점 취득을 위해 요구하는 자원봉사가 과연 자원봉사에 해당되는지 쟁점이 된다. 자구적 해석을 하자면, 강제적 요구가 동반되고 있기에 자발성이라는 속성을 이탈한 것이므로 자원봉사에서 배제되어야 할 것이다. 하지만 정신과 신체의 성숙과 발달의 과정에 있는 청소년에 대한 교육과 훈련이라는 보다 확장된 의미로 자발성을 적극적으로 해석한다면, 다소 비자발적으로 비춰지는 학생들의 자원봉사 행위를 공동체적 심성을 배양하기 위한 인간 발달의 과정적 의미로서 받아들여 자원봉사로 간주해도 그다지 큰 무리는 없을 것으로 판단된다. 다만 사람들의 관점에 따라 논쟁의 여지는 여전히 있을 것이다.

---

2) 본 장에서 다루지 않는 기타 속성들이 결코 가볍거나 무시해도 좋다는 것은 아니다.

둘째, 흔히 병역 면제를 받은 운동 선수들에게 부여되는 544시간의 자원봉사 이수 명령은 과연 자원봉사인가? 각종 국제 대회에서 우수한 성적을 거둔 이들에게 부여된 군 면제의 대가인 봉사 이수 시간을, 소위 때우기 위한 형식적 이수 혹은 하지도 않았으면서 형식적 서류만 갖추는 눈속임이라는 뜨거운 이슈가 2018년 하반기 사회적으로 크게 쟁점이 되었다. 이를 자원봉사로 볼 수 있을 것인가? 이 쟁점은 다음 속성인 무보수성과도 연관된다. 즉, 병역 면제에 대한 보상적 성격이 강하기 때문이다. 병역 면제 특혜 자체가 명백히 자원봉사의 비화폐적 보수(대가) 성격을 띤다. 또한 형식적 혹은 눈속임 봉사 시간 이수가 만연했다면 결코 원해서 하지 않았다는 측면을 반증한다. 결국, 자원봉사의 '자발성'이란 본질적 속성을 위반한 것은 아닌지 명백히 의문이 제기되는 지점이다.

셋째, 흔히 '사회봉사 명령'이라고도 불리며, 공조직에 의해 이행 강제를 요구하는 명령으로, 불법이나 위법 행위에 대한 형사 처분에 따른 집행을 의미한다. 사회봉사 이수 명령은 자발성이라는 속성의 측면에서 볼 때 과연 자원봉사인가? 이와 관련된 법규들로는 「보호관찰 등에 관한 법률」 제3조 제2항에 규정된 사회봉사 대상자로 ① 「형법」 제62조의2의 규정에 의하여 사회봉사 또는 수강을 조건으로 형의 집행유예의 선고를 받은 자, ② 「소년법」 제32조의 규정에 의하여 사회봉사 명령 또는 수강 명령을 받은 자, ③ 다른 법률에 의하여 이 법에 의한 사회봉사 또는 수강을 받도록 규정된 자로 규정하고 있다. 여기에서 제3호의 다른 법률로는 「성폭력범죄의 처벌 등에 관한 특례법」, 「성매매 알선 등 행위의 처벌에 관한 법률」 등이 있다.

이상과 같이 행위의 자발성에 위배된 법 집행의 강제 형식인 사회봉사는 원칙적으로 자원봉사가 아닌 것으로 보는 것이 타당할 것 같다. 그래서 자원봉사가 아닌 '사회봉사'라는 유사하지만 차별성 있는 별도의 명칭이 부여된 것으로 추정 해석된다.

(2) 무보수성

자원봉사의 사전적 의미가 '스스로 원해서 받들고 섬기는 것'이니 무보수성은 어쩌면 당연한 속성일 것이다. 그런데 최근 유료 자원봉사, 상해 보험 가입, 자원봉사은행 적립 등 최소한의 경비나 수당 혹은 보상이 필요하다는 목소리가 높아지고 있다.

먼저 유료 자원봉사에 대한 쟁점을 검토해 보자. 유료란 자원봉사의 무보수성에 가장 직접적으로 위배되는 쟁점일 것이다. 다만 자원봉사자의 교통비와 점심수당 정도는 유료이긴 하지만 지급하는 것이 정당하다는 주장이 근자에 제기되었다. 다만 신체 활동의 노동 대가라는 차원에서는 철저히 무보수성으로 일관되게 제한하여야 한다는 입장이다. 결국 교통비와 점심 비용은 무보수성의 예외라는 논리일 것이다. 하지만 무보수성은 재정·경제적 보수(financial remuneration)를 결코 받지 않는다는 의미가 가장 크기 때문에 실비 수준의 유료 급여일망정 논쟁의 중심에 설 수 밖에 없다. 현외성(2014)은 무보수성을 명확히 경제적 보상에 국한하였다. 그렇지만 그는 봉사 활동 그 자체가 최우선의 목표가 되어야 하며, 이러한 경제적 보상은 자원봉사 활동이 잘 유지되도록 하는 매개체에 불과하다고 쟁점을 정리하였다(p. 55). 본질은 자원봉사 활동 그 자체에 있으며, 소위 유료가 일종의 원활한 자원봉사의 윤활유와 같은 비본질적 기능을 수행하는 가벼운 수준에서는 보수가 아니라는 입장으로 해석된다. 또한 이병순 등(2014)도 실비 수준으로 지급되는 유료 자원봉사는 실비를 지급한다고 해도 봉사의 대가로 지급되는 것이 아니며, 자원봉사 활동에 소요되는 비용을 기관에서 제공한다는 의미로 보아 무보수성의 원칙을 훼손하지 않는 것으로 간주하였고 보수가 아니라고 해석하였다(p. 23). 구재관 등(2014)은 자원봉사 전문가들은 자원봉사 활성화를 위한 동기 이론에 입각하여 자원봉사 활동을 촉진시키는 동기 유발의 개념으로 실비나 유료를 대해야 한다는 입장이 있음을 소개하였다(p. 17).

두 번째 쟁점으로는, 자원봉사자에 대한 상해 보험 가입 지원이다. 이는 현금 지원도 아니고, 기관의 자원봉사 사업비의 연장으로 볼 수 있다. 또한 기관의 입장에서 자원봉사자에게 발생할 수 있는 만약의 신체 손상 사건·사고에 적극 대비한다는 측면에서 무보수성에 위배되지 않는다고 해석할 수 있을 것이다.

세 번째 쟁점으로, 봉사 시간 적립과 이에 대한 권리이다. 자원봉사은행은 적립된 자원봉사 시간만큼 되돌려 받는다는 전형적인 대가의 형태인 'give & take'이기에, 특히 쟁점이 될 수 있다. 다만 첫째, 현금 보상의 형태가 아니고 둘째, 자기가 투여한 시간에 상응하여 현금이 아닌 사회 서비스나 기타 서비스를 제공받는 형태이며 셋째, 실제로 적립한 자원봉사 시간만큼 그대로 되찾아 가는 경우도 그리 흔치 않을 것으로 추정되기 때문에 자원봉사의 무보수성의 원칙에 위배된다고 보기에는 일정한 한계가 있을 것이다.

(3) 노력성(헌신성)

자원봉사 관련 학자들로부터 세 번째로 많은 빈도수를 보인 일반적 속성은 헌신성을 포함한 노력성이다. 본 필자는 어떤 행위를 수행함에 있어 최선을 다한다는 맥락에서 노력성과 헌신성은 동일한 사태에 대한 서로 다른 언어적 표현으로 받아들였다. 그래서 동일 범주로 통합하였다.[3] 다만 이 두 속성의 관련성이 오로지 '헌신적 노력'이라는 수식-피수식어의 관계는 성립될망정 결코 동의어는 아니라는 반론은 충분히 예상된다. 그렇지만 본서에서 다루는 자원봉사의 모든 속성들은 상호 개념적으로 일정 부분 겹치는 면이 있다. 자발성과 무보수성도 명백히 그러하다. 필자는 그러한 자원봉사의 개념적 중복 현상에서 '노력성'과 '헌신성'이 다른 속성들의 중복성에 비해 특히 많은 중복 부분이 있어 개념적 유사 속성으로 받아들였음을 밝힌다.

분석 과정에서 밝혀진 자원봉사의 주요 속성은 '자발성'과 '무보수성'이었다. 당

3) 본서에서 이러한 몇 개의 유사 속성들을 다소 무리가 따르더라도 동일 개념으로 통합하려는 의도는 속성의 수를 최소화하려는 실용적 입장도 명백히 있음을 밝힌다.

연히 자발성을 가지고 무보수로 자원봉사를 수행한다고 하더라도 그 활동에서 최선을 다할 것을 기대하는 것은 어쩌면 당연한 논리적 귀결일 것이다. 그래서 지역을 위해서 활동하든지 특정 단체나 개인을 위해서 활동하든지 간에 자원봉사자에게 필요한 것은 자신의 역량을 최대한 발휘하여 헌신성을 가지고 최대한 노력을 기울일 것을 당위적으로 요청하는 것이며, 이를 일반 속성으로 본다.

다만 성실한 자원봉사를 위해 어디까지 얼마만큼의 헌신적 노력을 기울이는 것이 자원봉사의 원칙인지 쟁점이 제기된다. 자신의 모든 일상생활을 포기하고 전념할 것을 요구할 수는 없을 것이다. 과거 빈민 지역에서 활동했던 소위 주민 조직가 혹은 조직 활동가로 불렸던 빈민 운동가들은 자발성과 무보수성을 기본으로 소위 지역 사회로의 '투신(投身)'이라는 '헌신적 노력'을 당연히 수행해 왔었다. 하지만 그들은 스스로에게 자원봉사자라는 정체성을 부여하지는 않았다. 오히려 지역 사회에서 주민 지도자 개발과 양성을 위한 프로그램의 일환으로 진행된 주민봉사자에 대해서는 '자원 활동가'라는 별도의 명칭을 부여하였다. 정리하자면, 자원봉사자의 노력성은 자신의 일상성을 유지하는 범주 내에서 자신의 최선을 다할 것을 기대하는 수준의 노력으로 정리된다.

(4) 지속성(책임성)

지속성과 책임성을 동일한 개념적 하위 속성으로 통합한 것도 논쟁이 될 수 있다. 어쩌면 어휘의 액면으로 보면 노력성과 헌신성의 유사성보다 더 관계가 없어 보일 수 있다. 하지만 자원봉사가 비지속적이고 단절적이며 해도 그만 안 해도 그만이라는 식의 자원봉사자의 태도와 자세는 가장 경계를 요한다. 특히 자원봉사 서비스를 받는 개인이나 지역 사회에 미치는 영향은 아예 하지 않았을 때보다 더욱 부정적인 결과를 초래할 수 있다. 구재관 외(2014)는 자원봉사 활동이 자발적이며 무보수적인 특성을 갖고 있기 때문에 한두 번의 활동에만 참여하고 도중에 중단하는 경우가 많이 발생한다고 지적하였다(p. 18). 이러한 관점의 연장선에서 자원봉사의 '지속성'과 '책임성'은 동일한 사물의 다른 측면으로 이해된다. 그래서 하나의 개념 범주로 임의적으로 통합하여 논의하여도 무방하다고 판단하였다.

현외성(2014)도 이러한 면에서 자원봉사는 일회성이나 충동적인 행동이 아니라 일상생활 속에서 자연스럽게 지속적으로 이루어져야 한다고 강조했다. 특히 지속적인 관심이 없는 자원봉사는 오히려 자원봉사 서비스 대상자에게 불신감이나 상처를 줄 수 있음을 우려하였다(p. 29). 이병순 등(2014)도 자원봉사 활동이 일회성이나 충동적 이벤트로 끝나서는 안 된다고 경고한다. 자원봉사는 단순히 도움을 주는 활동이 아니라 도움을 매개로 하여 변화를 도모하는 활동이기 때문이며, 무엇보다도 자원봉사자의 개인적 활동이 아니라 자원봉사자, 서비스 수혜자, 조정자 등을 모두 포함하는 상호 협력적 활동임을 강조한다(p. 25). 고재욱 등(2013)도 자원봉사 활동은 자원봉사자와 봉사 대상자, 조정자 등 여러 사람들이 함께 수행하는 체계적인 활동으로서 협동성이 강조된다고 하였다(p. 43). 이러한 측면에서 자원봉사자의 '책임성'은 자연스럽게 '지속성'과 일상적인 용어에서 느껴지는 차이와는 달리 자원봉사의 차원에서는 거의 동일한 개념으로 이해하여도 크게 무리가 없을 것이다.

다만 본 지속성(책임성)의 속성은 얼마나 지속되어야 자원봉사의 본질을 훼손시키지 않고 자원봉사 활동으로 성립하는지에 관해 쟁점이 제기된다. 이에 대해 개인이나 지역 사회의 특정 사건 사례에 대해 시민 참여적 개입에 따른 문제 해결이라는 공식적 종결 시점이 있을 것이다. 바로 이 시점이 책임을 다하고 미션을 마무리 짓는 시점이라고 판단하는 것이 적절할 것으로 여겨진다. 다만 본 종결 시점에 대해서는 보편적인 확정된 시점은 있을 수 없고 환경적 상황에 따라 대단히 가변적일 것이다.

(5) 공식 조직성(체계성)

공식 조직성은 두 단어의 결합이다. 즉 '공식성'과 '조직성'이다. 조직에는 공식 조직과 비공식 조직이 있다. 공식 조직은 명확한 질서와 체계를 갖추고 공적으로 등록된 법인격이 부여된 단체를 의미한다. 현외성(2014)은 조직이 자원봉사 집단의 효율성과 지속성을 증진시키기 위한 계획, 재정, 인사, 통제 등의 절차를 의미한다고 설명했다(p. 35). 그래서 '체계성'의 속성을 통합하여 논의에 다루었다. 사물의 유기적 구성을 의미하는 맥락에서는 조직과 체계는 동의어라고 보아도 무방할 것이다. 비공식 조직은 명확한 조직적 체계성을 갖추지 못한 동호회 수준의 단순 모임을 의미한다. 공식 조직성의 속성은 결국 자원봉사 활동이 공식 조직을 통해 이루어진다는 의미일 것이다. 류기형 등(2013)은 자원봉사 활동이 비록 개인의 자발적인 활동에서 시작된다고 하더라도 다양한 사회 문제에 대응하기 위해서는 산발적이거나 비조직적으로 행해지는 활동을 조직화·체계화시켜 나가는 것이 서비스의 효율성을 증진시킨다고 주장했다(pp. 28-29). 이는 사회복지 서비스 전달자로서의 공식적인 지위 획득을 의미하기도 한다. 자원봉사자와 그의 활동이 단순히 열정만 가진 부수적인 위치로서 시간만 소비하고 사라지는 그런 가벼운 존재가 아니라는 의미이다.[4)]

동일한 관점에서 자원봉사의 '지속성' 혹은 '책임성'의 차원과도 맥락을 같이 하게 된다. 공식 조직을 통해 이루어진 행위에 대해서는 책임 소재가 보다 명확해진다. 또한 자원봉사 행위의 일회성, 단절성, 단편성, 비연속성, 파편성, 무책임성 등을 극복하는 확실한 지속성과 책임성을 기대할 수 있다.

본 속성에서 제기될 수 있는 쟁점은 모든 비공식적 자원봉사를 일괄 자원봉사 활동이 아니라고 단정 지을 수 있을 것인가 하는 점이다. 아니라면 그 명확한 경계는 무엇인지에 관해 다소 어려운 난제가 성립된다. '공식 조직성'을 자구(字句)로 좁게 해석한다면 자원봉사 등록 단체로서 중앙 자원봉사 관리 단체에 등재된 공식조직을 통해 자원봉사 활동이 수행되고 그에 대한 증빙 서류를 공적으로 발급받을 수 있을 때만 자원봉사가 성립할 것이다.

---

4) 부성래 등(1987)은 자원봉사자의 역할을 무려 12가지(문제 발견자·중개자·변호자·평가자·자원 동원자·교사·변화 매개자·자문가·기획자·통계 자료 관리자·행정가·보호 서비스 제공자)로 대단히 포괄적으로 정리하였다(박태영 외, 2013, pp. 36-37, 재인용). 이 주장을 여과 없이 수용한다면 사회복지 전문가와 역할과 기능 면에서 그다지 차별성이 없다고 해도 과언이 아니다.

(6) 가치 창조성

개개인이 자원봉사 활동이라는 이름으로 자신의 신체적 정신적 노동 시간을 투여하니 당연히 그만큼의 노동 가치가 창출될 것이다. 그렇지만 자원봉사는 이러한 노동 경제적 가치 창출의 영역에만 머무는 것은 아니다. 즉 자원봉사 활동을 통한 만남과 교류의 과정에서 서비스 제공자도 서비스 수혜자도 공히 인간의 존엄성을 상호 간에 재확인하는 계기를 마련한다. 즉 인간의 존엄과 가치라는 「대한민국헌법」 제10조의 천부 인권적 가치를 재확인하고 그러한 가치가 현실 속에 실재함을 체험하게 된다. 이처럼 자원봉사 활동을 통해 자원봉사자와 상대 수혜자는 서로의 교류 과정에서 인간 존중의 가치를 상호 확인하는 창조적 경험을 하게 된다. 아니 그러한 과정 전체가 대단히 가치-창조적이라고 볼 수도 있다.

한 걸음 더 나아가 지역 사회 수준으로 보다 확장된 상호 호혜적 관계를 통해 신뢰 관계를 수립하고 이러한 관계망이 지역 사회 내에 보다 공고해지면서 본격적인 '사회적 자본(social capital)'을 창조하게 된다. 이 사회적 자본은 구성원들 간에 호혜적 관계를 맺으면 맺을수록 중복적이고 다층적으로 반복 재생산되지만 상호 단절적 관계에서는 언제나 제로(zero) 상태에 머문다. 그래서 자원봉사 활동은 사회적 자본이라는 소중한 가치를 창조하고 재생산하는 전형적인 기제로서의 속성을 지닌다고 하겠다.

또한 자원봉사의 '가치 창조성'이라는 '일반적 속성'으로부터 확장 해석할 수 있는 바는 자원봉사의 개념적 정의로부터 별도의 층으로 분리 도출된 '가치 중심적 속성'과의 관계 규명에서 그러하다. 즉 자원봉사 활동 그 자체로부터 소중한 가치 속성인 '민주주의', '자유주의', '이타주의', '시민 참여주의'라는 가치 중심적 속성들이 본격적으로 창조된 것으로 확장 해석이 가능하다. 다만 오로지 자원봉사 활동만이 이러한 가치들을 창조하는 것으로 오인될 소지가 있다고 쟁점이 제기될 수 있다. 자원봉사는 이러한 가치적 속성들을 창출하거나 재발견하게 만드는 수많은 요인 혹은 매개물 중의 하나로 겸허히 받아들이는 것이 이러한 오독(誤讀)을 피할 수 있는 하나의 방안일 것이다.

2. 자원봉사의 철학과 가치 – 4가지 가치 중심적 속성을 중심으로[5)]

전 절에서 언급되었던 일반적 속성과는 차별적인 가치 층위로 구성된 자원봉사의 4가지 '가치 중심적 속성(value-centered attributes)'을 본격적으로 본 절에서 다루고자 한다. 이전에도 설명했듯이 속성 뒤에 '-주의(主義)'를 붙이는 것이 보다 친숙하고 자연스러운 속성들을 다음과 같이 분리 추출하였는데, 이들이 자원봉사의 철학과 가치를 구성하는 것으로 분석하였다. 또한 이들 4가지 가치 중심적 속성은 '가치 창조성'이라는 일반적 속성의 내용과 함의를 더욱 확장하고 풍부하게 해주는 것으로 이해된다. 각각의 4가지 가치 중심적 속성들은 무엇보다도 '인간의 존엄성'이라는 천부 인권적, 헌법적 가치와 기본 원리를 제각각 지향하는 공통점을 공유하고 있다. 이러한 점이 또한 자원봉사의 철학과 가치를 구성하는 속성으로서의 성격을 보다 명료하게 만든다.

1) 민주주의

민주주의는 인간의 존엄성을 실현하는 정치적 통치 원리이다. 또한 사회적으로 구성원 간에 인간의 존엄성과 상호 호혜에 기초한 신뢰 관계를 창출하는 작동 기제이다. 오늘날에는 민주주의가 이와 같은 정치 사회적 형태만을 오로지 의미하지는 않는다. '우리 가족의 분위기는 민주적이다.'라거나 '우리 조직 내 경영 방침의 결정을 보다 민주적으로 하자.' 등 사람들의 일상 생활 공간 내에서도 쉽게 찾아볼 수 있는 기본 가치이다. 여기에서 민주적이라는 의미는 가족이나 조직 혹은 다양한 집단 내에서 서로에 대한 사랑과 존중을 바탕으로 건전한 비판과 타협이 이루어지며 타인에 대한 관용 정신이 발현되고 있다는 뜻일 것이다.

---

5) 여타의 대다수 자원봉사 교과서에서는 이를 '자원봉사의 철학과 가치' 등으로 제목을 부여한다. 혼선을 피하기 위해 제목을 '자원봉사의 철학과 가치'로 일단 설정하고 부제로 '4가지 가치 중심적 속성을 중심으로' 다루겠다는 필자만의 독자적 관점으로 절의 제목을 구성하였다.

민주주의는 그 자체가 국가와 사회의 통치 원리를 의미하는 정치 철학적 추상 원리이면서, 동시에 인간에 대한 존엄성과 가치를 발견하고 실현해 나가는 철학적 가치의 구체적인 실천 과정이라는 이중적 성격을 가진다. 이러한 맥락에서 자원봉사는 그 활동을 통해 인간의 존엄성이라는 가치를 발견하고 이를 더욱 공고히 구현하기 위해 노력하는, 즉 민주주의의 기본 원리와 가치를 개념 속에 가치 중심적으로 내재하고 있음을 확인할 수 있다.

2) 자유주의

인간의 자유 혹은 철학적 가치로서의 자유주의는 타인으로부터 강요받지 않는 행위의 자발성과 행위의 결과 타인에게 피해를 주지 않아야 한다는 책임성을 기본 원리로 삼는다. 자원봉사는 자발성, 무보수성, 책임성 등을 기본 속성으로 하여 타인과 나누고 더불어 살아가는 행복한 세상을 지향하는 개념이다. 즉 자원봉사 활동을 통해 개개인은 행위의 자유를 만끽하고 타인과 사회에 책임과 의무를 다한다. 또한 이를 통해 자신과 타인의 인간 존엄성을 상호 발견하고 재확인한다.

이와 같이 인간에 대한 상호 존엄성을 확인하는 자원봉사 활동 과정을 통해, 인간은 먼저 서로에게 피해를 끼치지 않는 범위 내에서 각인의 자유를 최대한 향유해야만 한다는 좁은 의미의 자유주의 의식을 새로이 창출하는 경험을 하게 된다. 나아가 타인에 대한 소극적 피해 방지를 넘어 적극적으로 더불어 살아야 한다는 집합적 공동체 의식을 새로이 창출하기도 한다. 결국 자원봉사는 자유주의라는 근원적인 가치 중심적 속성을 기본으로 간직하고 있음을 확인할 수 있다.

3) 이타주의

이타주의는 남을 돕고자 하는 인간의 본성이다. 이 본성이 자원봉사를 통해 발현되거나 실현되는 계기를 맞는다. 그래서 이타주의는 자원봉사의 가치 중심적 속성이다. 자원봉사자는 자발적이면서 무보수로 곤경에 처한 타인이나 마을을 위해 헌신적이고 지속적으로 책임성 있게 긍정적 관여의 노력을 기울인다. 결국 자원봉사의 일반적 속성의 원리들이 모두 예외 없이 가치 중심적 이타주의와 관계되거나 그 연장선에 있음을 알 수 있다.

다만 누군가를 불쌍히 여겨 동정하는 것은 이타주의 혹은 이타성이 아니다. 그것은 단지 값싼 동정심에 불과하다. 그래서 자원봉사의 비시혜성을 별도의 속성이나 원리로 강조하기도 한다. 이와 달리 이타주의는 자원봉사의 가치 창조적 속성에 의해 창출되고 발견되는 인간의 존엄성에 관한 본질적 가치를 지향한다. 또한 그러한 연장선에서 어려움에 처한 개개인에게 헌신적으로 개입하거나 열악한 지역 사회의 다양한 문제 해결을 위해 그들과 동등한 지위의 동반자적 입장을 취하고자 한다. 또는 자원봉사자는 서비스 수혜자보다 낮은 자리에 위치하고 수혜자들을 올려다 보며 활동하고자 한다. 이러한 방식의 자원봉사만이 진정한 이타주의의 속성을 제대로 구현하고 실현하는 자원봉사 활동 혹은 자원봉사자의 올바른 태도와 자세라고 하겠다.

4) 시민 참여주의

시민 참여는 민주주의를 실현하는 주요 수단이다. 시민 참여는 적극적 시민 의식에 의해 동기화된다. 즉 민주주의의 기본 지향이라고 논의되는 인간의 존엄성을 현실 사회에서 제대로 실현하려면 자발적 시민 참여가 전제되지 않으면 안 된다는 것이다. 타인의 아픔에 대한 공감과 지역 사회 문제에 대한 인식만으로는 인간의 존엄성이 결코 제대로 구현되지 못할 것이다. 시민 참여주의라는 가치의 지향은 반드시 행위적 실천을 전제로 한다. 그런데 자원봉사 행위 그 자체가 바로 시민 참여주의의 외현화(外現化) 또는 외재화(外在化)이다. 결국 자원봉사의 가치 중심적 속성으로 '시민 참여주의'는 자원봉사라는 실천적 행동화를 통해 사회에서 민주주의, 자유주의 및 이타주의를 완성케 하는 속성이며, 당연히 자원봉사의 가치 중심적 속성이다. 또한 시민 참여주의는 자원봉사의 철학과 가치를 구성하고 구현하는 가치 중심적 속성인 것이다.

3. 사회복지와 자원봉사와의 관계–자원봉사의 개념과 속성에 근거한

사회복지를 공공의 제도적 측면에서 하드웨어라고 한다면, 자원봉사는 활동을 전제로 한 소프트웨어로 이해된다. 스웨덴에서는 사회복지의 주된 목적이 전체 지역 주민이 스스로 성장하고 자기실현을 위하여 잠재적 능력을 발휘할 수 있도록 기초적인 조건을 정비하는 것이라고 하였다(정길영, 2013, p. 21, 재인용). 그렇다면 자원봉사 실천 행위는 이러한 자기 능력의 구현 행위이며, 자원봉사 수혜자는 자원봉사자의 헌신적인 노력에 의해 잠재 능력이 발현되도록 보편적 권리로서 지원받는 과정이 될 것이다. 그렇다면 사회복지와 자원봉사는 그릇의 비유를 통해 보다 선명하게 인간의 인식 범위 내로 들어오게 된다. 사회복지가 그릇의 외관과 재질로 구성되었다면, 자원봉사는 그 그릇의 빈 공간일 것이다. 그릇은 공간을 창출하기 위해 존재하는 사물이다. 공간은 인간의 욕구를 채우고 충족시키도록 비워져 있다. 결국 이 둘이 함께 어우러져야 진정 행복한 세상이 완성된다. 다시 말하면, 사회복지가 인간과 세상의 행복을 향해 문을 활짝 열었다면, 자원봉사는 그 행복을 채워 더불어 행복한 세상을 완성한다고 하겠다.

정리하자면, 사회복지 실천 전문가라는 인적 자원을 포함한 다양한 제도적 국가 복지의 완성은 지역 사회 구성원 각자의 진정한 자원봉사 행위를 통해서 완성된다고 확장 해석된다. 즉, 보수 없이 자발적이고 헌신적으로 책임감 있게 지속적으로 개인이나 지역 사회에 개입하면서 인간의 존엄성을 담보하는 민주주의, 자유주의, 이타주의를 시민참여를 통해 달성해 나가는 것이 자원봉사의 본질적 속성이라고 할 수 있다.

다만 우리나라와 같이 제도적 복지가 여전히 미비한 나라에서는 제도적 구축이 선행되어야 한다. 자칫 일국의 복지 후진성이 사회 구성원의 자원봉사 활성화 부족으로 인해 발생하는 것처럼 호도하는 일부 원리적(原理的) 자유주의자 혹은 자유 근본주의자들을 철저히 감시하고 경계해야만 할 것이다. 물론 사회복지와 자원봉사의 동반 성장의 필요성은 아무리 강조해도 지나침이 없을 것이다.

2장 자원봉사 이론

1. 자원봉사 이론의 다양한 학문적 관점

'자원봉사'라는 일반 명사 안에는 다층적인 영역에서 이루어지는 매우 다양한 행위들이 포함된다. 이 책을 읽는 독자들에게 '자원봉사'란 무엇이라고 생각하는지를 묻는다면 다음과 같이 답할 것이다. 어떤 이들은 시민 단체에 후원금을 내거나 학교에 장학금을 기탁하는 기부 행위를 먼저 떠올릴 것이다. 다른 어떤 이들은 장애인이나 노인, 아동 등을 돕기 위해 사회복지 기관에서 자원봉사자로서 행했던 활동이 생각날 것이다. 물론 앞에서 언급한 이러한 활동들이 자원봉사를 대표하는 것이라고 볼 수 있다. 그렇다고 이들이 자원봉사를 모두 포괄할 수 있는 것은 아니다. 어떤 이들은 종친회에서 총무로 활동하거나 산악회에서 회장을 맡는 행동, 또는 인터넷 카페에서 운영자로 활동하는 것도 자원봉사에 포함된다고 주장할 것이다. 다른 어떤 사람들은 어떤 정당이나 시민 단체에서 입법 활동에 참여하거나 전문적인 지식을 가지고 시민 단체 등에 자문을 제공하는 활동을 자원봉사라고 생각할 것이다. 이처럼 자원봉사란 종친회와 같은 혈연 조직부터, 산악회처럼 친분이나 공통의 관심사에 기초한 소모임과 학교, 동네, 종교 단체, 시민 단체를 포괄하고, 때로는 관공서와 같은 공공 영역까지도 아우른다. 즉 매우 광범위한 영역이 자원봉사라는 하나의 단어 안에 포함될 수 있는 것이다.

이와 마찬가지로 자원봉사를 설명하는 이론들 역시 여러 분과 학문 영역에서 매우 다양한 이론으로 발전하여 왔다. 각각의 분과 학문들은 그 나름의 선호하는 이론 체계와 용어가 있으며 이에 기반하여 이론을 발전시켜 왔다. 그러므로 각각의 이론들은 그 분과 학문 내에서 형성된 독자적인 이론적 개념과 모델을 기반으로 하고 있다. 그러나 다른 한편으로 각각의 분과 학문들은 서로 영향을 주고받으며 상호 작용을 해 왔다. 그래서 다른 분과 영역의 개별 이론들 사이에 강한 유사성 역시 존재하고 있으며, 한 학문 분과 내에서도 다양한 이론적 스펙트럼이 존재하고 있다. 결국 각각의 이론을 개별 분과 학문의 영역 내에 차별적으로 고립시켜 이해하는 것은 사실상 불가능하다.

그럼에도 이 장에서는 자원봉사 이론을 보다 쉽게 설명하기 위하여 각각의 학문적 전통을 다음과 같이 4가지 흐름으로 구조화하고자 한다.

첫째, 자원봉사 활동에 있어서 개인적인 특성이 미치는 영향을 강조하는 심리학적 관점, 둘째, 효용 극대화를 위한 합리적 행동이라는 관점에서 자원봉사를 바라보는 미시 경제학적 관점, 셋째, 자원봉사의 사회적 맥락과 관계의 중요성을 강조하는 사회학적 관점, 넷째, 시민 사회와 민주주의의 토대라는 측면에서 자원봉사를 설명하는 정치학적 관점이 그것이다.[1)]

---

1) 사회학·문화 인류학적 전통에서 발전되어 온 '교환 이론'은 '합리적 경제인'의 맥락에서 이해하는 것이 보다 쉽게 이해될 수 있다고 판단되어 경제학적 관점에 통합하여 서술하였다. 또한 경제학적인 토대가 강한 '인적 자본' 이론은 경제학적 이론 부분에 서술하였으나, '문화 자본'과 '사회 자본'은 다른 사회 이론들과 비교하며 서술하는 것이 독자의 이해에 더 도움이 된다고 판단하여 사회학적 이론에 서술하였다.

이런 단순화는 각 이론이 가지고 있는 다양한 함의를 축소할 위험성이 있지만 그럼에도 자원봉사를 설명하는 이론적 층위를 다양하게 보여 줄 수 있다는 점에서 강점 또한 명백히 존재한다. 이러한 구조화된 설명을 통해서 독자들은 자원봉사를 설명하는 각각의 이론들이 가지는 특성을 보다 분명하게 이해할 수 있을 것이며, 또한 자원봉사 활동에 대한 이해를 '환경 속의 인간'이라는 관점에서 보다 깊게 하는데 도움을 받을 수 있을 것이다. 무엇보다도 앞의 1장에서 다룬 자원봉사의 개념과 일반적 가치 중심적 속성이 개별 자원봉사 이론과 상호 어떤 연관성과 맥락을 공유하는지 이해하는 데에도 크게 도움을 받을 수 있을 것이다.

다만 무엇보다도 반드시 기억해야 할 것은, 자원봉사 이론은 자원봉사를 왜 하는가에 관한 원인 규명을 다룬다는 것이다. 즉, 어떤 요인이 자원봉사를 활성화하는데 기여하고 어떤 요인은 오히려 자원봉사를 위축시키거나 감소시키는가를 이해하고자 한다. 이 또한 단순히 이론적 인과 관계의 이해와 검증에만 머물고자 함이 아니다. 사회복지 영역에서 자원봉사에 관한 이론적 관심을 기울이는 바는, 이를 통해 자원봉사의 활성화를 도모하고자 하는 사회복지 정책적 목표 의식도 분명히 있음을 주지하여야 할 것이다.

2. 심리학적 관점 : 개인의 동기, 인성, 욕구의 강조

심리학적 관점에서는 개인이 자원봉사 참여를 결정하고 이를 지속하는데 있어서 그가 가진 동기나 인성, 욕구 등의 개인적인 특성이 중요한 영향을 미친다고 가정한다. 경제학적 접근은 자원봉사 활동의 배후에 존재하는 경제적 합리성을 규명하고자 한다. 사회학적 접근은 자원봉사 활동에 영향을 미치는 문화적 상징 체계, 혹은 사회적인 구조를 드러내는 데 초점을 두고 있다. 심리학적 관점인 성격 심리학이나 사회 심리학에서는 개인에 따른 동기, 인성, 욕구의 차이가 자원봉사 활동에 미치는 영향력을 규명하는 데 주목하는데, 내용을 살펴보면 다음과 같다.

1) 동기 모델(motivation model)

자원봉사를 설명하는데 있어서 동기 부여 이론(motivation theory)은 매우 오랜 역사를 가지고 있다. 세부 영역에 대한 연구 역시 매우 활발하게 이루어지고 있다(Wilson 2000). 이 이론은 자원봉사 활동에 있어서 '개개인의 동기'를 강조하는 이론이다. 특히, 동기 이론은 어떤 개인이나 조직의 자원봉사 활동에서 흔히 관찰되는 경제적인 비합리성 행위를 설명하는데 강점이 있다. 즉, 겉으로 보기에는 투입되는 자원이 보상보다 더 큰 경우에도 불구하고 이를 받아들이고 자원봉사에 참여하는 이유를 설명할 수 있다.

그동안 경영학이나 산업 심리학을 중심으로 동기에 대한 연구들이 체계적으로 이루어져 왔다. 이런 이론들은 기업과 같은 영리 조직에서 유급 직원들을 대상으로 이루어진 것들이었다. 이와 같은 경영학적 동기에 대한 연구들과 자원봉사자의 동기는 분명히 차이가 있다. 직업적 동기 부여는 결근 감소나 퇴직 방지 등 근태와 밀접한 상관관계가 있다. 또한 진취적인 업무 태도나 업무 능력 강화 등에도 긍정적인 영향을 미치는 것으로 나타난다(Luthans et al., 2015; 전미선·이종수, 2014; 김미현·이종수, 2012). 그러나 비영리 조직에서 무급으로 이루어지는 자원봉사자의 행위 동기는 영리조직에 대한 연구를 중심으로 일반화된 동기 이론으로는 해명할 수 없는 부분이 많은 것으로 나타난다(Denhardt et al., 2012). 자원봉사와 관련하여 동기 부여는 자원봉사 참여에 대한 의사 결정 과정에 중요한 영향을 미치며, 지속성이나 만족도에도 영향을 미치는 것으로 알려져 있다. 자원봉사자는 어떤 활동에 참여할 때 개인적인 차원에서 나름의 특정한 목적을 가지고 있다. 일반적으로 자원봉사에 대한 참여 동기는 이타적인 가치를 구현하거나, 공동체에 참여하여 이를 개선하고자 하는 공익적인 동기가 분명히 있다.

그러나 자원봉사 활동의 동기와 관련된 연구에 따르면, 자원봉사자의 개인적인 목적 실현을 위해 수행된다는 입장을 취한다. 즉 개인적인 측면에서 여가를 보다 의미 있게 보내고 싶다거나, 자아 존중감을 증진하고자 자원봉사에 참여하는 경우도 많다. 대인 관계 측면에서 친구를 사귀거나 인적 네트워크를 형성하기 위해서 자원봉사에 참여하기도 한다. 또한 직업적인 차원에서 직무 능력을 계발하고, 경력을 쌓기 위해 봉사 활동을 행하기도 하는 것으로 나타난다. 이러한 목적들은 개인들마다 다르며 때로는 한 개인 내에서도 시점이나 활동에 따라서 다를 수 있다(류기형, 2010; 유용식·손호중, 2009; 김현진·이동수, 2011). 이러한 맥락에서 자원봉사의 속성 중에서 가장 근간이 되는 자발성이나 무보수성에 대한 근본적 쟁점이 제기되기도 한다.

2) 인성 모델(personality model)

인성 모델은 동기 모델과 함께 광범위하게 받아들여지고 있는 심리학적 접근법으로, 자원봉사 활동에 참여하게 하는 동기가 그 개인이 가지고 있는 특정한 성격 특성을 반영한다고 보는 것이다(Clary et al., 1998). 예를 들어, 어떤 개인이 가지고 있는 특성, 즉 외향적인 성격, 자아 존중감, 공감 능력, 사회적인 가치의 중시 등은 자원봉사에 참여하고자 하는 동기를 형성하는데 긍정적인 역할을 하는 것으로 본다. 역으로 대인 관계의 어려움, 우울, 불안, 초조, 낮은 자아 존중감, 높은 스트레스 수치 등과 같은 요인들은 역으로 자원봉사의 동기를 형성하는데 부정적인 요인으로 작용할 수 있다. 낯선 타인이 신체적 혹은 정신적인 곤경에 처한 것을 목격했을 때, 어떤 사람은 즉각적인 도움을 주고자 개입하는 반면에 어떤 사람들은 이를 외면한다. 왜 이 상황에서 사람들은 다른 행동을 보이는가? 이에 대해서 심리학에서는 개인이 지닌 '친사회적 인성(pro-social personality)'의 차이가 영향을 미친다고 본다(Stürmer & Snyder, 2009).

상기한 바와 같은 낯선 타인에 대한 긴급 개입과 자원봉사 활동에는 공통점도 있지만 차이점도 있다. 즉, 공동체나 타인을 돕고자 하는 자발적인 활동이라는 점에서는 공통점을 가지고 있다. 하지만 위의 사례가 비상 상황이라는 특수한 조건에 의해 행위자가 즉각적이지만 비지속적인 도움을 주는 것이라면, 자원봉사는 앞서 1장에서 다룬 자원봉사 속성에서 알 수 있듯이 체계성, 계획성, 지속성을 갖춘 활동이라는 점에서 차이가 있다. 그리고 이러한 체계성, 계획성 및 지속성이 있기에 자원봉사에 미치는 친사회적 인성의 영향력은 더 크다고 본다.

여러 연구들에서는 '친사회적 인성' 이외에도 어떤 개인이 가진 다양한 성격 특성이 자원봉사 활동에 영향을 미친다고 본다. 심리학에서 기원하는 이 모델은 자원봉사를 선호하는 성격 또는 인성적인 특성이 있다고 본다. 예를 들면 외향적이고 적극적인 성격, 높은 자기 효능감, 높은 자존감 등은 자원봉사 활동과 정(+)적인 상관관계가 있다. 반면에 불안과 우울, 새로운 환경에 대한 두려움 등은 자원봉사와 부(−)적인 상관관계가 있다. 개인적으로 더 많은 대처 자원을 가지고 있고, 정신 건강 상태가 더 좋을수록 자원봉사를 수행할 가능성이 더 크다(Dovidio et al., 2017).

이러한 모델은 성격을 넘어서 어떤 개인의 행복 수준과도 밀접한 상관관계가 있다. 선행 연구에 따르면 개인적인 차원에서 사회 자본이 높고 신체나 정신적인 건강 수준이 높은 사람들과 웰빙 수준이 높은 사람들이 자원봉사자가 될 가능성이 높아진다. 역의 방향으로 지역 사회에서 여러 가지 자원봉사 활동에 적극적으로 참여하는 사람들일수록 더 큰 삶의 만족, 자존감, 삶에 대한 인식 등에서 더 긍정적이고 더 높은 양호한 삶의 질을 누린다고 하였다(Binder, Freytag, 2013; Morrow-Howell et al., 2003).

3) 욕구 이론(need theory)

심리학자인 매슬로(Maslow)는 인간의 욕구가 그 중요도에 따라서 낮은 수준에서 높은 수준의 욕구까지 위계화되어 있다고 주장했다. 이 이론은 자원봉사의 동기를 이해하는데 있어서도 매우 중요하다. 우선 인간의 가장 기본적인 욕구는 생리적인 욕구(physiological needs)로서 인간이 생명을 유지하기 위하여 기본적으로 충족되어야 하는 욕구이며, 보다 구체적으로는 '의식주(衣食住)'에 대한 욕구가 해당한다. 둘째, 안전의 욕구(safety needs)는 생명의 박탈 위험으로부터의 안전을 추구하는 것이다. 이 두 욕구는 상대적으로 기본적인 생명 유지와 관련된 하위 욕구에 해당한다. 셋째, 소속 및 사랑의 욕구(belonging and love needs)는 타인과 관계를 맺고자 하는 욕구로서, 어떤 집단이나 조직에 안정적으로 소속되고자 하는 욕구부터 타인과 사적이면서 친밀한 관계를 형성하고 싶은 욕구까지를 포함한다. 넷째, 존중의 욕구(esteem needs)는 자아에 대해서 내적인 인정과 함께 외적으로도 어떤 지위를 얻기를 바라는 욕구이다. 다섯째, 자아실현의 욕구(self-actualization needs)로서 이는 자신의 이상을 실현하고 자신의 자아를 발현하고자 하는 욕구이다(Maslow, 2018).

욕구 이론에 따르면 인간의 자원봉사 활동은 이러한 인간 본성에 따른 욕구와 관련된 것으로 본다. 즉 인간은 자원봉사 활동을 통하여 타인과 교류하고, 관계 내에서 일정한 역할과 지위를 얻고자 하며, 나아가 자아를 실현해 가고자 한다. 결국 어떤 개인이 자신의 생존에 대한 관심으로부터 타인으로 관심을 확장하고, 다시 자아를 발현해 나가고자 하는 욕구를 가지고 있다는 것이다. 이런 점에서 자원봉사란 결국 인간이 자기 자신의 욕구를 실현하고자 행하는 것이다. 즉, 자원봉사는 그 개념의 특징적 속성에서 검토된 바와 같이 오로지 이타적이기보다는 다소 개인적인 이해관계가 반영된 이기적인 행위라고도 볼 수도 있다(Stelljes, 2008). 이런 측면에서 욕구 이론은 다음 절에서 다룰 경제학적 관점 중 사적 이익 모델이나 사회적 교환 이론과 일맥을 같이 한다. 다만 어디에 보다 강조점을 두는가에 따라 그 차이점을 찾아 볼 수 있다.

3. 경제학적 관점 : 효용 극대화를 추구하는 합리적 행동

경제학의 기본적인 가정은 '인간은 한정된 예산 제약 아래서 최대의 이익을 도모하는 경제적 합리성을 추구하는 존재'이다. 인간 행위의 목적은 '효용 즉, 이익의 극대화'에 있다는 것이다. 이런 점에서 볼 때, 자원봉사자는 비용(cost)이 편익(benefit)을 초과하는 활동을 수행한다는 점에서 경제학의 핵심 가정을 위배하는 것으로 보여 진다. 자원봉사자는 자신의 행위에 대해서 아무런 보수를 받지 않을 뿐만 아니라, 때로는 자신이 가지고 있는 자원을 아무런 경제적 보상 없이도 헌신적으로 활동에 투입하기도 하기 때문이다. 이처럼 표면적으로는 명백히 불합리해 보이는 행동의 이면에 감추어진 경제적 합리성을 규명하고자 하는 이론적 관점이 자원봉사의 경제학적 모델이며, 개략적으로 세부 이론들을 정리하면 아래와 같다.

1) 사적 이익 모델(private benefit model)

'사적 이익 모델'은 개인의 자원봉사 참여에도 효용 극대화의 경제학적 원칙이 작용한다고 가정한다. 다만 어떤 개인이 자원봉사를 통해서 얻는 효용은 물질적인 재화가 아닌 다른 형태로 구성된다는 점에서 차이가 있다. 후스틴 등(Hustinx et al., 2010)이 정리한 바에 의하면 이는 다시 다음의 2가지로 구분된다.

먼저 '투자 모델'(investment model)에서는 각 개인들이 자원봉사 활동을 통해서 그들이 원하는 훈련을 받고, 그들의 인적 자본을 향상시키는 기술을 습득한다고 본다. 예를 들어 실천 경험을 쌓기 위하여 사회복지 기관에서 자원봉사를 하거나 시민 단체에서 인턴으로 일하는 행위 등이 이에 해당된다. 이러한 자원봉사에 참여하는 개인은 그 활동의 대가가 직접적이고 명시적이며 물질적인 보상은 아니지만, 인적 자본의 증대라는 비가시적인 형태의 보상을 얻고 있다고 보는 것이다.

또한 '소비 모델'(consumption model)에서는 자원봉사자가 자원봉사 활동을 통해서 표면적으로 주어지는 물질적인 이익은 없을지라도, '기쁨'이나 '보람'과 같은 정서적인 보상을 받으며, 따라서 자원봉사 활동과 이러한 정서적인 보상 사이에는 명백한 교환 관계가 성립한다고 보고 있다(Katz & Malul, 2015; 강철희 외, 2012). 이러한 맥락에서 자원봉사의 경제학적 관점 중 사적 이익 모델은 심리학적 동기 이론 및 욕구 이론과 일정 정도 그 맥을 같이 한다. 다만 이를 개개인의 심리학적 관점에서 이해하는가 아니면 경제학적 관점에서 검토하는가의 차이만 존재한다고 하겠다.

2) 공공재 모델(public goods model)

공공재(public goods)란 어떤 개인 혹은 집단에 의해서 생산되자마자 그 집단의 모든 구성원들이 함께 소비할 수 있는 성격의 재화를 의미한다. 공공재는 특정 집단만이 이를 이용할 수 있는 경합성이나 배타성을 지니지 않는다. 따라서 공공재의 생산은 본인의 효용은 물론 다른 사람들의 효용도 함께 증가시킨다(이준구, 2008). 이처럼 '공공재 모델'은 개인들이 이타적인 특성을 가지고 있다고 본다. 또한 개개인이 자원봉사를 행하는 이유는 사회적으로 가치 있는 '공공재'를 공급하기 위한 가장 효율적인 방법의 하나로 검토되기 때문이다(강철희 외, 2012).

그러나 '공공재 모델'은 현실을 설명하는데 있어서 분명한 한계가 있다. 이론적으로만 볼 때, 복지 국가를 추구하는 정부에 의한 공공재 공급이 가시적으로 증가한다면 사회 전체적으로 향유할 수 있는 공공재의 총량이 늘어난 것이다. 결과적으로 각 개인의 자원봉사에 대한 유인도 명백히 줄어들게 될 것이다. 하지만 관련 연구들에 의하면 정부의 복지 지출이 높은 국가에서 오히려 자원봉사 활동 정도가 높게 유지되는 것으로 나타났다. 따라서 많은 경제학자들은 자원봉사라는 행위가 언급한 사적 모델과 공공재 모델을 포괄하는 것으로 보는 경향이 있다. 즉, 자원봉사는 공공재의 공급을 위해서 뿐만 아니라 개인적으로 봉사 활동을 통해 다양한 기술 습득이나 정서적인 보상을 동시에 추구한다는 것이다(Hustinx et al., 2010).

3) 사회적 교환 이론(social exchange theory)

경제학이 기본적으로 가정하고 있는 인간관은 다른 학문 분과에도 큰 영향을 미쳤는데, '교환 이론'이 대표적이다. 이 이론은 주로 사회학과 문화 인류학적인 전통에서 발전되어 왔지만, 경제학과 기본적인 인간관을 공유하고 있다. 따라서 위에서 서술한 '사적 이익 모델'과 매우 유사한 방식으로 자원봉사 활동을 설명한다. 교환 이론에서 인간은 기본적으로 '예산 제약하에서 합리적인 선택'을 추구한다고 본다.

교환 이론에 근거하여 블라우(Blau, 1964)는 '사회적 교환 이론'을 발전시켰다. 인간과 인간의 상호 작용이란 이익을 추구하는 인간들이 서로의 욕구를 충족하기 위해 행하는 상호 교환을 의미한다. 즉 개인에게 이익이 되는 상호 작용에는 적극 참여하려 하고 손실이 되는 상호 작용은 위축되거나 기피하게 된다는 입장이다. 개인은 시간이나 노력 등 자신이 가지고 있는 한정된 자원을 가지고 교환을 통해 최대한의 이익을 얻고자 한다. 역으로 그에게 어떤 편익도 주어지지 않는다면, 그는 오로지 이타적인 동기만으로 타인에게 자신의 지식이나 자원을 제공하지는 않을 것이라는 입장이다. 즉, 사회적 교환 행위는 감소하거나 나타나지 않을 것이다. 따라서 어떤 개인이나 조직이 자원봉사 활동에 참여하고 있다면, 자원봉사자가 자원봉사 활동을 통해서 어떤 이익을 얻는 교환 관계가 성립하기 때문이라는 것이 이 이론의 기본적인 시각이다(전용호·이금용, 2013; Bennett, 2018).

결국 어떤 개인이나 조직이 자원봉사 활동을 고려할 때 유급 노동이나 무역 관계처럼 교환 관계가 명확하게 드러나지 않을 뿐, 자원봉사자들은 투입되는 비용과 그로부터 얻게 될 결과적 이점이 어떻게 교환될 것인지를 명확하게 인지 및 평가하고 행동한다고 전제한다. 예를 들어, 어떤 기업의 CEO가 기업 차원에서 기부나 봉사 활동을 의사 결정하는 것은 이를 통하여 기업의 인지도나 선호도를 증가시키고자 하는 목적이 내재되어 있다. 결국 효율적인 마케팅 전략의 일환으로 시행되는 것일 수 있다는 것이다(전상경 외, 2009).

마찬가지로, 사회적으로 비난을 받은 자원봉사 기관이나 활동에는 자원봉사자의 참여가 크게 줄어든다. 왜냐하면 사회적 비난을 받고 있는 기관이나 활동에 참여하는 것은 자원봉사자 입장에서는 기대 비용이 늘어나는 반면에 이익은 감소하게 되는 것이다. 이러한 사례는 어떤 개인이 자원봉사 활동을 선택할 때 비용과 편익의 교환 관계를 인지하고 있음을 보여주는 것이다.

또한 많은 자원봉사자들은 자원봉사 활동을 통해서 얻게 되는 주된 이익뿐만 아니라 이를 통해서 얻게 되는 간접적인 이익에도 많은 관심을 보인다. 예를 들어, 학교에서 봉사 활동을 하려는 학부모는 그 자원봉사 활동을 통한 정서적 보상에도 관심이 있지만, 이를 통해서 다른 학부모들을 알게 되고 학교 관계자와 긍정적 친분이 형성되고 학교와 관련된 다양한 정보를 얻기 위하여 자원봉사에 참여하는 것일 수도 있다.

자원봉사 활동은 흔히 자원봉사자 자신이 아닌 타인들을 돕기 위한 행동으로 인식된다. 그러나 많은 자원봉사 활동은 이를 통해서 자원봉사자 자신도 수혜자가 된다. 예를 들어, 부정부패를 감시하는 시민 단체에서 자원봉사를 하는 것은 그를 통한 결과물이 자신에게도 긍정적으로 작용한다. 외국인 노동자의 권리를 확보하기 위한 자원봉사 활동에 적극적으로 참여하는 외국인 노동자는 그로 인한 권리 신장의 수혜자이기도 하다. 마찬가지로 도시공원 조성이나 재개발 반대 등의 지역 사회 이슈를 의제화하기 위한 자원봉사 활동은 그 지역에 거주하는 주민인 자원봉사자에게도 이익이 될 수 있다(Wilson, 2010; Haski-Leventhal, 2009).

교환의 관점에서 자원봉사를 설명하려는 이러한 시도에 대해 다음과 같은 여러 가지 비판이 제기될 수 있다.

첫째, 일부 교환 이론가들은 소비 된 시간과 소득 손실과 같이 쉽게 비용이나 이익을 계량화하려고 한다. 그러나 자원봉사 활동에서 투입되는 것은 단순한 시간뿐만이 아니라 재능이나 기술, 능력 등을 포함하는 것이며 이러한 것들은 계량화하기가 어렵다.

둘째, 자원봉사를 통해서 뿌듯함이나 기쁨을 얻을 수도 있고 명예를 획득할 수도 있지만, 그것들이 사람들로 하여금 자원봉사 활동을 수행하게 하는 본질적인 이유는 아니다. 많은 경우에 자원봉사자는 보상 때문에 자원봉사를 수행하는 것이 아니라, 그것을 해야 한다고 생각하기 때문에, 그것이 옳다고 믿기 때문에 그 자원봉사에 참여하는 것이다(Wilson, 2010; Lee & Brudney, 2009).

4) 인적 자본 이론(human capital theory)

인적 자본 이론은 경제학에서 발전하였지만 사회 과학 전반에 큰 영향을 미쳤다. 인적 자본(human capital)이란 '교육과 경험을 통해 축적된 지식, 기술 및 노하우 등을 의미하는 총체'로 정의된다. 기존의 경제학에서 생산에 영향을 미치는 자본은 오로지 물적인 것이거나 재정적인 것이었다. 그러나 20세기 중반에 베커(Becker)를 비롯한 일련의 학자들은 자본의 개념을 인적인 역량까지 확장하였다(Hackman et al., 2010).

이 이론에 의하면 어떤 개인의 자원봉사 활동은 한편으로는 인적 자본에 의해서 영향을 받는다고 본다. 역으로 자원봉사가 인적 자본의 형성에 영향을 미치기도 한다는 것이다. 예를 들어, 어떤 개인의 교육 수준은 자원봉사와 관련된 여러 선행 연구에서 가장 일관된 예측 변인인 것으로 밝혀졌다. 즉, 교육 수준은 어떤 사회 문제에 대한 인식을 높이고 교육을 통해 습득한 지식이나 기술은 자원봉사 활동에 대한 적응력을 높이게 된다. 또한 교육받은 사람들 즉 인적 자본의 수준이 높은 사람들은 자원봉사를 요청받게 될 가능성이 더 크며, 그들은 더 능숙한 회의 운영 능력이나 의사소통 능력을 가지고 있어서 자원봉사 활동에 적극적으로 참여하기에 용이하다. 그리고 이런 다양한 강점은 자원봉사자로 하여금 자원봉사 활동에 대한 지속성을 높일 수 있으므로, 다양한 차원에서 자원봉사 활성화에 긍정적인 영향을 미친다(Wilson, 2000; Musick & Wilson, 2008). 또한 자원봉사 활동은 이를 통해서 인적 자본을 확충할 수 있는 중요한 기제가 되기도 한다. 국내에서도 미래에 희망하는 직업과 관련된 경력을 쌓기 위해서 무급 인턴으로 자원봉사를 하는 것이 '청년 페이'라는 이름으로 사회적인 이슈가 된 적이 있었다. 서구에서도 자원봉사를 통해서 연관된 직무에 대한 지식과 경력을 쌓고, 이를 통해서 인적 자본을 확충하는 계기로 활용하고 있다(Hope & Figel, 2015).

인적 자본 이론은 또한 개인의 성격적 특성이나 동기를 강조하는 심리학적 모델로 해명하지 못하던 부분을 설명할 수 있다는 점에서도 강점이 있다. 심리학적 모델로는 선행 연구에서 나타나는 부모의 자원봉사 참여와 자녀들의 자원봉사 활동과의 높은 상관관계를 설명하는데 한계가 있었다. 하지만 인적 자본 이론에 입각하면 부모는 자녀의 규범, 가치관, 이상을 형성하는데 주도적인 역할을 한다기 보다는 정보와 자원을 제공하는 역할을 한다. 실제로 사회 경제적 지위가 높은 부모의 자녀들은 자원봉사를 할 가능성이 더 높지만 이는 규범과 가치관과 이상이 부모와 비슷해서라기보다는 부모가 자녀에게 자원봉사의 정보와 기회, 그리고 이에 필요한 자원을 제공할 수 있는 가능성이 더 크기 때문이다(Wilson & Son, 2017).

자원봉사에 관한 인적 자본 이론은 다음과 같은 이론적 한계와 제한점이 있다.

첫째, 인적 자본 특히 교육의 중요성이 자원봉사 활동에 미치는 영향이 큼에도 불구하고 이는 자원봉사 유형에 따라 달라진다고 보는 것이 좋다. 미국에서 이루어진 연구에 의하면, 높은 교육 수준은 시민권이나 정치적인 이슈와 관련된 자원봉사나 에이즈 바이러스(HIV) 관련 자원봉사에 긍정적인 것으로 밝혀졌지만, 지역 주민이나 종교, 동문 등과 관계된 비공식적인 공동체 활동에는 전혀 관련성이 없는 것으로 나타났다. 반면에, 어떤 자원봉사 활동을 하는데 있어서 대인 관계 능력과 같은 사회적 기술 외에 법률이나 의학 등의 전문적인 기술이 필요하다면 교육의 중요성 또한 증가하게 된다. 즉 인적 자본이 자원봉사에 미치는 영향은 그 자원봉사의 특성에 따라서 달라지며 이런 점에서 제한적이다.

둘째, 전술한 바와 같이 경제적 합리성 가정에 기초한 자원봉사에 관한 이론은 자원봉사 활동에 대한 참여 결정이 비용과 편익 사이의 합리적인 인지적 평가에 근거한다고 주장한다. 즉 자원봉사를 한다는 것은 그 참여자에게 명성과 존경심과 같은 인적 자본을 강화시켜 주는 보상적인 관계가 있다는 것이다. 또한 높은 교육 수준은 자원봉사의 참여 여부보다는 자원봉사 활동에 보다 잘 적응할 수 있는 도와주는 요소이다. 즉, 인적 자본이 자원봉사를 활성화하는 결정 요인이라기보다는 자원봉사를 통해 인적 자본 역시 강화되며, 이는 자원봉사의 생산성을 증가시키는 매개 요인으로 파악될 수 있다(Wilson, 2000).

4. 사회학적 관점 : 사회적인 맥락과 관계의 중요성

사회학적 관점에서는 자원봉사가 사회적인 맥락 속에서 어떤 기능을 수행하는지 검토한다. 또한 개인, 집단, 혹은 사회적인 요인들 간의 다양한 상호 작용이 자원봉사자 및 그 활동에 어떤 영향을 주는지에 관심을 기울인다. 자원봉사 활동은 사회라는 환경과 분리되어 수행될 수 없다. 자원봉사는 사회 구조 내에서 특정한 기능을 수행한다. 또한 자원봉사의 의미 역시 사회적으로 의미 부여되는 것이며 사회 경제적 요인을 반영한다는 것이 사회학의 기본적인 관점이다.

1) 사회 계층 이론(social stratification theory)

'사회 계층'(social stratification)이란 권력, 위세, 부와 같은 자원의 불평등한 분배에 따라서 구조화된 사회적 불평등을 의미한다. 유사한 개념인 사회 계급(social class)이 주로 생산 수단의 소유 여부 및 경제적인 요인에 의해 구분되며 주로 갈등적인 속성을 강조한다면, 사회 계층은 경제적 요인, 위세, 권력의 3가지 요인이 복합적으로 작용하고, 사회에 대해 기능적 속성과 갈등적 속성을 함께 가지는 것으로 검토된다(김영모, 1999).

이 이론에서는 자원봉사 활동도 사회 불평등, 즉 사회의 계층 구조를 반영한다고 본다. 어떤 개인 혹은 조직이 행하는 자원봉사라는 행위에는 어떤 사회가 가지고 있는 불평등의 구조가 영향을 미친다는 입장이다. 자원봉사 참여 정도는 그 개인들의 사회 경제적 지우에 따라서 다르며, 일반적으로는 중산층에서 그 참여도가 높은 것으로 알려져 있다(Dean, 2016). 또한 사회적 계층에 따른 자원의 불평등한 분배 구조는 자원봉사 활동 참여 여부뿐만 아니라 누가 수혜자가 될 것인가를 결정하기도 한다는 것이다. 예를 들어, 빈곤층이나 다문화 가족, 여성이나 아동, 노인 등이 주로 자원봉사의 수혜자로 인식되는데, 이들은 특정한 사회 경제적 지위를 지닌 사회 계층으로서 사회 구조를 반영한 것이기도 하다(Wilson & Musick, 1997; Southby et al., 2016).

사회 계층 이론은 인적, 문화적, 사회적 자본과도 밀접한 관련을 가지는 것으로 검토된다. 사회 계층 이론은 인적 자본 축적의 중요한 기제인 교육은 물론이고, 또한 어떤 사회 내에서 자원봉사의 근간을 이룬다고 인정되는 문화적 가치인 이타심, 연민, 사회적 책임이나 사회적 자본을 형성하는 공동체 정신 등도 모두 사회적으로 그 의미가 부여되는 것으로 본다. 왜냐하면 사회적인 신뢰와 네트워크 역시 그 사회에서 계층적으로 구조화된 불평등을 반영하는 것으로 보기 때문이다(Aida et al., 2011; Lareau, 2015).

2) 구조 기능주의 이론(structural functional theory)

구조 기능주의 사회학적 시각에 의하면 사회 체계는 여러 하위 체계로 구성되어 있다. 다시 그 하위 체계 밑에는 또 다른 하위 체계와 요소들이 존재한다. 이러한 하위 체계들은 사회를 유지, 통합, 목적 달성, 적응 등의 기능을 담당하며 유기적으로 상호 작용한다(Ritzer, 2009).

이러한 시각에 따라 자원봉사 제도라는 하위 체계 역시 사회 체계 안에서 특정한 기능과 역할을 담당하며, 사회 체계의 지속에 기여하는 것으로 본다. 구조 기능주의의 시각에서 중요시되는 자원봉사의 기능은 '사회화(socialization)'의 기능이다. 사회화란 어떤 개인이 자신이 속한 사회의 규범과 가치관, 문화 등을 학습하고 내면화하는 것을 의미한다. 이를 통해서 개인은 사회 속에서 자신의 역할을 습득하고 사회는 가치와 규범의 전승이 이루어진다는 점에서 자원봉사 하위 체계는 중요하게 고려된다(Browne, 2005; Ferrante, 2007).

이 이론은 한편으로는 사회화에 기여하게 되는 자원봉사의 교육적 기능을 강조하기도 하며, 다른 한편으로는 자원봉사의 사회 통합 기능에 주목하기도 한다. 어떤 개인은 자원봉사를 통해 자신이나 가족, 친구, 동료 등이 속한 교육 기관 혹은 시민 단체 등의 가치와 규범을 습득한다. 개개인은 그 안에서 자신의 역할을 찾게 되며, 이런 점에서 자원봉사는 사회화의 기능을 수행한다고 볼 수 있다(Choukas-Bradley et al., 2015; Nesbot, 2013). 또한 자원봉사에 참여하는 개인은 공공선, 희생, 관용과 같은 사회 통합적인 가치를 내면화한다. 이를 통해서 개개인은 사회 공동체의 성원으로서 자신의 역할과 책임을 받아들이게 된다(Putnam, 2001).

구조 기능주의의 시각에서 본 자원봉사는 사회화 외에도 사회 구조 속에서 몇 가지 특정한 기능을 담당한다.

첫째, 전 세계 대부분의 국가에서 자원봉사는 사회적으로는 매우 필요하지만 시장 기제 속에서는 충분한 양을 제공하기 어려운 사회 서비스를 공급한다. 예를 들어, 현대 사회에서 거동이 불편한 장애인이나 노인에 대한 돌봄 서비스나 저개발 국가에서의 교육이나 의료, 복지 서비스를 제공하는데 있어서 자원봉사는 큰 역할을 수행한다. 이러한 서비스의 공급에는 노동력의 제공뿐만 아니라 자원, 지식, 기술 등이 광범위한 형태로 제공된다. 즉 현대 사회에서 자원봉사는 장애인, 노인, 아동, 여성, 다문화 가족 등 사회적 약자들을 위한 다양한 사회복지 서비스들을 제공하고 있으며, 다양한 영역에서 회사나 관공서 등과 같은 기존의 조직들이 포괄할 수 없었던 서비스들을 보완하거나 대체한다. 우리 사회에서도 최근에 '사회적 경제(social economy)'에 대한 사회적 관심이 증대되고 있으며 이 둘은 밀접한 연관 관계가 있는 것으로 나타난다(서울시자원봉사센터, 2013).

둘째, 다양한 비영리 기관은 사회적 고용의 한축을 담당하는 기능을 수행한다. 지난 한 세대 동안 사회적 경제 영역 및 시민 사회 영역에 종사하는 인력은 지속적으로 증가하여 왔다. 즉 자원봉사는 자원봉사자를 관리하기 위한 비영리 조직의 성장과 확대 발전을 가져왔고, 이를 통해서 고용이 창출되는 연쇄적인 효과를 가져 온다는 것이다(Hustinx et al., 2010; Wu, 2010).

3) 문화 자본 이론(cultural capital theory)

문화 자본 이론은 사회학뿐만 아니라 문화 인류학에서도 강조되어 왔다. 이 이론은 상징적 상호 작용 이론(symbolic interaction theory)과 관련이 깊다. 상징적 상호 작용 이론의 관점에서는 자원봉사에 대해서 사회 내에서 어떤 의미가 부여되고 있는지를 탐색한다. 인간의 행동은 그 사회가 그 행동에 부여하는 개별적 가치에 영향을 받는다. 또한 이렇게 개별적으로 부여된 가치들은 하나의 사회 속에서 형성된 가치 체계나 문화를 함축하고 있다. 따라서 자원봉사에 대해서 어떤 사회가 부여하고 있는 가치, 의미를 통해서 그 사회의 문화적인 상징 체계를 규명할 수 있다(Dekker & Halman, 2003; Handy et al., 2000; Meijs et al., 2003).

이러한 연장 선상에서 '문화 자본'이란 '사회적 구분과 배제를 형성하는데 기여할 수 있으며, 개인들의 문화 취향이나 생활 양식으로 대표되는 문화 성향(habitus)'으로 정의할 수 있다(이상수, 이명진, 2014).

문화자본 이론에 따르면 자원봉사 활동이 일어나기 위해서는 개인의 이타적인 가치 뿐만 아니라 자원봉사와 같은 사회적 참여를 장려하는 사회적인 가치가 함께 존재해야 한다(이현기, 2011). 자원봉사에 대한 동기 부여는 그 사회의 문화적 상징 및 가치 체계와 밀접한 관련이 있다. 즉, 자원봉사자가 자원봉사 활동을 결심하게 만드는 가치는 그 사회의 특정한 가치와 신념 체계를 반영한다는 것이다(Dekker & Halman, 2003). 이는 자발적이고 자비로운 행동에 대해서는 긍정적 반응을 보이지만 자기 지향적이거나 이기주의적인 지향에 대해서는 반대하는 자원봉사 문화에 의해 자원봉사자들은 크게 영향을 받는다는 것이다.

이러한 시각의 연장선상에서 자원봉사의 동기라는 것은 '사회 구성주의'라는 이론적 관점에서 이해되어야만 한다. 자원봉사의 동기는 자원봉사라는 특정한 행동에 의미를 부여하고 자원봉사라는 특정한 행동을 일으키도록 구성된 사회적 담론의 일부라는 것이다(Hustinx et al., 2010). 선행 연구에 의하면 문화 자본이 많을수록 자원봉사 참여율 역시 높아지지만(Furia et al, 2018), 청소년의 자원봉사 참여는 그들이 속한 계급의 문화 자본과 밀접한 관련이 있었다(Dean, 2016).

4) 사회 자본 이론(social capital theory)

'사회적 자본(social capital)'이란 어떤 개인이나 조직의 의사 결정과 정책 형성을 가능하게 하는 규범, 신뢰, 네트워크 등을 의미한다. 즉, 사회적 자본은 사람과 사람 사이의 협력과 사회적 거래를 촉진시키는 일체의 신뢰나 규범, 연결망 등을 지칭한다. 다른 자원들을 동일하게 가지고 있거나 심지어는 유사한 인적 자본을 가지고 있는 경우에도, 그가 가지고 있는 사회적 자본에 따라서 성과에는 차이가 생길 수 있다(박희봉·김명환, 2001; 고상민 외, 2005). 윌슨(Wilson, 2000)의 이론에 입각하여, 사회 자본 이론을 자원봉사 이론에 접목하면 다음과 같다.

첫째, 사회적 자본은 개인 수준의 자원봉사 참여에 영향을 미친다. 예를 들어 사회적 자본이 풍부할수록, 즉 다양한 사회적 네트워크에 참여하고 있을수록 자원봉사 참여 기회 역시 증대된다. 또한 자원봉사 참여 과정에 대한 여러 선행 연구들에 의하면 자원봉사자는 대중 매체를 통한 사회 구성원 전체에 대한 홍보가 아닌, 대면 접촉을 통한 개인적인 호소에 보다 좌우되는 것으로 나타났다(Bekkers & de Wit, 2014). 선행 연구들에 의하면 공동체 구성원 간의 사회적 연대의 증진 및 상호 교류의 활성화는 자원봉사 참여의 확률을 유의미하게 증가시킨다고 하였다.

또한 사회 자본은 자원봉사자의 특성을 규명하는 데에도 유용하다. 즉, 사회 자본은 왜 사회 경제적 지위가 높은 사람들이 자원봉사 활동에 더 활발히 참여하는지를 설명한다. 그들은 더 많은 사회 자본을 가지고 있기에 더 많은 조직으로부터 가입 권유를 받으며, 때로는 자원봉사 활동을 그들의 사회 자본을 확장하기 위한 수단으로 활용한다.

사회 자본 이론은 가치 및 신념이나 역할-정체성 등에 있어서 특별히 친사회적인 성향을 가지고 있지 않음에도 자원봉사 활동에 적극적으로 참여하는 사람들을 설명하는 데에도 유용하다. 외향적인 사람들은 더 많은 사람들과 교류하기를 원하고, 많은 동호회나 단체에 가입하기를 선호하며, 이것은 결국 자원봉사의 기회를 증가시키는 것이다. 이와 마찬가지 관점에서, 사회 자본 이론은 학령기 자녀를 둔 부모들이나 종교인들의 경우 자원봉사 비율이 보다 높은 것을 설명하는 데에도 매우 유용하다(Wilson & Musick 1998).

둘째, 사회 자본을 통해 어떤 개인 혹은 조직은 지역 사회에 대한 그들의 영향력을 확장할 수 있다. '환경 보호'나 '도시 재개발 반대', 혹은 '동물권'과 같은 다양한 이슈들과 관련된 자원봉사 활동에 있어 사회 자본은 그들의 영향력을 확산시키고 그들의 주장을 관철시키는데 큰 영향을 미치게 된다. 상호 간 깊은 신뢰 관계가 다양한 시민 사회 활동에 힘을 부여하게 된다(Wilson, 2000; Wilson & Musick, 1998; Musick & Wilson, 2007).

사회 자본과 인적 자본은 서로 영향을 주고받는다. 사회 자본이 인적 자본에 기인할 수도 있지만, 역으로 사회 자본이 인적 자본을 형성하는데 그 역할을 할 수도 있다. 교육 수준이나 전문적인 지식과 같은 인적 자본은 사회 자본의 획득에 유리한 요인으로 작용한다. 하지만, 공동체의 사회적 유대 관계 속에서 생성된 신뢰를 기반으로 개인은 미래에 대한 희망을 키우며, 공동체의 신뢰는 개인이 인적 자본을 키울 수 있는 토대가 된다(Putnam, 2016). '무임승차자(free-rider)'의 문제에 있어서도 사회 자본은 이를 방지할 수 있는 기제가 될 수 있다. 각각의 개인들은 그들의 가족이나 친구들을 실망시키고 싶어 하지 않는다. '무임승차'는 이러한 신뢰 관계를 손상시키며, 따라서 사회 자본은 각 개인이 무임승차를 할 수 있는 기회가 생기더라도 이를 기피하게 하는 기제로 작용한다(Wilson, 2000; Illingworth, 2016).

개인 차원에서 볼 때, 그가 보다 많은 네트워크를 가지고 있으며, 그 네트워크 및 그 속에서 관계를 맺고 있는 개인들에 대한 보다 높은 신뢰를 가지고 있을 경우에, 자원봉사나 기부 활동에 보다 적극적으로 참여하게 될 것이다(Wang & Graddy, 2008). 뿐만 아니라 자원봉사자를 활용하는 조직의 입장에서도 구축된 사회 자본과 인적 자본은 매우 유용하다. 사회 자본을 통해서 자원봉사 활동의 필요성을 널리 알릴 수 있으며, 조직에 필요한 자원봉사자를 찾는 것이 더 용이해진다. 또한 기관에서는 네트워크나 신뢰 관계에 있는 개인이나 조직을 통해서 자원봉사자를 구할 때, 그들에 대해서 보다 쉽게 파악할 수 있고, 이는 그들에 대한 신뢰로 이어진다(Wilson, 2000). 우리사회에서도 많은 복지 기관들이 교회나 절 같은 종교 기관이나 인근에 있는 학교와 연계-협력 네트워크를 구축하여 자원봉사자를 확보하고 있다. 이는 기관 입장에서 볼 때, 자원봉사자 구인 비용을 절감하는 동시에, 장기간에 걸쳐서 성실하게 자원봉사를 할 수 있는, 즉 신뢰할 수 있는 자원봉사자를 구하는 효율적인 방법이 되는 것이다.

끝으로 사회 자본 이론의 제한점을 정리하면 다음과 같다(Wilson, 2000).

첫째, 사회 자본이 자원봉사에 반드시 긍정적인 기능만을 수행하는 것은 아닐 수 있다는 점이다. 위에서 우리는 사회 자본이 어떻게 자원봉사 활동에 긍정적인 상호 작용 효과를 가져 오는지에 대한 여러 선행 연구들을 정리하였다. 그러나 모든 자원봉사 활동에 있어서 사회 자본이 이러한 결과를 가져오는 것은 아니다. 예를 들어, 지역 주민 모임이나 종교 단체와 같은 사회적 네트워크와 이 속에서 쌓은 신뢰 관계는 노숙인에 대한 급식과 같은 전통적인 자원봉사 활동에는 도움을 줄 수 있지만, 지역 주민 간에 이해관계가 상충되는 지역 사회 이슈에 대한 피켓팅이나 급진적인 시민권 운동과 같은 정치적인 활동에는 오히려 저해 요인이 될 수도 있다.

둘째, 자원봉사 활동의 성격에 따라 사회 자본이 상대적으로 중요하지 않을 수 있다. 특히 현대 사회에서의 인터넷과 대중 매체, SNS의 등장은 자원봉사 활동에 있어서 기존의 사회 자본 이론으로는 설명할 수 없는 새로운 공간을 창출하고 있다. 외국의 경우, 에이즈 바이러스(HIV)나 성적 소수자에 대한 권리 보장이나 동물 권리를 보장하기 위한 자원봉사 활동은 전통적인 사회적 관계망에 의존하기 보다는 대중 매체나 인터넷, SNS에 기인하는 바가 더 컸다.

셋째, 사회 자본이 무엇인지 특히 자원봉사에 긍정적인 영향을 미치는 사회 자본이 무엇인지에 대해 일관된 정의를 내리기 어렵다. 예를 들어, 어떤 사회적 자본이 어떤 사례에서 긍정적인 영향을 미친다고 하여, 다른 사례에도 동일하게 적용되는 것으로 보기는 어렵다. 미국에서 이루어진 한 연구에 의하면, 교회 출석은 그가 가진 사회 자본을 강화할 것이지만, 온건한 개신교도에 있어서는 교회 출석 여부가 자원봉사의 비율과는 아무런 상관관계가 없는 것으로 나타났다.

넷째, 사회 자본을 통해서 구축된 신뢰는 자원봉사를 일관되게 예측하지 못한다. 1990년대 중반 미국에서 이루어진 연구들 중에는 사회 자본 이론의 설명과는 달리, 어떤 개인의 자원봉사 참여에 있어서 그 기관과 참여자 사이의, 혹은 그 기관 내의 개인들 간의 신뢰 관계가 큰 영향이 없는 것으로 나타난 경우들도 있다. 예를 들어, 동물의 생명권 보장을 위한 기부나 자원봉사를 한다고 생각해 보자. 그 자원봉사자는 그 기관과 유대 관계가 없더라도, 또한 그 기관의 실무자와의 인적 교류가 없더라도 그 기관의 목적과 활동에 대한 공감만으로 자원봉사를 하거나 기부를 하는 경우도 많을 수 있다. 또한 동일한 조직에 대한 신뢰 수준이 자원봉사에 미치는 영향 역시 집단에 따라서 차이가 있다. 예를 들어, 일반적으로 정부나 공공 영역에 대한 신뢰가 높을수록 자원봉사에도 적극적으로 참여하는 것으로 나타나지만, 아프리카계 미국인의 경우 정부에 대한 신뢰도가 낮을수록 시민 단체 등에서의 자원봉사 가능성이 커지는 것으로 나타났다. 극단적인 경우일 수도 있지만, 어떤 개인들로 하여금 정치적인 혹은 사회적인 이슈에 적극적으로 참여하여 활동하도록 하는 중요한 요인은 공공 기관이나 타인에 대한 신뢰의 부족에 기인하기도 한다(Wilson, 2000).

5. 정치학적 관점 : 시민 사회와 민주주의의 토대

정치학에서는 시민 참여의 중요성과 사회적 책임에 대한 개인적인 신념이 자원봉사에 매우 중요한 영향을 미친다고 강조한다. 정치학에서 발전된 이러한 시각은 자원봉사와 관련된 가치와 태도가 사회적으로 어떻게 형성되는가에 관심을 기울인다기보다는 민주주의와 시민 사회, 그리고 공공선과 같은 사회적 가치에 관한 개인적인 신념이 자원봉사 활동에 어떤 영향을 미치는지에 주목한다. 다른 한편으로 정치학적 관점에서는 자원봉사 활동을 현대 국가에서 시민 사회와 민주주의의 근간을 이루는 것으로 파악하고, 이에 있어서 시민의 역할을 강조한다. 한 사회의 구성원들은 정치적인 공론장에 참여하고 자신들의 권리를 주장하며, 사회적 이슈에 의견을 개진하기 위하여 자원봉사 혹은 자원봉사자 중심의 조직을 활용할 수 있다는 것이다(Eliasoph, 2013; Dekker & Halman, 2003).

1) 시민 사회의 형성

어떤 개인이나 조직은 자원봉사를 활용하여 사회 자본을 형성하고 이를 확장해 나갈 수 있다. 또한 자원봉사 활동에 근간을 둔 시민 사회 영역은 정부로 대변되는 국가 및 공공 영역과 회사로 대변되는 시장 영역에 개입하여 시민의 삶을 중재하고 완충하는 역할을 수행한다. 자원봉사는 그 자체로 사회 및 정치적 공론장에 참여하는 의사소통 행위이며, 동시에 자원봉사자들이 중심이 된 네트워크는 시민 사회의 중요한 한 축을 담당한다(성도경 외, 2004; 정규호, 2008).

2) 민주주의의 학교

앞의 1장에서 다룬 자원봉사의 가치 중심적 속성인 '민주성(주의)'과 관련되는 영역이다. 활발한 자원봉사 참여가 뒷받침되지 않는다면, 그 사회는 전체주의적이고 억압된 조건으로 퇴보할 위험에 더 크게 노출될 수 있다. 여러 선행 연구들은 자원봉사 활동을 통해서 시민들이 민주주의에 대해서 배우고 사회 및 정치적인 이슈에 참여하는 경험을 하게 된다고 밝혔다(원미순·박혜숙, 2010; 박선영, 2010).

즉, 자원봉사 활동을 통해 시민 사회 구성원들은 사회 문제에 보다 민감해지고, 공동체의 안녕과 사회 문제를 해결하고자 하는 의지가 민주주의를 갈망하는 시민 행동으로 연결된다는 것이다. 이렇게 정치학적 관점에서 자원봉사는 시민들에게 민주주의를 학습하고 익히는 교육과 훈련의 장인 '민주주의의 학교(school for democracy)'로서의 기능을 담당한다는 입장이다(김영인, 2003; 박가나, 2009; Stolle & Hooghe, 2002; Hustinx et al., 2010).

6. 자원봉사 이론의 통합적 이해

이상에서 심리학, 경제학, 사회학, 정치학 등의 다양한 분과 학문의 전통 위에서 자원봉사를 바라보는 관점이 어떤 차이점이 있는지를 설명하였다.

심리학적 관점에서는 다른 이론들에 비해서 개인이 지닌 동기, 인성, 욕구의 차이가 자원봉사 활동에 미치는 영향을 강조하였다. 이러한 관점은 개인들의 자원봉사 활동에 차이를 발생시키는 요인들을 규명하는데 강점이 있지만, 사회 구조와 다양한 주체들 간의 관계를 해명하는 데에는 약점이 있다.

경제학적 관점에서는 개인에 주목한다는 점에서는 심리학적 관점과 유사하지만, '합리적 경제인'의 관점에서 자원봉사 활동을 설명한다는 점에서 큰 차이가 있다. 경제학적 관점은 자원봉사 활동을 인간의 다른 사회 경제적 행동과 마찬가지로 '예산 제약하에서의 이익 극대화'라는 일관된 관점으로 설명하고 있다는 데 강점이 있다.

반면에 심리학적 관점의 대척점에 서 있는 사회학적 관점에서는 자원봉사 활동이 사회 속에서 어떤 기능을 수행하는지를 규명하며, 다양한 사회 주체들 사이의 관계를 사회 구조적으로 조망하고자 하였다. 사회학적 관점에서 어떤 개인의 자원봉사 활동이란 그 사회의 계층 구조에 영향 받으며, 자원봉사에 부여하는 가치는 문화적 상징 체계에 의해서 영향을 받는다.

구조 기능주의의 관점에서 자원봉사 활동은 사회 구조 내에서 사회적 가치를 전승하는 사회화의 기능을 수행하며, 사회적 관계나 신뢰와 같은 사회적 자본 등이 자원봉사 활동에 중요한 역할을 수행하는 것으로 파악한다.

반면에 정치학적 관점에서는 시민 사회와 민주주의의 토대로서 자원봉사 활동의 가치에 주목한다는 점에 있어서 위에서 언급한 3가지 이론과는 차이가 있다. 즉, 자원봉사 활동은 근대 국가의 시민 사회를 형성하고 유지하는데 큰 기여를 하고 있으며, 자원봉사를 통한 사회 참여는 현대 민주주의 사회를 구성하는 핵심적인 요인이라고 할 수 있다.

개별 분과 학문들은 각자의 전통 속에서 발전하여 왔지만 동시에 상호 간에 영향을 주고받으며 다양한 자원봉사 이론을 생성해 왔다. 또한 하나의 분과 학문 내에서도 자원봉사를 설명하는 이론들은 매우 다양한 스펙트럼을 가지고 있다. 위에서 개별적으로 서술한 각각의 이론들은 많은 부분을 서로 공유하고 함께 교류하며 발전되어 온 것이며, 이런 점에서 볼 때 자원봉사 이론은 통합적인 관점 속에서 이해되어야 한다.

따라서 본 장에서 서술한 개괄적인 개별 이론들을 나침판으로 삼아서, '환경 속의 인간(PIE; Person in Environment)'이라는 관점에서 통합적으로 심화 검토되어야 할 것이다. 무엇보다도 서구에서 개발된 여러 자원봉사 이론들을 보다 우리의 주체적인 관점에서 흡수하고 토착화하여, 우리 현실과 여건에 부합하는 자원봉사 이론으로 승화 발전하도록 이론적 성숙과 심화 발전시키는 부단한 노력이 요청된다.

2부

자원봉사의 발달과 현황

3장
외국의 자원봉사 역사

인류는 원시시대 때부터 집단을 이루어 생존을 위한 먹이 획득, 적으로부터의 방어, 자연환경과의 적응 등에서 서로 도우며 발달하였고 때로는 개인이 희생하며 타인을 돕는 봉사자가 있었을 것이다. 시대의 흐름에 따라 봉사는 개인에서 집단으로, 사회 공동체적이고 당위적인 활동으로 발달되었을 것이며 자원봉사 활동을 남을 돕는 활동으로 정의한다면, 자원봉사 활동의 역사는 인류의 시작과 같이 한다고 할 수 있다. 이에 대한 공식적으로 남겨진 기록은 없어 구체적인 역사적 유래를 찾기는 어렵지만 그 시초를 로마 시대에서 찾아보려는 경향이 있다.

약 1500여 년 전 로마 시대의 성 베네딕트(St. Benedict)가 부유층의 청년과 함께 저개발 지역인 북부 지방으로 봉사 활동을 위한 여행을 했다는 기록과 성 프란시스(St. Fransis of Accici)가 노예와 나병 환자, 도움이 필요한 사람들의 고통을 줄이고자 자원 활동을 시작하였다는 기록이 있다. 하지만 자원봉사 활동의 원형으로는 가톨릭 신부인 빈센트 드 폴(Vincent De Paul)의 사례를 가장 오래된 기록으로 간주하는데, 그는 1617년에 자선 부인회를 조직하여 빈곤한 가정에 후원 금품과 정신적 계몽을 위한 방문 대화를 한 것으로 알려져 있다(김영철, 1991).

중세 시대 외국의 자원봉사 활동은 종교 생활의 연장선으로서 동기 부여가 되었기 때문에 자선과 시혜적이며 산발적이고 비제도적이라는 특성을 가진다. 이러한 자선과 박애적인 형태의 봉사 활동은 산업 혁명기까지 이어졌다.

우선 산업 혁명이 가장 먼저 일어난 영국에서부터 다양한 자선 기관과 자원봉사 단체가 설립되고 국가가 주도적인 역할을 하였으나, 정작 자원봉사 활동은 미국 등을 포함한 신대륙에서 더 발전하게 되었다.

19세기 후반 미국에서부터 자선이 박애와 자원봉사로 분리되어 박애는 주로 경제적 여유가 있는 남성 중심의 공익 사업 활동으로, 자원봉사는 시간적 여유가 있는 여성 중심의 직접적인 원조 활동으로 정착되었다. 사회·문화적 발달은 공익을 목적으로 하는 민간 단체들의 성장을 가져왔고, 자원봉사에 대한 욕구 또한 다양화되어 자원봉사 조직과 관리의 전문화를 촉진하였다.

최초의 자원봉사센터가 1920년 미국 미네아폴리스(Minneapolis)에서 자원봉사자들에 의해 운영되었고 그 후 여러 지역에 자원봉사센터와 사무소 등이 설치되었고, 1950년대에는 자원봉사센터연합회가 설립되었다. 1960년에는 자원봉사 전문 조정자 모임이 조직되었고, 1970년에는 세계자원봉사협회(IAVE; International Association for Volunteer Effort)가 결성되었으며, 1984년에는 자원봉사전국센터, 1990년에 촛불재단(POLF; Point of Light Foundation)이 설립되는 등 미국의 자원봉사 활동은 더욱 활성화되었다.

1. 영국의 자원봉사 역사

1) 역사적 개관

영국의 자원봉사는 전통적 기독교의 자선 활동에서 시작되었다고 할 수 있다. 당시의 자원봉사자들은 중상류 계층의 박애주의자인 기독교인이 대부분이었으며 18세기 말 산업 혁명 이후 발생한 빈부의 격차 등의 사회 문제를 시민의 참여로 해결하고자 하는 다양한 자선활동이 그들을 중심으로 산발적으로 이루어졌다. 하지만 빈곤은 감소되지 않았고 조직적이지 못한 민간 자원 활동에 대한 비판이 제기되었으며 그 대안으로 1869년에 자선조직협회(COS; Charity Organization Society)가 조직되었다.

19세기 후반 영국의 자선조직협회 우애 방문과 인보관 운동(Settlement House Movement)은 시민들의 적극적인 참여를 촉진하였을 뿐 아니라 체계적인 자원봉사 활동의 시작이 되었다. 자선조직협회는 런던시를 몇 개의 지구로 구분하여 각 지구의 구빈위원회가 구제 대상자를 선정하였다. 중상류층 부인들이 중심인 우애 방문원(friendly visitor)이 구제 대상자를 대상으로 가정 방문을 통한 갱생 지도를 하였으며 1년에 2만 5,000천 사례를 관리할 정도로 책임감과 열정을 가지고 활동하였다.

인보관 운동은 빈곤을 개인의 책임이 아닌 사회의 구조적 결함에 의한 것이라는 사회개량주의에 영향을 받아 시작되었다. 1884년 런던 동부 슬럼 지역의 토인비 홀(Toynbee Hall)을 시작으로 자원봉사자들이 빈민 지역에서 주민과 함께 거주하면서 빈곤, 무지, 질병, 게으름, 불결 등에 처해 있는 주민들을 돕고 정서적 지지와 문화적, 교육적 기회를 제공하였다. 이는 케임브리지(Cambridge)나 옥스퍼드(Oxford)와 같은 대학에 영향을 끼쳤고 점차 시민의 관심이 증가하여 여러 지역에 인보관(Settlement House)이 설립되었고 현대적 의미의 자원봉사가 확대되는 토대가 되었다.

또한 사회복지 급여에 있어 국가 역할의 강화를 요구하기 시작하였고 산업 사회에 증가하는 사회 문제에 민간 차원에서의 개입 한계를 지적하며 국가의 적극적인 개입을 강조함에 따라 국가의 역할이 확대되었다. 하지만 민간 기관 또한 활발한 활동을 하였으며 전문성을 갖추고자 하였다. 특히 2차 세계 대전은 민간 활동을 더욱 촉진시켜 '새로운 박애주의 시대'라 할 만큼 규모가 확대되고 전담 유급 직원이 생기면서 보다 체계적이고 전문적인 서비스가 제공되었다(Smith, 1995). 또한 시민상담소와 가정복지단과 같은 새로운 민간 자원봉사 분야가 만들어졌다. 1960년에는 영국의 민간 사회사업 기관과 단체의 보호 및 육성을 위한 「자선법(Charity Act)」이 제정되었고 시봄(Seebohm)위원회의 시봄 보고서에 의거하여 1970년에는 지방 차원에서 자원봉사 활동을 지원하기 위한 지방 정부 「사회복지서비스법(Local Authority Social Service Act)」이 제정되었다.

1968년에 발표된 아베스(Aves) 보고서는 영국 자원봉사 활동에 큰 전환점이 되었다. 이 보고서는 전문 직원의 서비스를 보완하고 사회 서비스 제공의 통합을 위해서는 자원봉사자가 절대적으로 필요하며 이를 위한 자원봉사자의 증강, 훈련, 원조에 관한 전문가의 표준이 필요하다고 하였다. 보고서 발표 후 영국의 자원봉사센터, 전국 자원봉사센터 네트워크, 공공 및 민간에서 많은 유급 자원봉사 조직가가 발굴되었다(Sheard, 1995).

1970년대는 자원봉사 활동에 전문화, 관료화 현상이 나타나기 시작하였는데 많은 지역의 사회복지서비스국은 자원봉사 활동을 포함하는 지역 내 서비스의 조정과 지원의 역할을 하였다. 1970년대 초 유류 파동과 경제 불황은 정부의 공공지출액 삭감과 사회복지 재정 축소를 가져왔고 불안정해진 유급 자원봉사자의 지위 해결을 위해 자원봉사센터에서는 드레인 지침(Drain Guideline)을 만들어 자원봉사 활동에서의 유급 사회복지사와 자원봉사자 간의 관계를 분명히 하고자 하였다. 1979년 보수당이 정권을 탈환하면서 일탈된 집단의 통제와 실업 문제 해결을 위한 방안으로 자원봉사 활동은 다시 강조되었다.

1990년대에 들어 사회복지 서비스가 직접적 서비스 공급자의 역할에서 서비스의 구매자, 계획자, 조정자의 역할로 전환되면서 과거 정부 차원에서 이루어진 재정적 서비스 전달의 책임이 정부에서 개인, 민간 협회 또는 민간 봉사 집단으로 전환되어 사회복지 서비스 제공에서 자원봉사 영역이 보다 더 큰 역할을 하게 되었다(류기형 외, 2013). 1992년 「자선법」이 개정되면서 모금 승인이나 세금 공제 등 다양한 자원봉사 활동의 진흥을 위한 법안이 만들어졌으며 재정 보조 기관들이 설립되었다. 또한 고용자 자원봉사 활동이 추진되어 기업이 자원봉사 활동에 참여하고 있으며 자원봉사 활성화를 위한 국가적 전략적 개입으로 민·관 역할 분담의 사회 협약을 체결하면서 자원봉사 영역이 발달하고 있다.

2) 영국 자원봉사 활동의 실태

영국의 자원봉사 활동의 실태를 법적 체계, 관리 체계, 기관 및 전달 체계, 재정 체계로 구분하여 살펴보고자 한다.

(1) 자원봉사 활동의 법적 체계

산업 혁명 이후 급속도로 발달한 영국의 자원봉사 활동은 시대의 변화에 따라 역할 또한 변화하면서 국가나 지방 정부와 동반적 협력과 성장을 계속해 오고 있다. 이러한 영국의 자원봉사 활동의 발전 과정에 자원봉사 관련법의 제정 및 관련 지원 정책의 수립은 촉진적 역할을 하였는데, 1960년에 민간 사회사업 기관과 단체의 보호와 육성을 목적으로 제정된 「자선법」(1985년, 1992년 개정)은 영국의 자원봉사 진흥의 근거가 된다고 할 수 있다.

영국에는 직접적인 자원봉사법은 존재하지 않으나 「자선법」은 영국의 자선위원회(Charity Committee)에 등록된 기관과 단체에 대해 필요한 감독과 모금 허가 및 조세 감면을 규정하고 있어 간접적인 근거법이 되고 있다. 이 법에 따라 다양한 법인들이 만들어졌으며, 정부의 재정적 보조를 받는 새로운 기관들이 설립되었다. 대량 실업의 재발 방지를 위해 실업 문제에 자원봉사 활동을 연계하였으며 기업 및 개인, 민간 단체들의 참여가 증가되어 사회복지 서비스 부문에 자원봉사 영역이 중요한 부분을 차지하게 되었다.

지방 차원에서는 자원봉사 활동 지원과 조정 역할을 하는 종합적 사회복지서비스국 설치 등의 「지방정부사회복지사회법(Local Authority Social Service Act)」이 1972년에 제정되었고, 1998년에 제정된 「인권법(Human Rights Act)」은 자원봉사자들이 차별받지 않도록 보호하고 상해보험에 가입토록 하고 있으며, 특수 전문가는 손해 보험까지 들어주도록 규정하고 있다. 자원봉사자의 신상 자료가 본인의 동의 없이 활용되지 않도록 하여 사생활을 보호하는 「신상자료보호법(Data Protection Law)」(1998)과 자원봉사자들이 위험한 환경에서 작업하지 않도록 하는 「산업안전보건법(Health and Safety at Work etc. Act)」(1974)이 있으며 자선 단체를 규율하는 「자선단체법(Charities Act)」(2006) 등이 있다.

1998년 자원봉사 프로그램인 새천년 자원봉사단(MV; Millennium Volunteers)은 영국 전역의 16~24세 청년을 대상으로 영국 정부가 장려한 자원봉사 활동으로, 자원봉사를 경력으로 인정하기 위해 시작되었으나 전통적으로 민간 단체 중심의 영국 자원봉사 활동의 특성에 따라 미국보다도 늦게 추진되었다. 새천년 자원봉사단은 지역 방범, 병원 봉사, 장애 학교 교사 보조, 스포츠 활동 리더, 아동을 위한 여행 보조, 환경 보호 활동 등을 경제적 보수 없이 수행하며, 100시간 이상 자원봉사를 하면 인증서를 주고, 200시간 이상은 우수상을 수여한다. 2005년부터 내무부에서는 관대한 사회(A Generous Society)라는 정책을 시행하고 있는데 중·고등학생에게 자선 계좌를 개설하여 기부 습관을 기르도록 하는 목적의 정책이다.

(2) 자원봉사 활동의 관리 체계

영국의 자원봉사자들을 관리, 지도하는 자원봉사 조직가(Volunteer Organizer)는 민간 단체에서의 자원봉사 조직가와 사회복지사로서의 자원봉사 조직가가 있으며 이들의 역할은 매우 다양하다. 자원봉사 조직가의 자격을 사회복지사로 제한하지 않으나 높은 전문성이 요구된다. 전국 자원봉사 기관 실무자는 전국자원봉사협의회(NACVS; National Association of Council for Voluntary Service)에서, 자원봉사 조정자(Volunteer Coordinator)는 영국자원봉사(Volunteering England)에서 교육을 받아야 한다.

영국의 런던자원봉사센터의 자원봉사자 관리 사례를 보면, 센터에는 기관 운영의 최종 권한을 가진 이사회의 운영위원회가 설치되어 있고 유급 직원은 매일 자원봉사자 관리를 포함한 기관 운영 업무이나 새로운 아이디어 연구 등의 일을 하고, 운영위원은 특별한 경우를 제외하고 무급으로 일하며 타 기관과의 네트워크에 대한 책임을 진다. 자원봉사 기관은 문서 작성, 서류 정리, 기록물 보존, 전화 응대 및 우편물 관리 등에 사무 자원봉사자를 활용하고 있으며, 자원봉사자는 자원봉사 활동에 소요되는 교통비를 신청할 수 있고, 자원봉사 활동 시 간식이 제공되고 식사 시간이 지나도록 일을 해야 할 경우에는 식사비가 지급된다. 사무 자원봉사자 선발과 배치는 지역 자원봉사센터가 하며 기관은 사전에 사무 자원봉사자가 담당할 업무 및 기관 운영에 관한 안내 설명서를 제공한다. 그 외 지역 주민 중 자선 단체 지원자로 등록된 등록 자원봉사자가 있는데, 이들은 주로 지역 정보 신문이나 자원봉사자 게시판 홍보로 모집되는데 사전에 전화로 자원봉사 활동에 대한 기초적 설명을 제공해야 하며 기관에서 방문 활동을 요청 시에는 교통비와 간단한 간식이 제공된다. 전문적 관리 기술을 훈련받은 자원봉사 조직가는 자원봉사자에게 기관이 기대하는 바를 명확하게 설명하고 최소한의 준수 사항과 표준 업무가 기술된 문서를 제공하며 자원봉사자와 직원들이 팀원으로 협력할 수 있도록 지도 감독 및 관리한다(Hedley & Smith, 1994).

(3) 자원봉사 기관과 전달 체계

1995년 메이저(Major) 총리는 국회 연설을 통해 박물관 안내와 장애인 및 환자 간병 등과 같이 과거에는 공무원이나 정부 고용인들이 담당한 업무를 자원봉사자에게 맡기도록 부처별 자원봉사자의 의무적 활용 방안을 연구하도록 지시하였다. 이와 같이 영국의 자원봉사 활동은 단순 사회 운동의 차원을 넘어 주요 기간 산업과 같이 확고한 위치를 차지한다.

정부 차원의 자원봉사 업무를 담당하고 있는 기관으로는 내무부에 자원봉사과(Voluntary Services Unit)가 설치되어 있으며 전문가들로 구성되어 자원봉사 활동의 발전을 위한 각종 정책 수립 및 예산 배분 등의 일을 수행하고 있다.

민간 차원의 자원봉사 활동 업무를 수행하는 기관으로는 자원봉사단체협의회(Council for Voluntary Organization), 자원봉사센터(Volunteer Center), 영국자원봉사(Volunteering England), 전국 또는 지역별 자원봉사 기관 등이 있다. 자원봉사단체협의회는 전국자원봉사단체협의회(National Council for Voluntary Organization)와 지방자원봉사단체협의회(Local Council for Voluntary Organization)로 구성되었으며 전국자원봉사단체협의회는 수많은 비영리 조직의 회원들로 구성되어있다. 자원봉사단체협의회는 자원봉사 활동 전체 총괄 기능이 아니라 필요한 목적을 위해 기관 간 협력·지원·옹호, 자원봉사 단체의 컨설팅 등의 기능을 하며, 자원봉사센터나 자원봉사 기관의 상부 기관은 아니다.

자원봉사센터는 영국자원봉사(Volunteering England)의 회원 기관으로 지역적, 사업적 특성에 따라 독립적으로 운영되고 있으며 자원봉사자의 모집, 교육 및 훈련, 봉사 활동 개발 등을 수행하는 자원봉사 활동 현장과 가장 밀접한 기관이다. 영국자원봉사사무국(National Association of Volunteer Bureaux)은 영국에서 가장 규모가 큰 전국 조직으로, 전국 400여 곳의 자원봉사사무국(Volunteer Bureaux)과 지부를 회원으로 두고 있으며 지역 자원봉사 발전 전략 수립 및 자원봉사 활동 참여 유도, 정보 제공, 훈련 및 연구, 캠페인 등의 활동을 하고 있다. 영국자원봉사(Volunteering England)는 지역의 자원봉사센터와 네트워킹을 하는 영국의 대표적인 자원봉사 단체로 2013년에 전국민간기관협의회에 통합되었으며 공공·민간 분야에서 자원봉사 활동을 촉진하고 대정부 로비 활동, 자원봉사 관련 정보 제공, 기술적 원조, 교육 훈련, 출판, 상담 및 조사 연구 등의 활동을 하고 있다.

그 밖에 찰스 황태자 기업지도자 포럼(Prince of Wales Business Leaders Forum)

이 있는데 1990년에 지구 환경과 삶의 질 유지를 위한 방안으로 기업의 지역 사회 참여를 촉진하고 기업가 정신을 진작하기 위해 창설한 기구이다. 이 포럼에는 미국의 코카콜라, 3M, 독일의 BMW, 영국의 석유 회사 등을 포함하여 세계적으로 약 330여 개의 그룹들이 참여하고 있으며 국제적인 네트워크를 구축하여 중앙 유럽, 아시아, 중동, 라틴 아메리카 등에서 지역 사회를 돕는 활동을 벌여 기업이 개발의 파트너로서 지역 사회에 참여하고 돕는 프로그램을 지원하는 역할을 하였다(도숙자, 2005).

(4) 자원봉사 활동의 재정 체계

영국의 자원봉사센터 및 자원봉사 기관의 재정은 중앙 및 지방 정부의 보조금, 정부 사업의 지원금, 기부금, 회원의 회비, 상품 판매와 대여 사업 및 투자로 인한 수익금, 재단 및 공동모금회 등의 후원금 등으로 이루어진다.

전통적으로 영국의 자원봉사 기관은 회비, 기부금 등 자체적 재정을 기반으로 하였으며 최근 민간 영역과의 협력을 강화하기 위해 정부 차원에서 영국자원봉사 등에 재정적 지원을 확대하였으나 민간 기관과 계약한 프로젝트에만 지원금을 제공하는 개혁안을 설정하고 있어 계약 사업 부문에 한해 재정을 지원받고 그 외는 전통적 방법인 자율적인 재정 확보 체계를 따르고 있다. 영국자원봉사의 예산은 중앙 정부에서 70%를, 나머지 특별 프로그램으로 중앙이나 주 정부, 은행, 전화 회사 등 민간 기업으로부터 30%를 지원받고 있다.

2. 미국의 자원봉사 역사

1) 역사적 개관

미국은 전 세계에서 국가 전역에 자원봉사 활동이 고르게 펼쳐져 있는 유일한 국가라 할 만큼 자원봉사 활동이 활발히 진행되고 있으며 자원봉사 활동에 대한 국민 의식이나 국가적 제도가 잘 발달되어 있다. 미국의 자원봉사 활동의 역사는 영국의 이주자들이 생존과 정착을 위해 서로 협력하고 공동체를 형성하는 과정에서 약자에 대한 자발적인 구호 활동으로부터 시작되었다고 할 수 있다.

1657년에 병자를 돕고 빈민을 구제해 주는 최초의 우호방문협회인 스콧자선협회(Scot's Charitable Society)가 보스턴(Boston)에 설립된 이후 각각의 자선 협회, 고아원, 병원들이 생기기 시작하였다. 그 후 1820년을 시작으로 많은 민간 기관이 설립되었고 1840년대에는 뉴욕에만 30개 이상의 민간 단체들이 설립되었다(한국복지연구회, 1988). 1877년에는 버팔로(Buffalo)에 최초의 자선조직협회가 설립되고, 보스턴, 뉴욕, 볼티모어 등 대도시에 4,000명의 우애방문원을 두기도 하였다(박병현, 1994).

19세기 후반 전쟁 후 인구의 도시 집중화로 인한 슬럼 형성, 실업 문제 등의 사회 문제 해결을 위해 1887년 뉴욕(New York) 동부에 근린 조직(Neighborhood Guide)과 시카고(Chicago)에 미국의 전문적·조직적인 자원봉사 활동의 시초라 할 수 있는 헐 하우스(Hull House)가 설립되었다. 헐 하우스는 이민자에게 영어, 기술, 문화 등 미국 사회 적응에 필요한 교육과 직업 훈련을 실시하였고 점차 아동노동, 소년 범죄, 여성의 투표권, 이민 정책, 주거, 위생 등과 관련하여 도시, 주·연방 단위의 개혁을 추진하는 주체가 되었다. 헐 하우스 설립은 주민의 자발적인 사회 참여의 기회를 확대하였고 인보관(Settlement House) 등 조직화된 사회복지 단체가 창설되어 훈련된 기술을 가진 전문 직원이 자원봉사 사업을 담당하였으며 순수 민간 조직으로서 자원봉사센터(Bureau of Volunteer Service)가 등장하여 성장하기 시작하였다. 전문가로 구성된 자원봉사관리자협회(AVA; Association of Volunteer of America)라는 민간 주도 기관이 조직되었는데 자원봉자의 알선, 자원봉사 경력 인정, 자원봉사 활동 육성, 자원봉사의 공급자와 수요자 네트워킹 등의 활동을 하였다.

20세기 초에는 보이 스카우트(Boy Scouts)나 걸 스카우트(Girl Scouts), 보이스 클럽(Boy's Clubs) 등과 같은 전국 기관과 연맹을 맺는 지역의 기관들이 나타났으며 세계 대전 동안에는 YWCA, 미국 적십자사와 같은 국제 봉사 기관들이 활약하였다. 1926년에는 여성 자원봉사자를 중심으로 최초의 자원봉사사무국(Volunteer Bureau)이 보스턴(Boston)에 설립되어 자원봉사자를 필요로 하는 각 민간 보건 및 사회 단체를 조사하고, 인종·종교에 관계없이 모든 시민을 모집, 훈련하여 자원봉사 활동을 필요로 하는 기관에 연계하였으며 이후 미국 전역으로 확산되었다.

미국 자원봉사 활동의 또 다른 특징은 대통령들이 자원봉사 활동의 활성화에 앞장서 왔다는 점이다. 루스벨트(Roosevelt) 대통령은 뉴딜 정책의 일환으로 「긴급보존사업법(Emergency Conservation Work Act)」을 제정하여 1933년 시민자원보조단(CCC; Civilian Conservation Corps)이라는 최초의 연방 정부에 의한 국가봉사 프로그램을 창설하여 청년들을 모집, 6~18개월간 국립 공원의 보수, 유지와 복지 및 구호 사업에 투입하였다. 시민자원보조단은 총 9년의 운영 기간 동안 총 300만 명의 자원봉사자가 참여하였으나 미국이 2차 세계 대전에 참전하면서 젊은 층의 남성 자원봉사자들의 모집이 어려워 1942년 공식적 폐지되었다가 역대 행정부에 계승, 모방되어 발전하였다.

케네디(Kennedy) 대통령은 후진국의 경제 개발을 도와주고 국제 평화에 공헌하기 위한 국제 자원봉사 활동의 일환으로 평화봉사단(Peace Corps)을 1961년에 창설, 저소득 지역에 봉사단을 파견하여 문맹, 빈곤, 청소년을 대상으로 자원봉사 사업을 수행하도록 하였으며 민간 차원의 외교 활동을 담당하였다.

존슨(Johnson) 대통령은 미국 내의 빈부 격차를 해소시키기 위한 「경제기회법(Economic Opportunity Act)」을 제정하고 VISTA(Volunteer in Service to

America)를 1964년에 창설하여 미국 내 지역 사회의 개발 사업 지원을 위해 유급, 무급 자원봉사자들이 저소득층 지역에서 최소 1년간 그들과 함께 생활하며 봉사 활동을 하도록 하였으며, 은퇴 노인 자원봉사(RSVD; Retired Senior Volunteer Program)를 조직하였다. 이후 VISTA는 ACTION 산하에서 운영되다가 1993년 이후에는 미국봉사단 VISTA(Ameri Corps VISTA)로 미국봉사단(Ameri Corps)에 통합되었다.

닉슨(Nixon) 대통령도 1971년에 정부의 자원봉사 활동 프로그램을 강화하기 위해 빈곤 타파를 목적으로 새로운 기구인 ACTION을 조직하여 이미 자원봉사자를 보유한 각 부서의 프로그램을 통합하고 민간 자원봉사 활동 프로그램을 지원하였다. 1976년 미국 독립 200주년 기념 행사의 일환으로 전국자원봉사 활동 대회가 개최되었고, 1979년에는 전국자원봉사활동센터(NCVA; National Center of Voluntary Action)가 전국자원봉사 활동정보센터(The National Information Center on Volunteerism)와 통합되면서 전국시민참여센터(The National Center for Citizen Involvement)인 볼런티어(VOLUNTEER)로 개명하였다.

1990년 부시(H. G. W. Bush)대통령의 선거 공략으로 촛불재단(POLF; Point of Light Foundation)이 설립되었고 1993년 클린턴(Clinton) 정부의 「전국 및 지역 사회 서비스기금법(National and Community Service Trust Act)」이 제정되어 자원봉사 활동의 활성화를 위한 법적 지위를 강화하였고 국가자문위원회와 국립 자원봉사 활동 협력 기구 등이 창설되었다.

2002년 부시(G. W. Bush) 대통령은 2001년의 9·11 테러 사건에 대한 대응으로 자국 안전을 위해 모든 미국인이 국가를 위해 2년간 4,000시간의 자원봉사 활동을 할 것을 선언하며 국가 봉사단을 확대하여 현재 미국자유봉사단(USA Freedom Corps)으로 개편하였다. 미국자유봉사단의 기능은 오바마(Obama) 행정부에서는 지속되지 않았으며 많은 기능이 국가·지역사회봉사공단(CNCS; Corporation for National and Community Service)으로 이관되었다(정진경, 2013).

국가·지역사회봉사공단(CNCS)이 발표한 통계에 의하면, 한 해 동안 16세 이상 미국 인구의 자원봉사 참여율은 2005년 28.8%, 2009년과 2011년은 26.8%이며 연평균 51시간의 자원봉사 활동을 하는 것으로 나타났다. 한국의 경우 20세 이상 성인의 자원봉사 참여율이 2005년 이후 2011년까지 약 21%를 유지하며 연평균 13시간의 자원봉사 활동을 하는 것과 비교하면 미국인의 자원봉사 참여는 매우 활발하다(볼런티어21, 2012).

2) 미국 자원봉사 활동의 실태

미국의 자원봉사 활동의 실태를 법적 체계, 관리 체계, 기관 및 전달 체계, 재정 체계로 구분하여 살펴보고자 한다.

(1) 자원봉사 활동의 법적 체계

미국은 자원봉사를 국가의 공공 정책으로 인식하고 중요하게 여기지만, 공공과 민간 전체를 아우르는 포괄적인 자원봉사 관련법은 제정되어 있지 않다. 하지만 앞서 제시한 바와 같이 대통령들이 선출될 때마다 자원봉사에 대한 정책과 관련 단일법들이 마련되었다.

미국의 자원봉사와 밀접하게 관련된 법률로는 「국내자원봉사활동법(DVSA; Domestic Volunteer Service Act)」(1973)과 「전국지역사회봉사법(NCSA; National and Community Service Act)」(1990), 그리고 「자원봉사자보호법(VPA; Volunteer Protection Act)」(1997)을 들 수 있다.

「DVSA」는 미국 전역에서 시민들의 자원봉사 활동을 촉진 확장하고자 하는 목적으로 특히 빈곤층과 사회적 약자, 장애인과 노인 등을 돕기 위해 설계되었다. 이 법에 의해 ACTION이라는 공적 자원봉사 추진 기구를 설립하고 VISTA(Volunteers in Service to America)와 'National Senior Volunteer Corp'라는 국가 봉사 프로그램을 시작하였다. 이후 국가 봉사 프로그램을 통해 많은 시민들의 참여를 권장함으로써 시민 책임의 윤리와 지역 사회 정신을 새롭게 하기 위한 목적으로 「NCSA」를 제정하였다(Lordeman & Rudman, 2008). 앞서 제정된 「DVSA」가 전통적인 사회복지 대상자를 위한 활동에 초점을 맞추었다면, 「NCSA」에서는 미충족 욕구와 교육, 환경, 공공 안전 등의 확장된 공공 영역에서의 사회 문제 해결을 위한 활동에 초점을 두었다. 또한 「NCSA」에 의해 1993년 '국가·지역사회봉사공단(CNCS; Corporation for National and Community Service)'이라는 독립된 연방 기구가 설립되어, ACTION 기구를 통합하고 VISTA를 비롯하여 미국의 대표적인 국가 봉사 프로그램으로 알려진 미국봉사단(Ameri Corps)과 노인봉사단(Senior Corps), 학습봉사단(Learn and Service) 등을 운영한다. 한편, 1990년대 초부터 자원봉사자와 비영리 조직들이 봉사 활동 수행 중 발생하는 사고 등에 대한 책임 소재의 불안감 호소와 실제 이로 인해 봉사 활동을 중단하거나 회피하는 경향이 보고되면서, 1997년 「VPA」가 제정되었다(Nonprofit Risk Management Center, 2009).

국가 봉사 프로그램의 중요성과 효과성 인식은 2009년 「NCSA」 법을 재승인하고 확장하는 내용의 「미국봉사법(Edward M. Kennedy Serve America Act)」 제정으로 이어졌다. 「미국봉사법」은 저소득 지역의 욕구를 발굴하기 위한 새로운 서비스단 창안, 미국봉사단(Ameri Corps)의 프로그램 확대, 전국시민지역사회봉사단(NCCC; National Civilian Community Corps)에 재난 구제, 환경 보전, 도시 및 농촌 개발 등을 포함하여 그 기능과 지원을 더욱 확대하였다.

메릴랜드주(State of Maryland)는 1985년 미국 최초로 주(州) 내의 모든 고등학교에 자원봉사 과목을 선택 과목으로 설치하도록 의무화하였으며 1992년에는 이를 더욱 강화하여 모든 고등학생들에게 75시간의 자원봉사 활동이 졸업의 필수 사항으로 적용하는 등 주의 특성에 따라 자원봉사 관련 법 및 법령 등을 제정하였다.

(2) 자원봉사 활동의 관리 체계

자원봉사 프로그램의 책임 있는 이행을 위해 고용된 직원을 미국에서는 자원봉사 조정자 또는 감독자라 부른다. 미국 내에 별도의 국가 차원 자격증이 없기 때문에 무급 또는 유급으로 일하는 자원봉사 조정자는 자원봉사행정협회, 촛불재단, 공동모금회, 민간 전문 기구가 교육 훈련 이수자에게 발급하는 수료증이 있어야 가능하다. 자원봉사센터는 유급 직원, 자원봉사 스태프, 각종 위원회로 구성되어 있으며 자원봉사 스태프는 무급의 종일제 또는 시간제로 자원봉사센터의 업무를 담당한다.

자원봉사자는 대중 매체를 이용하거나 자원봉사 축제 기간 또는 모집 이벤트 등을 통한 방법과 인터넷을 통한 수시 접수 방법 등으로 모집되고 기관에서의 자체 모집은 예산 소요가 많기 때문에 소단위의 인원을 모집할 때는 자체 모집 방법을 사용하나, 대단위 인원의 모집 시에는 타기관이나 자원봉사센터와 연계하는 방법을 주로 사용한다. 모집된 자원봉사자들은 기관 자체 내부 교육이나 자원봉사센터 등 기타 교육 기관을 통한 외부 교육, 외부 강사 초빙 교육 등의 방법으로 교육 훈련을 받아야 한다. 자원봉사자 모집과 마찬가지로 기관 자체 내부 교육의 방법은 인력과 교육 경비 지출의 부담으로 자원봉사센터나 기타 교육 기관 등에서 기본적인 교육을 받고 기관에 와서는 업무에 필요한 기술과 지식을 익히는 경우가 많다.

교육훈련 후에는 자원봉사자와 기관의 욕구를 고려한 배치와 근무 조건에 대한 계약이 이루어진다. 자원봉사 활동에 대한 평가는 자원봉사자에게 제시된 명확한 기준에 따라 실시되며 자원봉사 조정자뿐 아니라 지역 주민, 후원자, 자원봉사자, 클라이언트도 참여한다. 미국의 자원봉사 활동에 대한 민간 인증은 기관에 따라 자율적으로 적용하고 있으나 공적인 인증은 오직 국가 봉사 프로그램 활동만 해당된다. 대학 진학이나 공무원 임용 등에 가산점 혜택은 없으나 정부 차원의 인증서가 발급되며 경우에 따라 장학금이 제공된다. 미국인들이 다양한 분야에서 자원봉사 활동 참여에 적극적인 것은 법적, 제도적 지원과 조직 체계가 잘 정비되어 있고 사회적인 보상 체계 또한 비교적 잘 갖추어져 있기 때문이라고 할 수 있다. 미국은 법적으로 자원봉사 활동과 자원봉사자를 보호하고 있으며 자원봉사 활동에 대해 공적 인증은 제한되어 있지만 민간 인증에는 체계적인 보상 제도가 있고, 봉사 중 발생한 사고에 대한 보험 체계가 명문화되어 있다. 또한 자원봉사 저축 제도가 있어 자신이 확보한 자원봉사 시간을 자원봉사은행에 저축하여 타인의 봉사가 요구될 때에 그 시간만큼 보상받을 권리를 가지게 된다. 이처럼 남을 위해 봉사한 일에 대해서는 어떠한 형태로든 보상을 해 준다는 사회적 장치가 되어있다.

(3) 자원봉사 기관과 전달 체계

미국의 연방 정부 내에는 자원봉사만을 다루는 특별한 주무 부서는 없지만 자원봉사 활동에 대한 지원은 정책 차원에서 매우 적극적으로 행해지고 있어 특히 정권이 바뀌더라도 자원봉사 지원 내용은 일관되고 연속되게 추진되고 있다. 미국의 연방 정부의 지원을 받는 주요 자원봉사 조직들을 연대별로 구분해 보면, 1930년대에는 시민자원보조단(CCC; Civilian Conservation Corps), 1960년대는 평화봉사단(Peace Corps)과 VISTA, 1970년에는 평화봉사단과 VISTA 두 기관을 통합하여 설립한 ACTION, 1990년대는 촛불재단(POLE)과 미국봉사단(Ameri Corps) 등이라고 할 수 있다.

현재 미국의 연방 정부 내에서 국가 봉사 프로그램을 전담하는 기구는 국가·지역사회봉사공단(CNCS)이다. CNCS는 별도의 전담 기구를 두고 예산 지원 및 운영 전반을 관장하며 이와 병행하여 주 정부에서는 독립된 주자원봉사국이나 주지사 관할의 기구 등을 설치하여 자원봉사 단체들을 연결하고 기업의 후원을 촉진하는 등의 역할을 한다. CNCS는 Washington DC에 본부를 두고 전국 주별 54개 법인 지사 사무소를 두고 있다. 주별로 주서비스위원회가 있어 미국봉사단 관련 연방 정부와 주 정부의 예산 분배의 업무를 수행한다. CNCS는 미국봉사단(Ameri Corps), 노인봉사단(Senior Corps), 학습봉사단(Learn and Service

America) 등의 봉사단과 사회 혁신 기금 프로그램을 관리한다.

미국봉사단은 3,000여 개 이상의 비영리 기관, 공공 기관, 종교 기관 및 기타 지역 사회 조직을 통해 매년 7만 명 이상의 참여자에게 자원봉사 활동의 기회를 제공한다. 미국봉사단의 자원봉사 활동 유형은 하위 프로그램인 Ameri Corps State and National, Ameri Corps VISTA, Ameri Corps NCCC 등으로 구분된다(〈표 3-1〉 참고).

노인봉사단은 60세 이상의 노인층을 대상으로 연간 50만 명 이상의 참여자들에게 자원봉사 활동의 기회를 제공한다. 자원봉사자의 도움이 필요한 사람들에게 멘토 역할과 자원봉사자가 보유한 기술과 경력을 바탕으로 지역 사회와 지역 기관에 다양한 서비스를 제공한다. 자원봉사 활동 유형은 노인봉사단 하위 프로그램인 Foster Grandparent Program, Senior Companion Program, RSVP(Retired Senior Volunteer Program) 등으로 구분된다(〈표 3-1〉 참고).

〈표 3-1〉 미국봉사단(Ameri Corps) 프로그램 개요

구분	State and National	VISTA	NCCC
목적	지역 사회 내에서 직접 서비스와 역량 강화 사업 수행으로 지역 사회의 다양한 욕구에 대응하고자 함	저소득 밀집 지역의 탈빈곤을 목적으로 지역 주민의 개입을 통해 지역 사회 역량 강화와 지속 가능한 문제 해결을 추구함	팀 단위의 지역 사회 서비스를 통해 지역 사회를 강화시키고자 함
서비스 내용	아동 학습 교사, 멘토, 범죄 피해자 지원, 집 짓기, 공원 환경 개선 등	1,200개 이상의 비영리·종교 기관, 지역 사회 기관 및 공공 기관에서 직접 서비스 제공 뿐 아니라 지역 사회 탈빈곤 인프라 강화에 중점을 둠	봉사 전 심폐 소생술, 구급 처치법, 공공 안전 및 기타 봉사 활동에 관계된 기술을 훈련 후 배치 지역에 팀 단위로 거주, 550여 개 기관에서 환경 보호, 위기 청소년 지원, 주거 환경 개선, 재난 극복 등의 활동
자원 봉사자	18세 이상 미국 시민권자 또는 영주권자로, 현재 매년 6만 명 이상이 참여함	1년간 지역 사회 기관 및 조직, 지역 정부 기관에 소속되어 있는 자로, 현재 6,500여 명 이상이 참여함	18~24세 청년 남녀로, 매년 1,100명 가량의 청년이 참여함
참여 기간	종일제 또는 시간제로 1년 이하의 기간 동안 참여하며, 1년을 초과할 수 없음	1년간 참여함	종일제로 봉사 전 8~12주 교육을 받고, 총 10개월간 봉사 활동에 참여함
보상 제도	참여 기간 동안 다소 생활 경비, 학생 대출 자금 상환 유예, 건강 보험 및 자녀 보육 혜택, 성공적 종료 시 $5,350의 교육 장학금 제공 받음	참여 기간 동안 생활 경비, 학생 대출 자금 상환 유예, 건강 보험 및 자녀 보육 혜택, 연방 정부 직업에 대한 취업 우선 자격 혜택, 1,700시간 종료 시 $5,350 교육 장학금 혹은 봉사 기간 종료 시 $1,500 장려금 제공 받음	10개월 동안 $4,000의 생활비를 제공받으며, 주거와 식사 및 의료 혜택, 필요한 경우 월 $400 수준의 자녀 보육 혜택, 성공적 종료 시 장학금을 제공 받음

출처: Ameri Corps 웹 사이트(www.americorps.gov). 프로그램 소개 현황 번역. 재구성.

〈표 3-2〉 노인봉사단(Senior Corps) 프로그램 개요

구분	Foster Grandparent Program	Senior Companion Program	RSVP
목적	저소득 계층, 장애 아동 및 요보호 아동청소년을 위해 경험 많은 교사, 멘토로 기여함	일상생활이 어려운 노인, 장애인 및 환자를 대상으로 일상적인 활동을 돕고 삶의 질을 향상시키고자 함	개인적, 직업상의 경험과 기술을 보유하고 있는 인적 자원으로 노인을 인식하고 이를 지역 사회에 기여할 수 있도록 함
서비스 내용	일대일로 장기간 매칭되어 폭력 및 방임 피해 아동에 대한 정서 지원, 문해력이 부족한 아동에 대한 가정 교사, 10대 및 미혼모에 대한 멘토, 장애 아동 및 어린이 환자에 대한 돌봄 등 수행	시장 보기, 은행 일 보기 등 가정 내 필요한 집안일과 외출 보조 외에도 말벗이나 친구 역할을 함으로 정서적 지지 제공	아동을 위한 가정 교사, 집 짓기, 10대 청소년 부모 교육, 이웃 지킴이, 지역 사회 정원사, 창업 조언가 등 사회복지, 안전 및 행정 담당 공공 및 민간 기관에서 봉사 활동 수행
자원 봉사자	60세 이상 저소득 계층(최저 생계비 200% 이하)으로, 매년 2~3만 명의 봉사자가 참여하며, 연간 26만 명의 아동청소년이 돌봄 서비스 이용. 주당 15~40시간씩 활동, 시간당 $2.65 수당과 상해 및 손해 보험 가입됨	60세 이상 저소득 계층(최저생계비 200% 이하)으로, 매년 1만 5,000여 명의 봉사자가 참여하며, 연간 5만 명 이상이 돌봄 서비스 이용. 주당 15~40시간씩 활동, 시간당 $2.65 수당과 상해 및 손해 보험 가입됨	60세 이상 노인으로, 소득 제한 및 활동 최소 시간의 제한이 없고 주당 최고 40시간까지 참여하며, 연간 45만여 명의 봉사자가 참여함. 연간 6,000만 시간 이상, 755개 이상의 프로젝트를 수행함.
기타	봉사자와 아동이 일대일로 장기간 매칭되어 수양 조부모 역할을 함 활동 중 교통비와 식사비를 제공 받음	동시에 각기 다른 곳에 거주하는 2~4명의 노인 및 성인을 대상으로 함 활동 중 교통비와 식사비를 제공 받음	봉사에 대한 금전적 대가는 없으나 봉사 활동 기관별 소정의 활동비가 제공되기도 함 미국의 노인 봉사 조직 중에서는 꽤 대규모이며 자원봉사자 개인이 자신의 관심, 기술, 능력에 따라 봉사 방법과 장소를 직접 선택할 수 있음

출처: Senior Corps 웹 사이트(www.seniorcorps.gov). 프로그램 소개 현황 번역. 재구성.

부시(H. G. W. Bush) 행정부의 봉사 학습(Service Learning)을 더욱 강화하고자 신설한 클린턴(Clinton) 행정부의 '학습봉사단(Learn and Service America)'은 유치원생, 초·중·고등학생을 위한 학교 중심 프로그램, 지역 사회 중심 프로그램, 대학 주도 프로그램, 훈련 및 지술 지원 프로그램 등을 운영하고 있다. 중고생의 봉사 활동은 방과 후, 주말, 휴일, 방학 기간에 이루어지고 있으며 교육청과 학교는 많은 기관과 단체를 사회봉사 기관으로 정하고 있는데, 학과목 또는 학과목과는 별도로 활동 영역과 대상을 매우 다양하며 운영하며 매학기 1학점을 이수하고 활동 결과를 보고서로 제출하도록 하고 있다.

'평화봉사단(Peace Corps)'은 독립된 미국 연방 정부 기관으로 1961년 케네디(Kennedy) 행정부에 의해 설립되어 현재까지 거의 20만 명의 봉사자들이 평화봉사단으로 130여 개 국 이상의 나라에서 활동하였다. 평화봉사단은 18세 이상의 청년이 참여하여 2년간 파견국의 교육과 청소년 육성 및 지역 사회 개발, 보건, HIV/AIDS, 환경, 농업, 비즈니스 개발, 정보와 통신 등 사회 전 분야에서 활동하였다. 한국에도 1966년부터 1981년까지 평화봉사단원 약 3,000여 명 이상이 파견되어 영어 교육과 간호 등의 자원봉사 활동을 하였다. 일본국제협력단(JAICA)과 한국국제협력단(KOICA)의 사업은 미국의 평화봉사단 사업에서 모티브를 찾을 수 있다. 평화봉사단이 파견된 국가에는 봉사단원의 보건과 교육을 위한 의료진과 안전 요원들이 배치되며 봉사단원들은 현장 배치 전 현지 언어 구사 시험과 현지 문화 적응을 위한 교육과 합숙 생활을 한다. 봉사단원에게는 월 생활 보조금 및 병원 치료비, 2년 동안 48일의 연차 휴가를 제공하며 27개월의 적응 기간 후에는 약 $7.500의 귀국 보조금과 국가 간 왕복 교통 비용을 지급한다. 봉사 활동 기간에는 일반 대출금 변제 연기나 학자금 대출 연기 등 다양한 학업의 혜택이 주어진다.

미국의 자원봉사 활동 추진 체계의 대표적인 민관 기관으로는 촛불재단(POLE)과 지역의 자원봉사센터, 자원봉사 기관, 기업 등을 들 수 있다. 미국의 자원봉사센터는 지방 차원의 지역자원봉사센터가 조직, 설치되어 있으며 중앙에는 이들 센터를 지원하고 활동을 추진하는 중심 조직인 촛불재단이 설치되어 있다. 촛불재단은 대통령이 직접 회장을 임명하고 국회에서 독립적인 예산을 지원받는 전국 단위의 민간 기구로 1990년 5월 부시(H. G. W. Bush) 대통령의 선거 공약으로 설립, 전국자원봉사센터(National Volunteer Center)를 합병하여 조직되어 탄탄한 조직력을 가지고 있다. 보다 많은 사람들이 사회 문제 해결을 위해 자발적으로 지역 사회봉사에 참여하는 것을 목적으로 하는 촛불재단은 자원봉사에 대한 공공의 인식 증대를 위한 각종 캠페인과 행사 수행, 자원봉사센터 간 협력과 지원, 기업과 정부의 피고용자들의 지역 사회봉사 장려 및 훈련, 기술 지원, 자원봉사 관련 비영리 단체 및 정부 기관과 협력 등의 일을 수행한다.

자원봉사센터는 기능은 유사하나 지역에 따라 다양한 명칭을 가지고 있으며 촛불재단에 가입되지 않은 단체도 존재한다. 대부분 촛불재단에 가입되어 지원을 받고 있으나 일부 자원봉사센터는 전미공동모금회(The United Way of America)을 통해 운영되거나 자원봉사 사무실을 임대해서 사용하기도 하며 적십자사 또는 상공 회의소에 소속된 단체도 있다. 자원봉사센터는 지역에 적합한 프로그램 개발과 실행, 자원봉사를 희망하는 주민들을 대상으로 정보 제공, 모집 및 배치 업무, 자원봉사자 옹호 등의 사업을 수행하며 자원봉사 활동을 육성하고자 한다. 촛불재단과 자원봉사센터의 관계는 독립적이며 상호 협력적이다. 자원봉사센터들은 전국자원봉사센터협의회(National Council of Volunteer Centers)에 가입되어 있으며 전국자원봉사센터협의회는 촛불재단의 자원봉사센터를 위한 프로그램 개발에 자문 역할을 하고 있다.

1980년대 이후 미국에서는 기업 부분에서의 새로운 자원봉사 노력이 두드러지게 성장하였다. 기업들의 임원 감축 추세가 일어나면서 기업의 전략과 연결된 자원봉사 활동이 기업의 경쟁 우위 확보와 기업 이미지 제고에 이득을 가져다 준다는 의미에서도 중요한 역할을 하였다. 기업의 근로자들이 개인적 또는 집단적으로 그들의 시간, 재능 및 기타 역량을 기업 경영진의 격려와 지원 아래에서 지역 사회를 위한 봉사 활동에 투입하게 되면서 미국 사회의 새로운 문제 해결의 자원으로 등장하였다. 홍보 효과는 물론이고 해외 진출을 위해서는 그 나라에서의 자원봉사 활동은 시장 개척과 판로 확보에 필수적인 것으로 간주되고 있다. 촛불재단에서는 기업자원봉사협회를 조직하여 기업의 자원봉사 활동을 지원하고 있다.

사회복지 시설, 자원봉사 단체 등에 재정을 지원하는 전미공동모금회는 청소년·여성 범죄 예방과 지역 사회 개발 등 모든 사회 문제를 지원하고 있으며 미국 전역에 2,600여 개의 단체를 회원으로 두고 있다. 학점과 관계없이 조직화된 대학생 자원봉사 활동은 19세기 후반 이래 미국 교육의 전통이 되어 왔다. 미국의 대학들은 종교적 가치와 사회봉사의 의미를 통합하여 자원봉사를 장려해 왔으며 그 대표인 하버드대학의 '필립스 브룩스 하우스 협회(Philips Brooks House Association)'는 미국에서 학생들이 운영하는 가장 오래되고 가장 큰 규모의 학교 부속 기관이며 독립 법인체인 사회봉사의 집이다. 필립스 브룩스 하우스는 대학의 자원봉사센터 역할을 하며 학생 중심으로 자율적인 봉사 활동으로 운영하는 것이 특징이다. 일반적으로 학부생 4명 중 1명은 회원으로 자원봉사를 하고 있으며 빈민 지역의 문맹 퇴치나 모금 운동, 아동·청소년의 개별적 역할 모델 등의 활동을 한다.

(4) 자원봉사 활동의 재정 체계

미국의 자원봉사 기관 및 조직의 재정은 연방 및 지방 정부의 보조금, 정부 사업의 지원금, 개인 및 기업의 기부금, 회원의 회비, 재단 및 공동모금회 등의 후원금, 자체 수익금 등으로 이루어진다.

현재 미국의 국가 봉사 프로그램을 전담하는 기구인 국가·지역사회봉사공단(CNCS)의 예산을 보면, 전체 예산의 90% 이상이 미국봉사단, 노인봉사단, 학습봉사단 등 3개 국가봉사단 프로그램의 운영비와 미국봉사단 참여자에 대한 장학금 지급을 위한 지역 사회 서비스 신탁 기금, 기타 운영비로 구성되었다. 미국봉사단 운영비는 CNCS 전체 프로그램 운영비 중 가장 많은 비중을 차지하며 노인봉사단 운영비 순으로 많다.

촛불재단(POLE)의 재정은 국가의 지원금과 개인 및 기업의 기부금으로 충당된다. 촛불재단은 창립 시부터 국회에서 독립적으로 예산 편성을 받는 정부 출연 기관으로 국가 지원은 막대하며, 국가의 재정 지원 외에도 200여 개의 미국의 대기업을 포함한 기업 및 개인들로부터 많은 기부금을 받고 있다.

지역자원봉사센터의 재정은 공동모금회 지원금, 촛불재단 지원금, 연방 정부와 주 정부의 보조금, 모금, 기부금, 사업 수입, 회원의 회비 등으로 충당되며 자원봉사센터는 세금 공제 대상이다. 약 90%의 자원봉사센터는 공동모금회로부터 일정액의 자금을 지원받는데 공동모금회의 지원금은 많은 자원봉사센터의 주 소득원이다. 뉴욕(New York)과 같이 시에서 직접 예산을 지원받는 경우를 제외한 대부분의 자원봉사센터는 민·관 혼합 예산으로 운영되며 지역의 민간 재단의 지원금이나 정부 프로젝트 지원금이 재원이 되기도 한다(염철현, 2009).

3. 일본의 자원봉사 역사

1) 역사적 개관

동양에서 가장 활발한 자원봉사 활동이 전개되고 있는 일본의 경우, 1890년경부터 자원봉사 활동이 도입되어 1920년경부터 활발한 보급이 이루어졌다. 1897년에 인보관(Settlement House)이 처음 설립되면서 인보관 운동이 시작되었는데 가족 중심의 구조와 봉건적 관계의 시기이므로 빈곤에 대한 국가의 책임은 중요하게 생각하지 않는 사회 분위기였다. 그러나 메이지 유신 후 다이쇼기(1912~1925)에 미국과 독일의 영향을 받아 사회복지 사업에 민간 참여를 제도화하였고 인보관과 방면위원 제도가 등장하였다. 1918년 오사카(大阪)에서 시작된 방면위원 제도는 도지사 또는 현지사가 중심이 되어 관에서 조직한 철저히 제도화된 민간 봉사 활동이다. 도지사 또는 현지사의 촉탁을 받은 민간 봉사자들인 방면위원들은 전후 민생위원이라는 이름으로 오늘날까지 일본 봉사 활동의 근간이 되고 있으며 서구와는 다른 일본 특유의 자원봉사 활동이라고 할 수 있다.

2차 세계 대전 이후인 1945~1950년은 일본에서 자원봉사 활동이 가장 성장했었던 시기로 전후 혼란한 사회 배경으로 발생하는 사회 문제 수습을 위한 긴급 구호 및 재건 사업 등의 활동과 시설 설치 등이 자연 발생적으로 일어났다. 즉, 일본의 자원봉사 활동은 전국적으로 선한 뜻을 가진 주민들에 의해 비조직적 자생 형태를 띠었다. 1946년 정부는 민생위원의 임기를 과거 방면위원 시절 4년에서 2년으로 줄이고, 민간의 독자적인 기구로 만들어 지역의 복지사무소에서 관의 행정을 돕도록 하였다. 1947년에는 공동모금회, 'BBS(Big Brothers and Sisters Movement) 운동'이 시작되었고 1949년 태풍 피해 복구를 위한 동경 대학(東京大學)의 인보사업 운동(Settlement Movement)을 계기로 더욱 활발한 주민들의 자원봉사 활동이 전개되었다.

일본의 자원봉사는 1940년대까지는 관이 중심이 되는 제도적이고 관변적인 성격이 강하였으나, 1950년대에 들어서면서 미흡하지만 순수 자원봉사 활동이 증가하였고 다양한 분야까지 관심이 확대되면서 발전하였다. 1951~1955년은 일본 자원봉사 활동의 발아기로 볼 수 있는데 1951년 사회복지협의회가 발족되었고, 1955년부터 사회복지협의회 현·시협의회가 조직되었다. 일본은 고도 성장으로 인해 경제적 여유와 생활이 안정화되면서 다양한 자원봉사 활동과 자원봉사 집단이 생겨났고, 1952년 애원현(愛媛縣)에서 청년 사회사업가 자원봉사 조직에서 자원봉사라는 말을 일본 최초로 사용되었는데 일본에서는 자원봉사라는 말보다는 대부분 영어의 볼런티어(volunteer)를 주로 사용하는 편이다.

1962년에 사회복지협의회에 선의은행(Good Will Bank)이 설치되고, 민간 주도의 자원봉사사무국이 활발히 개설·운영되기 시작하였고, 1965년 설립된 오사카자원봉사협회는 최초의 민간 자원봉사 협회로 교육 및 훈련을 강화하였는데 이는 일본 자원봉사 학교의 전형이 되었다(이청자 외, 1993). 1968년 전국사회복지협의회에서 '자원봉사자 육성 기본 요강'을 마련하고 전국선의은행연락협의회가 발족되면서 자원봉사 활동에 대한 일대 전환기를 맞게 되었다. 이제까지 사회 발전은 정부가 주도해야 하며 주민의 책임이 아니라는 사고에서 지역 사회 향상을 위해서는 주민들이 책임질 수 있는 부분이 있다는 지역 사회 관심의 전환과 기존의 자원봉사 활동에 대한 전국 차원의 통일된 규정과 기준을 제시함으로써 자원봉사 활동의 전체적인 수준이 향상되는 계기가 되었다고 할 수 있다. 그러나 선의은행은 본래의 노력 봉사의 예탁이 이후에 금품 예탁 중심으로 변질되었고, 주민 운동과 공해 반대 운동에서 지역 활동과 복지 활동으로 확산되며, 주민 참가의 힘을 충분히 흡수할 수 없게 되는 한계가 발생하였다.

1970년대에는 고도 경제 성장과 석유 파동으로 번영 속의 빈곤에 대한 문제가 논의되었고 고령화 사회의 진전으로 노후 문제가 관심의 초점이 되어 지역 사회 중심의 복지 시책을 추진하도록 하였다. 정부와 주민 간의 상호 보완적 관계에서만 건전한 삶과 환경이 보장된다는 원칙 아래 지방 정부의 자금 지원으로 민간에 의해 운영되는 자원봉사활동센터가 설치되었고, 1977년에는 전국사회복지협의회 내에 중앙자원봉사활동진흥센터가 신설되어 1978년에 290개의 지역사회자원봉사센터가 운영되었다. 1975년부터는 기관 주도적인 것에서 지역 사회 중심의 자원봉사 활동으로 변천하였으며 각지에서 자원봉사자 학교가 운영되어 지역에서 활동하는 자원봉사 그룹이 형성되었다. 또한 자원봉사 보험 제도가 개시되고 전국자원봉사정보센터를 설치해 자원봉사정보센터 뉴스도 발행하였다. 복지, 학교 교육에 의한 자원봉사 활동도 육성되었는데 1977년 문부성의 국고 보조로 시작된 자원봉사 활동모금사업협력교는 1985년부터 개시된 복지자원봉사마을 만들기(볼런토피아 사업) 추진에 지대한 공헌을 하였다. 마을 단위로 정부, 사회복지 기관, 단체, 학교, 기업들이 나서서 불우한 이웃을 돕는 지역사회보호 시스템을 개발하자는 복지마을 운동에 복지협력교 학생들의 자원봉사 역할이 컸다고 할 수 있다.

1990년 이후 일본의 자원봉사 활동은 복지 분야에 한정되지 않고 생활 전반에 걸친 광범위한 분야에서 행해졌는데, 특히 기업과 학교에서의 자원봉사 활동이 매우 활발하였다. 일본의 기업은 사회적 공헌의 취지에서 자원봉사자의 휴직 및 휴가 제도의 도입, 1년간 경상 수익의 1%를 기부하는 '1% 클럽' 사업 실행, 사회 공헌 또는 자원봉사 관계 부·국의 설치 등을 추진하였다. 또한 1970년대 탄생한 해외 협력 NGO는 1980년대 후반부터 1990년대에 급속도로 확산되어 일본 자원봉사 활동의 국제화를 추진하는 원동력이 되었다.

1995년 1월, 고베(神戸)에서 대지진으로 많은 사망자와 희생자가 발생한 사건은 일본의 자원봉사 활동에 큰 전환점이 되었는데 6,000여 명이 넘는 희생자를 돕기 위한 자원봉사 활동에 150만 명이 넘는 자원봉사자들이 참여함으로 자원봉사에 대한 시각이 재조명되었고 사회적 지원에 대한 합의가 정책화되었다. 이에 따라 자원봉사 활동비 지급 규정이 정해지고 전국사회복지협의회도 운영비 등을 원조하게 되었고 자원봉사 조정자를 하나의 전문 직업으로 여기게 되었다. 정부도 정부 활동과 민간 활동 차이를 인식하면서 정부와 민간 단체가 파트너로 일하는 방법을 공유하며 부처 내에 250개 자원봉사 프로그램을 운영하게 되었다(최덕경 외, 2008).

2) 일본 자원봉사 활동의 실태

일본의 자원봉사 활동 실태를 법적 체계, 관리 체계, 기관 및 전달 체계, 재정 체계로 구분하여 살펴보고자 한다.

(1) 자원봉사 활동의 법적 체계

일본은 자원봉사 활동에 관한 독립된 특별법이나 진흥법은 존재하지 않으며 관련 법이나 지침에 의거하고 있다. 일본의 독특한 제도인 일종의 관선 자원봉사자인 민생위원 제도는 1948년에 제정된 「민생위원법」에 근거한다. 「사회복지사업법」 제7장 제70조의2 (기본 방침) 4항에 국민의 사회복지 관련 활동에의 참여를 촉진하는 필요 조치 조항에 의거 1975년 사회복지협의회를 중심으로 중앙볼런티어센터가 설치되는 등 자원봉사 활동 추진 체계가 정비되었으며 국고 및 지방자치단체의 지원이 실행되고 있다. 1993년에는 「사회복지사업법」에 근거하여 자원봉사 지도자의 양성연구와 자원봉사 보험의 보급 및 자원봉사센터의 정비 충실 등 복지 활동의 조건 정비와 지방자치단체의 자원봉사 활동 참가 촉진을 위한 조치 내용인 '국민의 사회복지 활동 참가 촉진을 도모하는 조치에 관한 기본 지침'인 후생성 고시 제117호가 발표되었다. 1998년에는 자원봉사 단체 등 민간 비영리 단체 활동의 건전한 발전을 지원하기 위한 의원 입법에 따라 자원봉사 단체의 법인화 및 특정 비영리 활동 법인의 설립 기준이 포함된 「특정비영리활동촉진법(NPO법)」이 제정되었다. 「특정비영리활동촉진법」은 자원봉사 단체 등 많은 단체가 임의 단체로 활동하는 관계로 계좌의 개설, 부동산 등기 등의 법률 행위를 단체명으로 할 수 없는 불편과 사회적 신용도가 낮은 문제를 해결하기 위해 제정되었다. 특정 비영리 활동 법인은 「법인세법」과 「소비세법」 및 「지가세법」상 공익 법인으로 간주되어 세제 혜택을 부여하고 있다.

(2) 자원봉사 활동의 관리 체계

일본의 자원봉사센터에는 자원봉사 조정자와 담당 직원이 배치되어 있다. 자원봉사 인력에 대한 국가 자격증은 없지만 사회복지협의회를 중심으로 체계적인 교육이 행해지고 있다. 사회복지협의회는 1993년 자원봉사 조정자(볼런티어 코디네이터) 및 자원봉사 어드바이서 양성을 핵심으로 하는 제1·2차 자원봉사국가진흥계획을 세웠다. 또한 1995년부터 전국사회복지협의회와 전국볼런티어활동진흥센터가 중심이 되어 볼런티어 코디네이터와 자원봉사 리더 중 어드바이서를 지정, 동료 자원봉사자에 대한 상담·안내 등의 활동을 하도록 하는 어드바이서 양성 연수 프로그램을 정기적으로 실시하고 있다(최일섭 외, 2007). 볼런티어 코디네이터는 자원봉사 활동을 희망하는 사람에게 봉사 활동의 소개, 정보 제공, 상담, 조언, 연수 안내 및 지원 업무를 하는 전문직으로서, 자원봉사자의 동기 부여와 자원봉사센터 사업 실행의 역할을 한다. 최근에는 근무 형태를 겸임에서 전임으로, 비상 체제에서 상근 체제로, 무급에서 유급으로 전환되고 있다. 자원봉사 어드바이서는 자원봉사 활동 경험이 많은 사람으로 지금부터 활동을 시작하고자 하는 사람과 이미 활동 중인 자원봉사자에게 어드바이서 자신의 경험을 적용하여 자원봉사자 동료적 입장에서 일상적 상담을 하는 인력을 말한다. 자원봉사 활동의 내용이나 분위기, 활동상의 주의점 등에 대한 정보를 제공하고 활동에 참여하는 기회를 제공하는 등 지역의 자원봉사 활동 활성화에 매우 중요한 역할을 한다.

일본의 자원봉사 관리는 개별적으로 모집된 자원봉사자들을 집단으로 활동하게 하거나 기존의 자원봉사 집단을 모집해서 활동에 참여하게 하고 수요 기관의 자원봉사 전담 직원은 이들을 관리하고 집단 간의 연계를 위한 조정 역할을 주업무로 하고 있다. 특히 자원봉사 활동의 네트워크 구축을 위한 다양한 노력과 연구를 한다.

(3) 자원봉사 기관과 전달 체계

일본은 자원봉사 활동의 발생 시기부터 자원봉사 활동의 육성을 국책으로 간주하는 등 정부의 적극적인 주도 아래 행해지고 있으나 미국이나 영국과는 달리 자원봉사를 전담하는 일원화된 기구가 없고, 각 성에서 분담하여 관련 업무를 맡고 있다. 후생성은 복지자원봉사마을 만들기 사업인 볼런토피아 사업과 자원봉사 활동보급사업협력교(복지협력교) 조성 조치를 강구하는 등의 복지 교육을 지원하고, 문부성은 자원봉사자 교육을 생애 학습 차원에서 담당하고 있다. 환경성은 환경 자원봉사자를 지원하며, 건설성은 하천 정비 자원봉사자를 활용하는 Love-liver 제도를 담당하고, 노동성은 근로청소년센터의 자원봉사 코너를 지원, 우정성은 국제 자원봉사 기금 조성의 업무를 담당하는 식으로 역할이 나뉘어 있다.

민간에는 사회복지협의회가 주도적인 역할을 맡고 있지만 탄생부터 운영까지 관변적 성격이 매우 강하다. 사회복지협의회는 도(道)·도(都)·부(府)·현(縣)은 물론이고 전국의 시(市)·구(區)·정(町)·촌(村)까지 지방사회복지협의회를 조직하였고 1970년대 중반부터는 사회복지협의회 산하에 자원봉사센터가 설립되기 시작하여 현재는 3,000여 개가 넘는 자원봉사센터가 운영되고 있다.

도·도·부·현 및 지정 도시 사회복지협의회 자원봉사센터에서는 센터 정보지나 연구지를 발행하고 '자원봉사자 대회', '자원봉사자 페스티벌', '자원봉사자 집회' 등의 자원봉사 홍보를 위한 대회나 모임을 실시하며, 자원봉사 조정자나 자원봉사 어드바이서를 양성하기 위한 연수회를 실시하고 실태 및 욕구 조사, 자원봉사 활동 보급 사업 및 '자원봉사의 날', '자원봉사 주간', '자원봉사 월간'을 실시한다. 또한 시·구·정·촌 사회복지협의회의 자원봉사 코너 조성비, 직원 및 자원봉사 조정자 등의 배치, 운영비 및 사업비 보조 등을 지원한다. 시·구·정·촌 자원봉사센터에서는 자원봉사자 양성 프로그램, 정보 제공, 다양한 홍보 활동, 욕구와 사회 자원 및 자원봉사자를 연결하는 조정 사업, 자원봉사자 활동 지원 및 조사 연구 활동 등을 한다.

현재 일본에서는 자원봉사센터를 봉사은행, 자원봉사국, 자원봉사협회, 자원봉사 코너, 자원봉사 상담실, 또는 지역사회센터 등 다양한 용어로 부르고 있으며 시설 운영 주체는 공공 기관, 사회복지협의회, 민간 육성 기관, 시설 단체 등으로 다양하다. 후생성에서 임명하는 민생위원은 1970년부터는 일본 전역의 사회복지협의회 산하 자원봉사센터에 배치되어 지역 사회의 생활 실태 조사, 요보호 대상자에 대한 상담, 저소득층을 위한 세대 갱생 자금 대부 사업 등 복지 시설을 원조하는 활동을 해오고 있다. 한 지역에 오랫동안 거주한 토착민으로 지역 주민의 모범이 되어야 하며 도·도·부·현 지사의 추천을 받은 민간인이지만 이들의 활동을 위한 별도의 「민생위원법」이 있으며 활동에 필요한 일정 금액의 교통비 등 실비 수당이 정부에서 제공된다. 또한 「아동복지법」에 의해 아동위원으로도 위촉되어 아동 및 청소년 문제에도 참여하고 있다.

지바라고 지칭되는 일본청년봉사협회(JYVA; Japan Youth Volunteer Association)는 1967년 중·고등학생과 대학생들의 자원봉사 활동을 활성화하기 위해 설립된 일본 교육부가 승인한 전국 단위의 자원봉사 단체로 청소년 자원봉사 활동에 관한 교재, 슬라이드, 영화 등을 제작·보급하고 있다. 매년 아시아 지역의 청소년 자원봉사 지도자 초청 연수를 실시하며 1994년부터 아시아의 다양한 국가에서 온 18~30세의 자원봉사자들이 1년 동안 양로원, 장애인 시설 등에서 자원봉사를 하는 활동 캠프 등 교육, 복지, 의료 등의 국제협력에 참가하는 '자원봉사자 365 아시아 교류 프로그램(V365 Asian Exchange Program)'을 운영하고 있다.

일본에서는 자원봉사 활동 중에 발생하는 사고 재해를 미연에 방지하기 위해 '사고 방지 대책에 관한 지침'을 마련하고 사고 발생 시에는 '볼런티어 보험'에서 제반 경비를 충당하고 있다. 1996년 '일본NPO센터' 설립 이후 시민활동지원센터, NPO서포트센터, NPO볼런티어센터 등의 NPO 지원센터가 다수 설립되었고 자원봉사 활동뿐 아니라 시민이 주체가 되어 타인과 사회에 대해 공헌하는 시민 단체로서의 활동까지 수행하는 단체로 변화되고 있다.

(4) 자원봉사 활동의 재정 체계

일본은 1973년부터 자원봉사센터에 국고 보조가 지원되었으며 1983년에는 자원봉사육성기금 제도가 실시되었다. 자원봉사 기금은 자원봉사 단체 원조비, 연수 양성 사업비, 자원봉사 보험료, 자원봉사 활동비 조성 사업에 사용된다. 도·도·부·현 및 지정 도시 사회복지협의회의 자원봉사 기금 설치 상황을 보면 수익금의 100%를 자원봉사 활동에 충당하는 자원봉사 기금이나 종합적 복지 기금이 설치된 곳, 자원봉사 기금과 종합적 복지 기금 모두를 설치하고 있는 곳 등 협의회마다 각기 다르며 시·구·정·촌 사회복지협의회에는 자원봉사 기금이 설치되어 있다. 또한 일부 도·도·부·현 및 지정 도시 사회복지협의회에서는 시·구·정·촌 사회복지협의회 자원봉사센터의 설치 및 운영을 위해 센터의 설비·기자재 등의 조성 사업, 직원·조정자·상담원 인건비 지원, 센터의 운영비, 모델 지구 등 사업비, 직원 및 어드바이서 양성 사업 보조, 자원봉사 기금 조성비 등의 재정적 지원을 하고 있다.

4. 기타 국가의 자원봉사 역사와 현황

1) 캐나다의 자원봉사

캐나다의 자원봉사는 1990년대부터 본격적으로 활성화되었다. 정부는 복지국의 의무를 지역 사회와 시민 사회에 위임하여 자원봉사는 지역 사회개발과 시민 사회 영역에서 주로 이루어졌다. 1950년대부터 성장한 캐나다 복지국은 1960년대와 1970년대는 사회복지, 정신 건강, 지역 개발 등 다양한 영역에서 활동하는 전문직으로 확대되어 왔다. 1980년대부터는 이들 전문직의 기능 대부분이 일반 자원봉사자들의 역할로 대체되면서 자원봉사 활동이 크게 활성화되었다. 캐나다의 자원봉사 활동은 시민 사회 내 지역 단체의 연대 활동과 1998년 자원봉사관련 국제회의 개최를 계기로 운동, 오락, 문화, 건강, 복지, 종교 등 다양한 영역에 걸쳐 이루어지고 있다. 캐나다는 민간 부문 중심의 자원 활동이 매우 활성화되어 있으며 나이, 교육, 수입, 종교 단체와도 상당한 관계가 있다. 이들은 많은 시간을 할애하며 상당한 금액을 기부하고 있으며 많은 종교 단체가 집 없는 사람과 노약자를 위한 음식 제공에 큰 기여를 하고 있다.

영국식의 전국자원봉사센터연합회와 전국자원봉사단체연합회가 통합된 형태의 전국자원봉사센터 및 센터연합회가 '캐나다봉사회(Volunteer Canada)'라는 명칭으로 존재한다. 이 조직은 영국처럼 비영리, 비정부 조직으로 5대 권역을 대표하는 이사들이 이사회를 통해 주요 정책 결정의 책임을 가진다. 재정은 연방 정부의 기금 보조, 회원 회비 및 기업 등의 재단의 기부금으로 충당된다(최덕경 외, 2012).

최근 미국의 영향을 받아 기업의 사회봉사 활동이 활성화되고 있으며 청년들의 지역 사회 봉사 활동을 위한 프로그램들이 개발되고 있고 자원봉사 주간 등의 각종 자원봉사관련 행사들이 증가하고 있는 것이 특징이다. 캐나다봉사회는 청년의 자원봉사 활동을 증진시키기 위하여 '자원봉사 활동이 일자리를 만든다(Volunteering Work!).'와 'V세대(Generation V)'라는 사업을 전개하였다. 'Volunteering Work!'이라는 사업은 실직한 청년들이 자원봉사 활동을 통해 새로운 직업을 구할 수 있는 기회를 제공하는 것이며 'V세대' 사업은 캐나다 인적 자원 개발원으로부터 재정적 지원을 받아 15~30세의 청년들에게 자원봉사 관리자로서 경험을 습득할 수 있는 기회를 제공함으로서 청년의 자원봉사 활동 참여를 증진시키고 자선 단체의 역량을 강화하고자 하는 사업이다.

2) 독일의 자원봉사

독일은 유럽연합 회원국 중 가장 명확한 자원봉사 진흥을 위한 국가 정책을 가지고 있다. 1970년대 말을 기점으로 자원봉사에 대한 정부의 태도에 중대한 변화가 시작되었다. 사회복지의 직업적 전문인 시대라고 할 수 있는 이전까지는 자원봉사 또는 자발적 시민 참여는 정책적으로 거의 논의의 대상이 되지 못하였다. 그러나 1970년대 말 이후 사회 서비스 분야에서 시민들의 자원봉사 활동은 새로운 조명을 받기 시작하였고, 이제는 새로운 사회적 자원으로 인정받게 되었다. 이러한 인식 변화의 요인은 바로 사회 문제의 급격한 증가 때문이라고 할 수 있다. 국가 능력의 범위를 벗어나는 사회 문제의 증가에 대한 해결책으로 독일 정치인들은 자원봉사에 관심을 두기 시작하였다. 정부의 태도 변화를 더욱 강화한 또 다른 요인은 독일 복지국의 위기라 할 수 있는데 이는 주로 재정적 위기로부터 기인하는 것이지만, 인구 통계학적, 사회적 요인 또한 일정 부문 작용한 것이다. 이러한 문제들은 독일의 통일로 인해 더욱 악화되었는데, 즉 동독 지역이 서독에 포함되면서 그 지역의 사회적 문제들이 더욱 심각해지게 된 것이다. 그에 따라 1990년대 독일에서는 다른 국가들과 마찬가지로 혼합 경제적 복지 개념의 도입을 통해 국가와 시장, 자발적 조직들을 묶는 새로운 정책적 접근들이 시도되었다. 1994년 가족 및 노인 업무를 관장하는 연방 부서는 '자발적 사회 참여에 관한 법률적 문제'라는 보고서를 제출하였다. 법률적 측면에서 자원봉사 활동을 증진하고 보호하는 방법에 대한 집중적인 논의를 촉구하기 위함을 목적으로 한 이 보고는 자원봉사를 위해 법적 분야에서 이루어진 첫 번째 획기적인 진전이라고 평가된다(권병옥, 2008).

2010년 국가자원봉사 전략을 채택하여 자원봉사 진흥과 정책 개발에 기준으로 삼고 있으나 자원봉사 전반을 총괄하는 기본법은 없다. 2011년 모든 세대를 위한 국가자원봉사 프로그램이 도움되어 300여 개의 자원봉사기구와 센터, 200여 개의 노인센터, 212개의 자조 단체 네트워크, 231개의 지역 재단 등이 자원봉사 인프라를 형성하고 있다(정진경 외, 2013).

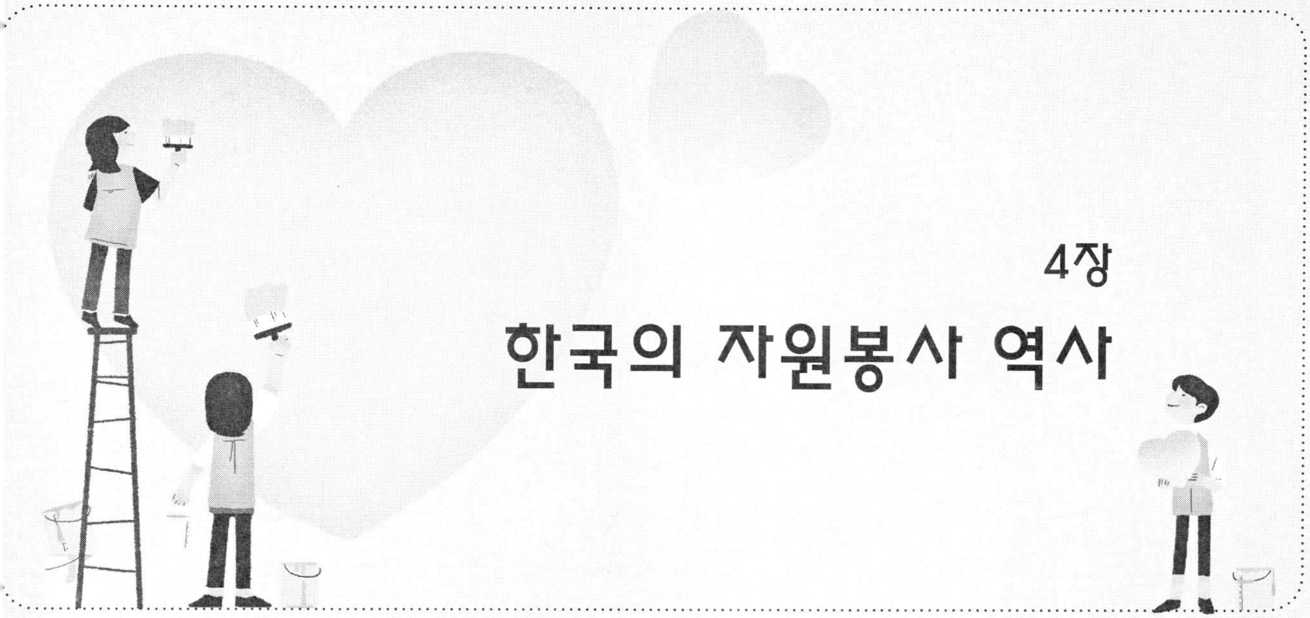

4장

한국의 자원봉사 역사

1. 우리나라 자원봉사 역사

우리나라 자원봉사의 역사는 영국이나 일본에 비해 비교적 짧은 편이다. 물론 삼한 시대에 그 기원을 두고 신라 시대부터 성행되었다고 하는 공익적 '계(契)' 조직이나, 신라 시대부터 비롯되어 농촌 부락 단위로 공동 경작, 공동 적산에 참가하면서 자발적으로 상부상조하는 '두레'라고 하는 주민 협력체가 있었다. 마을 내에 중병 환자나 불구자, 과부, 초상집이 있으면 공동으로 그 집 농사를 지어 주는 공굴(共屈), 마을에 흉사가 있을 때 무보수로 봉사해 주는 향도(香徒: 화랑도의 다른 말), 힘든 일을 서로 거들어 주면서 품을 지고 갚는 품앗이, 또한 조선 시대 중엽부터 성행한 환난상휼(患難相恤)의 향약(鄕約) 등 이웃이 어려운 일을 당했을 때 자발적으로 서로 도우며 마을 공동체를 일궈 가는 고유의 미풍양속을 가지고 있다. 하지만 이러한 전통은 자원봉사 정신에 입각한 것이라기보다는 서로 상부상조하는 경제적 보상 측면이 강하다는 점에서 오늘날의 자원봉사와 같다고는 할 수 없다.

우리나라는 근래 조선 이후 기독교가 전파되고 민주주의 사상이 도입되면서 근대적 의미의 조직적인 자원봉사 활동이 시작되었다. 1903년 한국기독청년회(YMCA)가 창립되면서 교회 등 관련 단체에서 자선적, 박애적 활동을 중심으로 한 초보적인 형태의 자원봉사 활동이 시작되었다고 볼 수 있다. 1921년에 마이어스(Myers) 선교사에 의해 우리나라 최초의 인보관(Settlement House)인 태화기독교사회관이 설립되어 상부상조의 형태에서 발전된 인보 사업이 여성 계몽과 아동 건강 증진 사업에 중점을 두고 전개되었다. 또한 일제 식민지 시대의 구국 운동으로 시작된 학생 운동의 형태로 해방 후에도 형식·비형식적인 계몽 운동 내지 봉사 활동이 사회 엘리트인 학생들을 중심으로 방학 기간 또는 여가 시간을 이용하여 이루어져 왔다.

1952년 각종 복지 사업을 조성하고 사회복지에 대한 국민의 참여를 촉진하기 위하여 한국사회복지협의회(1970년에 한국사회사업연합회로 개칭)가 설립되었다. 1960년대에는 YMCA, YWCA 중심의 민간사회단체의 본격적인 자원봉사 활동이 시작되었고 인도주의와 자원봉사를 기본 정신으로 하는 적십자 운동을 중심으로 보다 조직적으로 활성화됨으로 한국 전쟁으로 인한 사회 문제 해결에 중점을 두었으며 약 21개의 사회복지 관계 법령이 제정되는 등 자원봉사 활동의 육성이 단계적으로 제도화되었다.

1970년대부터 대학생 농촌 계몽 운동, 새마을 운동 등으로 봉사 활동의 영역이 점차 확대되었는데, 1971년부터 전개된 새마을 운동은 지역 주민들의 생산 기반과 생활 능력을 개발하여 소득 수준을 향상시키고 의식 계발을 포함한 사회 개발에 획기적인 기여를 하였을 뿐만 아니라 자원봉사 정신의 확산 및 고취에 커다란 영향을 미쳤다. 1978년에 한국사회복지협의회에서 전국 5개 지역에 '사회봉사안내소'를 설치하여 자원봉사자의 모집 및 교육을 통한 양성, 배치, 사후 지도 등의 자원봉사 활동의 조정 기능을 수행하였다. 사회봉사안내소와 자원봉사국은 자원봉사 인력 은행의 기능을 수행하기 위하여 최초로 개설된 기관으로, 1991년 지역복지봉사센터로 명칭을 변경하여 사회복지 시설 및 재가복지 분야에 자원봉사자를 소개하는 일을 하였다. 1979년에는 자원봉사 과목이 강남대학교 사회사업 학과의 전공 선택 과목으로 개설되었다.

경제 수준의 향상, 국민의 의식 증대, 가족 구조의 변화 등 사회·경제적 변화 등으로 1980년대에는 많은 사람들이 본격적으로 자원봉사에 관한 관심을 갖게 되었고 1980년대 말 무렵 자원봉사 운동 전문 기구가 등장하였다. 1984년 한국여성개발원에 의하여 여성 유휴 인력 활용과 여성의 사회 참여 확대 및 지역 사회 복지 증진을 위해 '자원봉사활동인력은행'을 설치하였고 1985년에는 올림픽 조직위원회에 의해 자원봉사단이 구성됨으로써 보다 조직적으로 자원봉사 활동이 전개되었다. 특히 '86 아시안 게임'과 '88 올림픽'에 자원봉사자의 대대적 활용은 전국적으로 자원봉사를 인식시키고 확산시키는데 큰 계기가 되었다.

이러한 사회적 현상은 각종 사회복지 단체 및 시설에서 교육 후 자원봉사 활동을 하는 자원봉사자의 수를 증가시켰으며 1987년 서울에는 '한국자원봉사능력개발연구회'가 발족되었고 대구에서는 국내 최초 자원봉사센터인 '대구자원봉사지원센터'가 설립되었다. 이후 한국자원봉사연합회가 1991년 부산에서 창립 총회를 개최하였다. 1994년 보건복지부는 한국사회복지협의회 부설 기관으로 '사회복지자원봉사정보안내센터'를 설립하여 자원봉사 관련 전산 정보 체계 구축, 자원봉사 활동 지도자 교육, 자원봉사 활동 조사 연구 및 교재 발간, 홍보 및 정책 건의 등의 활동을 수행하였다. 1991년 이후부터 행정자치부, 문화관광부, 여성부를 중심으로 자원봉사 업무를 담당하는 부서가 설치되는 등 정부 지원의 자원봉사센터가 전국적으로 설치되었다. 또한 대한적십자사를 포함한 전국 각계 36개 자원봉사 단체가 '한국자원봉사단체협의회'를 결성하여 1997년에는 아시아·태평양 지역 국제 자원봉사 행사를 주최하였다.

그러나 일반 국민들의 자원봉사 활동에 대한 참여와 인식을 높이는데 기여한 사업은 1994년 중앙일보의 자원봉사 캠페인, 삼성 그룹의 기업 자원봉사 활동 도입 등이라고 할 수 있다. 같은 해 8월에는 「자원봉사지원법」 제정에 대한 방침이 세워졌다. 1995년 교육 개혁의 일환으로 중·고 청소년 자원봉사 활동의 의무적 참여가 등장하게 되었고 각 시·도에 '청소년자원봉사센터'와 시·군·구에 '종합자원봉사센터'가 설립되면서 자원봉사 활동을 통한 민·관 협력의 유지 관계가 형성되었다. 대학에서도 자원봉사에 대한 관심이 높아졌는데 1994년 일부 대학들이 사회봉사 학점제를 운영한 후 1995년 봄 학기부터 한양대학교에서 '사회봉사' 교과가 개설되었고, 1998년에는 전국 대학에서 사회봉사가 정규 교과로 운영되었다. 이러한 추세에 따라 학계, 정부, 기업, 사회복지관 등 각계의 자원봉사 전문가들이 '한국자원봉사 포럼'을 구성하였으며 1996년 대학의 사회봉사 활동의 활성화를 위해 총장 중심의 '한국대학사회봉사협의회'가 발족되었다. 이러한 자원봉사 활동의 필요성에 대한 공감대가 확대되면서 대기업에서도 신입 사원 채용과 직원 연수에의 자원봉사 실적을 반영하고 기업 내에 사회봉사단들이 창설되었다(김승룡 외, 2011).

2000년대에는 자원봉사 참여 기관들이 증가하고 사회의 다양한 전문인들이 참여하게 되었는데 2000년부터 전국경제인연합회(전경련)는 사회공헌위원회를 두고 기업들의 사회봉사를 촉진하였으며 2002년에는 세계자원봉사연합회(IAVE; International Association for Volunteer Effort) 세계 대회 유치와 한국해비타트운동본부(Habitat for Humanity Korea)의 지미 카터(Jimmy Carter) 전 미국 대통령 초청 등 자원봉사계의 세계 교류도 활발해졌다. 이와 같이 자원봉사에 대한 시민의 참여가 확대됨에 따라 자원봉사 활동을 보다 체계적으로 지원하고 자원봉사자를 보호하기 위한 「자원봉사진흥법」 법안이 추진되었고, 2005년 6월 「자원봉사활동 기본법」이 의결되었다.

2007년 12월 태안 기름 유출 사고가 발생하자 전국적으로 123만 명이 넘는 국민이 대대적으로 자원봉사자로 참여하여 국가적 재난과 위기에 대응하고자 하였다. 이를 한국의 실질적인 시민 주도 자원봉사 역사의 원년으로 보기도 한다.

2. 우리나라 자원봉사자 현황과 특성

1) 자원봉사 참여 실태

(사)한국자원봉사문화가 행정안전부의 연구 용역으로 우리나라 20세 이상 성인 남녀 1,500명을 대상으로 실시한 '2017 자원봉사 활동 실태 조사'에 따르면 조사 대상자 1,500명 중 321명이 지난 1년간 자원봉사 활동에 참여한 것으로 나타났다. 이는 1년간 활동에 참여한 자를 자원봉사자로 정의한 연구 결과로, 2005년도 20.5%, 2008년도 20.0%, 2011년 21.4%, 2014년 22.5%에 비해 약간 낮은 21.4%를 차지하였다. 하지만 경제협력개발기구(OECD) 32개국의 평균 참여율 24.0%보다 낮으며, 우리나라는 중하위권 수준으로 2011년도 이후 20% 초반 대에서 정체 중이다. 참여율이 정체되는 이유로는 사회 경제적인 어려움으로 인해 생업으로 바쁜 것과, 심리적인 여유 부족으로 자원봉사에 선뜻 나서지 못하는 것을 원인으로 꼽을 수 있으며, 자원봉사 지원 조직의 변화·혁신의 부족 등(한국자원봉사협의회, 2016)과 사회복지 분야의 자원봉사 업무가 독거노인 생활관리사나 노인 요양보호사, 아동 보육서비스 종사자, 거주 복지서비스업 종사자 등의 직업적으로 돌봄 노동을 하는 사람들에 의해 대체되는 현실을 반영하고 있다고 볼 수 있다.

주요 선진국 대비 우리나라의 자원봉사 참여율은 여전히 낮은 편인데, 선진국 수준의 참여율로 끌어올리기 위해서는 그동안 정부 주도의 자원봉사 인프라 구축과 나눔 문화 확산 노력에 정책적 변화가 필요하며 새로운 차원의 문화 확산 노력을 기울일 필요가 있음을 시사한다.

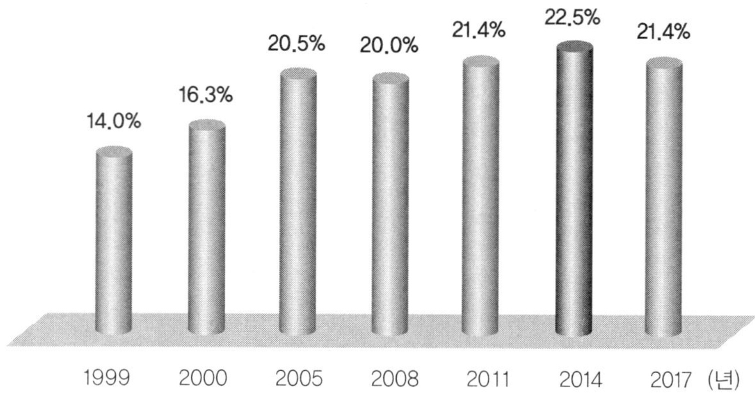

출처: 행정안전부(2017). 2017 자원봉사 활동 실태 조사.

[그림 4-1] 우리나라 자원봉사 참여율

2) 자원봉사자의 특성

2017년 1년간 우리나라 성인 자원봉사자의 성별 특성을 보면, 남자는 40, 50대의 자영업과 사무 기술직에 종사하고 있는 대학 재학 이상 학력의 월 가구 소득 500만 원대의 기혼자로서 공인 민간 단체, 관공서 봉사 단체에 소속된 사람이 많았고, 여성은 40, 50대의 전업주부로 고졸 이상 학력의 기혼자로서 종교적 가입 단체, 학교 학부모회, 직장 관련 단체, 구호 봉사 단체에 소속된 사람이 많았다(주성수 외, 2017). 정기 자원봉사자의 비율은 주 1회가 32.0%, 월 1회가 46.0%로 정기적 활동률이 높아졌다. 여자가 남자보다, 여러 의무에서 벗어나고 신체적으로 비교적 건강한 50대가, 월 500만 원 이상의 소득을 가진 사람들이, 직업별로는 전문직, 자유직, 관리직이 가장 높았다. 특히 고령화로 인한 노인층의 자원봉사 활동률도 매우 높았다.

3) 자원봉사 활동의 특성

2017년 1년간 참여한 자원봉사 활동 기관은 종교 단체가 29.8%, 사회복지 기관 29.6%, 관공서 12.8%, 공익 민간 단체 10.0% 순이며 자원봉사 활동 영역은 일손 돕기, 대인 서비스, 교통질서 계도, 방범, 교육, 환경 보전·문화재 보호, 재난 구조·소방·안전 예방, 상담 순으로 단순 서비스 활동이 주를 이루고 있어 자원봉사 활동 기관이 자원봉사자들을 단순 보조 인력으로 활용하는 수준에 머무르고 있었다. 2017년 자원봉사 시간은 1회당 평균 3.4시간, 총 활동 시간은 연평균 35.2시간(응답 자원봉사자 321명)으로 2011년 총 활동 시간인 32.2시간(자원봉사자 321명)보다 증가하였다. 하지만 추정된 1년간 우리나라 성인 자원봉사 인구수는 856만 6,576명이었고, 연간 자원봉사 활동 총 시간은 1999년 4억 9,892만 시간에서 2011년 8억 3,455만 시간으로 확대되었다가 2014년 3억 9,248만 시간, 2017년 4억 2,432만 시간으로 소폭 증가하였다. 활동 횟수 또한 2014년도 평균 5.1회에서 2017년 10.5회로 증가하였으며, 자원봉사 활동 만족도가 역대 최고치인 97.2%를 기록한 점은 자원봉사 활동의 질이 다소 개선되고 있음과 노인층의 자원봉사 참여율이 증가한 것에 기인하였다고 예측된다(주성수 외, 2017).

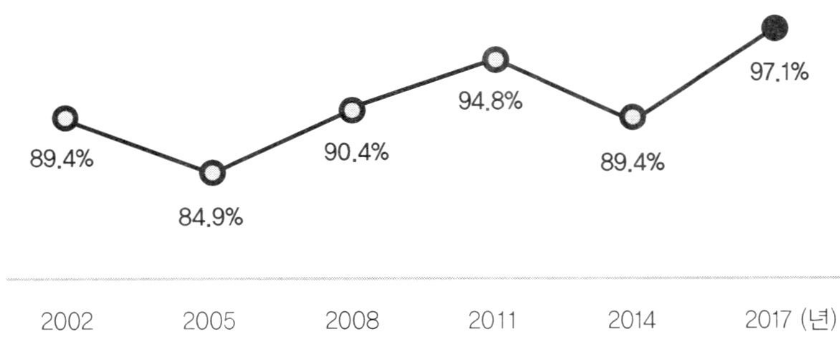

출처: 행정안전부(2017). 2017 자원봉사 활동 실태 조사.

[그림 4-2] 자원봉사 활동 만족도

3. 우리나라 자원봉사 기관의 현황과 특성

우리나라 자원봉사 활동 관련 기관으로는 자원봉사센터, 사회복지자원봉사관리본부, 사회복지정보센터, 여성자원활동센터, 청소년활동진흥센터 등이 있다. 그러나 주무 부처별로 서로 다른 법령을 근거하여 자원봉사센터 등의 명칭으로 자원봉사 활동 지원 기관을 각기 설치하고 운영함으로써 문제점이 발생하고 있다. 주무 부처 간 자원봉사자에 대한 상이한 지원 기준과 유사한 사업의 중복적 수행으로 정부 예산의 낭비가 초래되고 있다. 또한 자원봉사자의 등록, 실적 관리 등의 관리 업무가 표준화되어 있지 않아 중복되거나 비효율적이며 각 시스템 간의 연계 미비로 자원봉사자의 혼란을 초래하고 있다. 즉, 자원봉사 활동 관리를 위한 전산관리 시스템으로 행정안전부의 1365 자원봉사 포털(www.1365.go.kr), 보건복지부의 사회복지자원봉사인증관리(www.vms.or.kr), 청소년활동진흥센터의 청소년 자원봉사 관리 시스템(www.youth.go.kr/youth/) 등이 각기 활용되고 있다.

〈표 4-1〉 우리나라 자원봉사 기관 현황

기관	근거 법령	주무 부처
지방자원봉사센터 전국자원봉사센터 중앙회 한국자원봉사협의회	「자원봉사활동 기본법」 지방자치단체 조례	행정안전부
사회복지봉사활동인증센터 사회복지정보센터 사회복지자원봉사관리본부	「사회복지사업법」 제9조	보건복지부
청소년활동진흥센터 한국청소년활동진흥원 청소년자원봉사 활동정보서비스	「청소년활동 진흥법」 제6조 「청소년활동 진흥법」 제7조	여성가족부
여성자원활동센터 (2008년 자원봉사센터로 통합)	「양성평등기본법 시행령」 제28조	여성가족부
한국대학사회봉사협의회	지침	교육부

1) 자원봉사센터

자원봉사센터는 자원봉사의 효과적 실시를 위한 자원봉사 지원과 조정의 목적을 달성하기 위해 「자원봉사활동 기본법」에 의해 설치·운영되는 기관이다. 자원봉사센터는 설립 주체와 목적에 따라 운영 형태에 있어 차이가 있으나 자원봉사 활동의 수요와 공급의 측면에서 수요자 중심의 자원봉사센터, 공급자 중심의 자원봉사센터, 그리고 수요와 공급을 적절히 조정하고 자원봉사센터 간의 효율적 연계 역할을 수행하는 조정자 중심의 자원봉사센터로 구분해 볼 수 있다. 자원봉사센터는 중앙자원봉사센터와 지역자원봉사센터가 있는데, 중앙자원봉사센터는 전국의 자원봉사자들의 자원봉사 활동을 지원하고, 자원봉사센터의 전문성 보완과 센터 운영의 활성화 등을 지지하여 전국적 자원봉사 활동의 활성화와 전국의 자원봉사센터 네트워크의 허브 역할을 수행한다. 지역자원봉사센터는 1996년부터 전국에 자치단체 1개소 설치를 목표로 추진되어 2021년 기준 246개 시·도, 시·군·구 자원봉사센터가 설치·운영되고 있다. 이들 자원봉사센터는 자원봉사자 모집 및 훈련, 프로그램 개발·감독·평가에 이르기까지 지역의 자원봉사 활동에 관여하며 지역 사회의 시민 단체와 자원봉사자들과의 유기적 관계를 형성하고 있다.

우리나라 자원봉사센터 운영의 민영화율은 50% 정도(관계부처합동, 2018)이며, 이는 민간의 자발성을 강조하는 자원봉사 영역에서 공공 부문의 센터가 많은 수를 차지하고 있는 상반된 현상으로 운영의 독립성이 침해될 우려와 최소 인력의 배치로 인한 형식적 운영 가능성, 부족한 예산의 문제, 지역의 관련 단체와의 연계·협력의 미비함 등의 문제점이 제기되고 있다.

2) 사회복지자원봉사관리본부

사회복지자원봉사관리본부는 사회복지 부문의 자원봉사를 활성화하기 위해 한국사회복지협의회 및 시·도, 시·군·구 사회복지협의회에 설치된 기구이다. 1994년부터 운영되던 '사회복지자원봉사정보안내센터'가 폐지되고 명칭과 기능이 변

환된 것으로 사회복지 관련 직능·계층 단체, 기업과 연계하고 전문 자원봉사자를 모집해 '1004 지역사회봉사단'을 구성, 개인 및 사회복지 시설 등 수요처와 직접 연계하는 기능을 수행한다. 중앙사회복지자원봉사관리본부는 사회복지자원봉사 운영을 총괄하고 있으며, 전국에 16개의 사회복지자원봉사관리본부가 운영되고 있다.

3) 사회복지정보센터

사회복지정보센터는 보건복지부가 설치·운영하고 있는 자원봉사센터로 한국사회복지협의회 부설로 되어 있다. 1978년 사회봉사안내소로 자원봉사 활동을 전화로 안내·제공하는 기능을 하였고, 1991년 가정봉사원 사업의 정착을 위한 기초 사업으로 지역복지봉사센터로 변형 설치·운영되며 지역사회복지관 내 재가복지봉사센터 설립의 기초가 되었다. 1994년 자원봉사안내센터로 명칭이 변경되었으며 사회복지 분야 자원봉사 활동을 통합 관리하다가 2001년부터 사회복지정보센터로 명칭 변경과 기능 전환으로 자원봉사 이외의 사회복지 분야의 통합된 정보 제공 기능을 수행하고 있다.

2001년부터 보건복지부 위탁으로 한국사회복지협의회 및 16개 시·도 사회복지협의회가 자원봉사 개인별 자원봉사 활동 실적을 인증 관리하고 누적된 실적에 대해 인센티브 등을 제공하는 정부 정책 사업인 '사회복지봉사활동인증관리사업'이 시작되어 지속적인 자원봉사 활동의 활성화를 위한 발판이 되었다. 또한 사회복지 분야 법인·단체·의료 기관에 자원봉사 관리센터를 두어 '사회복지자원봉사인증관리' 2013년 홈페이지 자료 기준, 전국 1만 587개 사회복지자원봉사 관리센터에서 3만 648명의 인증 요원이 활동하고 있다.

4) 청소년활동진흥센터

청소년활동진흥센터는 1995년 5월 31일 교육 개혁에서 인성 중심의 체험 활동을 강조하고, 그 중 하나인 '학생 봉사 활동'을 채택함에 따라, 이를 사회적으로 뒷받침하고자 문화관광부의 청소년자원봉사센터로 설치되었다. 2006년 사회적 환경 변화와 청소년의 욕구를 반영하여 기존의 청소년 자원봉사 활동의 활성화뿐 아니라 체험, 문화 및 수련 활동 인증제, 청소년 국제 교류 지원, 종합적 정보 제공 등을 위해 국가청소년위원회 소속의 청소년활동진흥센터로 확대, 개편되었다. 2004년 2월에 제정된 「청소년진흥법」에 근거하여 중앙센터인 청소년진흥센터와 16개 시·도의 청소년활동진흥센터로 운영되고 있으며, 2010년 3월 여성가족부로 이관되었다.

5) 여성자원활동센터

여성자원활동센터는 산발적인 여성 자원 활동을 지역 단위로 통합, 운영하여 자원봉사를 희망하는 여성이 개인 또는 단체로 이용하는데 편리를 목적으로 1991년 4월 국무총리 지시 제7호에 의거하여 설치·운영되었다. 이후 1998년 전국 263개소로 증가되었다가 2007년도에 지역자원봉사센터로 통합되었으며 일부 여성자원활동센터가 시·군·구에 설치되어 운영되고 있다. 여성자원활동센터는 다양한 여성 자원봉사자의 발굴, 모집 및 교육을 통하여 자원봉사 수요처와 연결, 관련 기관과의 정보 교육 및 주민 홍보 등의 기능을 하였으며 월드컵, 아시안 게임 등 국제 행사 개최 시 많은 여성들의 자원봉사 활동에 참여해 기여한 바가 컸다. 하지만 운영상의 여러 문제점과 사회적 여건의 변화에 따라 지역자원봉사센터로 통합 운영되므로 사실상 여성가족부 내에서 독립적으로 운영하는 자원활동센터는 없는 상황이며 주로 구청 내 여성 담당 부서에서 담당하고 있다.

6) 한국자원봉사협의회

한국자원봉사협의회는 자원봉사의 중요성과 자원봉사 상설 민간협의체의 필요성에 따라 1994년 36개 자원봉사 단체로 시작하였으며 「자원봉사활동 기본법」 제17조에 의거 설치·운영되는 법정 단체로 전국적 자원봉사 단체이자 대표적인 민간 중앙 조직이다. 한국자원봉사협의회는 자원봉사 문화와 참여, 자원봉사 지원 인프라, 자원봉사 관리 및 개발, 자원봉사 연구와 평가, 자원봉사 글로벌 협력 등의 정책 영역과 자원봉사 캠페인, 자원봉사 전국 행사 개최 등의 역할을 하고 있다. 글로벌 협력 분야에서 세계자원봉사협의회(IAVE) 한국 대표로서 자원봉사 국제 정책 개발 등의 민관 협력 업무를 수행하며 현재 125개 회원 단체 및 250여 개 협력 단체로 구성되어 있다.

7) 한국자원봉사포럼

한국자원봉사포럼은 한국 자원봉사 운동의 방향 전개와 활성화를 위해 자원봉사 전문가 및 단체의 의견을 수렴하고 정책 연구를 목적으로 1995년에 창설·운영되는 기관이다. 한국자원봉사포럼은 자원봉사 관련 전문 학자, 자원봉사 단체 지도자 및 사회 지도층 인사들이 모여 자원봉사와 관련된 공론을 나누며 자원봉사 문화의 촉매 기능으로 독립성과 중립성을 강조하고 있다. 한국자원봉사포럼은 2013년 현재 123회의 정책 토론회와 특별 포럼, 자원봉사 관련 연구, 해외 연수 및 국제 포럼 등을 개최하였으며 정부, 학계, 사회복지 기관 및 시설, 기업, 언론계 등 자원봉사 관련 인사를 회원으로 확보하고 있다.

그 밖에도 중앙 부·처·청 및 시·도에 등록된 비영리 민간 단체 및 다양한 자원봉사 단체 등이 운영되고 있는데 일부를 제외한 대부분의 단체들은 다양한 영역에서 자원봉사 활동을 직접 수행하거나 유사한 자원봉사 활동을 하고 있다. 특히 자원봉사센터에 등록되지 않은 종교계 및 자생적 풀뿌리 민간 단체를 포함하면 그 수는 더 많을 것으로 추정된다.

4. 「자원봉사활동 기본법」과 국가기본계획

1) 「자원봉사활동 기본법」

우리나라 자원봉사의 토대가 되는 법은 2005년 6월 30일 제정된 「자원봉사활동 기본법」이다. 「자원봉사활동 기본법」은 당시 보건사회부(현 보건복지부)에서 처음 거론되어 1994년 1월 자원봉사 활동 강화의 대통령 지시 후 본격적으로 다루어졌다. 1994년 정기 국회에서 각각의 자원봉사 활동 지원 법안을 여·야당이 상정하였으나 선거운동 봉사자의 자원봉사자 범위에 포함 여부 문제 등이 합의되지 못하였고 이후 「자원봉사진흥법」 제정에 대한 지속적인 논의가 있었으나 입장 차이를 넘어서지 못하였다. 2003년 전국의 자원봉사 기관 및 단체 등이 참여하는 전국적 자원봉사 조직인 한국자원봉사협의회가 창설되면서 각계각층의 합의를 거쳐 「자원봉사 활동 진흥법」 법안이 단일안으로 채택되어 법안심사위를 통과하였으나 임시 국회 폐지로 17대 국회에서 추진하기로 하였다. 2004년에 자원봉사 관련 부처 공무원, 자원봉사 단체, 전문가 등으로 자원봉사 활성화 추진 기획단을 구성하여 자원봉사 법안에 대해 여러 차례 회의를 개최한 후 2005년 2월에 정부안이 행정자치위원회에 상정되었다. 이후 행정자치위원회 법안심사소위원회와 전체 회의, 법제사업위원회를 통과하고 국회의 심의 및 의결을 거쳐 2005년 8월 4일 법률 제7669호로 공포, 2006년 2월 「자원봉사활동 기본법」 및 「자원봉사활동 기본법 시행령」이 공포·시행되었다(이성철, 2008). 「자원봉사활동 기본법」은 전체 20개 조문과 부칙으로 구성되어 있으며, 주요 내용은 자원봉사 기본 시책의 기본 방향, 자원봉사 활동 진흥을 위한 국가 등의 책무, 자원봉사 활동 범위의 규정, 자원봉사진흥위원회 설치에 관한 규정, 자원봉사 활동 진흥을 위한 국가기본계획 수립, 학교, 직장 등에서의 자원봉사 활동 장려, 자원봉사의 날 지정, 자원봉사자 보험에 관한 사항, 국·공유 재산의 사용에 관한 규정, 자원봉사센터의 설치와 운영에 관한 사항, 정치 활동 등의 금지 의무 등이다.

「자원봉사활동 기본법」 제정은 다음과 같은 의미를 지닌다. 첫째, 자원봉사에 대한 인정과 보호이다. 자원봉사 활동 시 발생할 수 있는 위험으로부터 자원봉사자들을 보호하는 조치와 우수 자원봉사자에 대한 포상, 자원봉사자의 날 및 주간 설정 등 자원봉사자에 대한 인정·보호 사항이 국가로부터 공식화되었다는 점이다. 둘째, 자원봉사 활동의 진흥을 위해서 국가 차원의 기본 계획이 수립되어 추진된다는 점이다. 셋째, 자원봉사 활동의 주요한 인프라인 자원봉사센터와 한국자원봉사협의회가 법적 기구와 단체로 인정된다는 점이다. 넷째, 정부 부처 및 지방자치단체별로 고립·분산되어 추진되어 왔던 자원봉사 정책들이 국가 차원에서 통합되고 조정될 수 있게 되었다. 자원봉사진흥위원회를 통해 정부 부처 간의 자원봉사 정책이 조정, 통합된다면 자원봉사 활동의 혼선은 해결될 것이다(김승용 외, 2011). 다섯째, 정치적 중립성이 명확화되었다. 자원봉사 활동의 자발성이나 순수성 등 고유의 성격에 따라 자원봉사 단체나 자원봉사센터의 독립성과 자율성을 보장하기 위해 국가 및 지방자치단체의 지원을 받는 자원봉사 단체나 자원봉사센터는 선거 운동을 할 수 없는 등 정치 활동의 금지 의무가 명문화되었다는 점 등이다.

하지만 자원봉사센터를 국가 및 지방자치단체가 직접 운영할 수 있게 하여 자율성 침해 가능성, 국가 직영 센터 및 민영 센터 간의 불균형한 통제, 불명확한 한국자원봉사협의회와 자원봉사센터의 관계 규정, 자원봉사센터장의 자격 문제, 국가기본계획의 문제점, 자원봉사진흥위원회의 유명무실한 역할 등의 문제로 계속적인 개정에 대한 논의가 제기되고 있다.

2) 「자원봉사활동 기본법 시행령」

「자원봉사활동 기본법 시행령」은 「자원봉사활동 기본법」에서 위임된 사항과 그 시행에 관해 필요한 사항을 정한 것으로, 총 15개 조와 부칙으로 구성되었다. 「자원봉사활동 기본법 시행령」의 주요 내용은 자원봉사진흥위원회 실무위원회 구성으로 위원 중 민간 위원을 과반수 포함하도록 명시하여 민·관 협력 체계를 구축하도록 하였으며, 매 5년마다 국가기본계획을 수립하고 연도별 시행 계획을 수립 제출하도록 하였다. 또한 자원봉사 활동에 대한 범국민적 분위기 조성을 위해 자원봉사자의 날 및 자원봉사자 주간 행사 시행, 자원봉사센터 또는 「비영리민간단체 지원법」에 의거 등록된 단체 소속 자원봉사들의 보호를 위해 보험 또는 공제 가입 확대, 한국자원봉사협의회의 회원, 자원봉사센터의 자격 요건 등에 대해 규정하였다.

3) 자원봉사진흥 국가기본계획

자원봉사진흥 국가기본계획은 「자원봉사활동 기본법」 제9조 제1항에 의거한 것으로 정부는 관계 중앙행정 기관의 장과 협의하여 매 5년마다 자원봉사 진흥을 위한 국가기본계획 및 연도별 시행 계획을 수립하도록 하고 있다. 국가기본계획은 자원봉사 활동의 진흥에 관한 기본 방향, 자원봉사 활동의 진흥에 관한 추진 일정, 관계 중앙행정 기관의 진흥에 관한 추진 시책, 자원봉사 활동의 진흥을 위해 필요한 재원의 조달 방법, 그 밖에 자원봉사 활동의 진흥을 위하여 특별히 필요하다고 인정되는 사항 등이 포함되어야 한다. 이에 따라 행정자치부와 보건복지부, 여성가족부, 교육인적자원부, 국가청소년위원회 등 10여 개 관련 부처가 참여하여 2007년 7월에 제1차 5개년 국가기본계획을 수립, 진행하였다.

제1차 국가기본계획(2008~2012)은 잠재적 자원봉사자들을 자원봉사 활동에 연결시키고, 자원봉사의 수준을 한 단계 끌어올리기 위한 문화 조성·인프라 구축 등을 중점적으로 추진하고 '자원봉사 국가, 행복한 사회'라는 비전 아래, 참여와 나눔의 자원봉사로 국민 문화의 확산 및 성인 자원봉사 참여율 30% 달성, 주당 3시간 봉사 활동을 목표로 하였다(행정안전부, 2012).

제2차 국가기본계획(2013~2017)은 제1차 기본 계획과 근간에 있어 차이가 없다. 제2차 계획의 목표는 '성숙한 자원봉사 문화의 확산', '생애 주기별 시민 참여 확대', '시민 사회의 역량 강화'로 설정하여 제1·2차 계획 모두 자원봉사 문화 확산과 양적 확대를 목표로 설정하였다는 면에서 동일하지만 제2차 계획은 자원봉사 활동의 질적 향상을 위해 '시민 사회 역량 강화'라는 목표를 추가하였다. 그러나 여전히 정부 주도의 계획 및 지원 정책이라는 점에서 민간의 자율성에 영향을 주어 오히려 정부 의존적으로 바뀔 우려가 있다는 점과 예산의 효율적 집행 가능성, 실적 위주의 사업에 치중될 우려 등의 문제점을 가지고 있었다. 1차 계획은 중앙·지역자원봉사센터 설치 등 전국적 인프라 구축에 초점을 두었고, 2차 계획은 자원봉사 관리·사업 영역의 체계화 및 참여 문화 확산 홍보·캠페인을 중점 추진함으로 자원봉사 분야의 제도화의 양적 성장 달성이라는 성과가 있다. 법·제도적 기틀은 어느 정도 갖춰졌으나 실질적인 자원봉사 참여 확대로 이어지는 성과는 부족하였으며 자원봉사 영역 내부의 미해결된 과제가 여전히 존재한다는 평가를 받았다. 기본 계획의 이행 담보 및 평가 체계의 불명확으로 일부 과제 이행이 미흡하여 현장 전문가들이 체감하는 2차 계획의 이행도와 자원봉사 진흥에 대한 기여도는 중간 수준의 성과로 평가되었다.

제3차 국가기본계획(2018~2022)은 '성장하는 자원봉사, 함께 가는 대한민국'을 비전으로 제시하고, 자원봉사 문화와 참여, 자원봉사 인프라, 자원봉사 관리와 사업, 자원봉사 연구와 평가, 자원봉사 국제교류·협력 등 5대 정책 영역, 17개 정책 과제 및 36개 세부 과제로 구성되어 있다. 문재인 정부의 국정 과제인 '자원봉사 활성화'와 연계, 이를 실천하기 위한 세부 실행 과제들을 담았다(관계부처합동, 2018). 시민성·공공성 등 자원봉사의 새로운 가치를 강조하고, 시민 사회 내에서 자원봉사의 역할을 심화하기 위해 국가·지역 어젠다 관련 프로젝트를 수행하는 청년봉사단 사업 등 사회 문제 해결형 자원봉사 모델을 발굴·확산할 예정이다.

3부

자원봉사 관리 과정

5장 자원봉사 관리

1. 자원봉사 관리의 개념

사회복지 서비스를 제공하는 사회복지 기관에서 서비스 수혜자들에게 직·간접적인 서비스 또는 프로그램을 제공하는 인력은 누구일까? 우리는 사회복지를 전공하고 현장에서 근무하는 사회복지사를 가장 먼저 생각하게 될 것이다. 하지만 사회복지 기관 즉, 복지관에서 근무하는 사회복지사들의 수는 그리 많지 않다. 가장 큰 사회복지 조직인 종합복지관에서도 한 기관에서 근무하는 사회복지사의 수는 20명 내외이다. 그렇다면 한 기관에 소속된 자원봉사자의 수는 얼마나 될까? 개인 자원봉사자와 단체 자원봉사자 그리고 기업 자원봉사자를 합하면 사회복지사 수의 최소 10배에서 최대 50배의 자원봉사자가 활동하고 있을 것이다.

그렇다면 이 많은 자원봉사자를 어떻게 관리하느냐에 따라 사회복지 서비스의 양과 질이 달라질 수 있을 것이다. 특히, 자원봉사자는 직원들처럼 금전적인 보상을 바라고 활동하는 것이 아니기 때문에 자원봉사자들의 체계적인 관리는 자원봉사 활동의 지속성과 직접적인 연관이 있다고 볼 수 있다.

일반적으로 자원봉사(Volunteer) 관리(Management)란 자원봉사자를 통제하고 지휘하며 감독하는 것을 말한다. 또는 자원봉사 활동의 본래 목적을 실현해 가기 위해 자원봉사자와 자원봉사 활동을 조정하고 감독하는 전문적인 활동이라 할 수 있다(김범수 외, 2016). 자원봉사 활동이 잘 이루어지기 위해서는 자원봉사자의 욕구와 기관의 욕구가 맞아야 한다. 그래서 자원봉사 관리의 핵심은 자원봉사 활동에 대한 수요와 공급을 잘 파악하고 연계하여 현실화시키는 것으로 볼 수 있다.

이병순 등(2014)은 자원봉사 관리를 좁은 의미와 넓은 의미로 나누어 설명하고 있는데 먼저, 좁은 의미의 자원봉사 관리는 자원봉사 활동의 주체인 자원봉사자에 대한 관리와 프로그램에 대한 관리로 볼 수 있으며, 넓은 의미의 자원봉사 관리는 자원봉사의 가치, 철학, 목적에 대한 관리와 자원봉사 정책, 지침, 정보, 위험에 대한 관리를 말한다.

이러한 내용들을 종합하여 볼 때 자원봉사 관리란, 사회복지 서비스를 제공함에 있어 자원봉사자를 필요로 하는 기관에 자원봉사를 원하는 사람을 연결시켜 주어 원활한 자원봉사 활동이 이루어 질 수 있게 하는 일련의 모든 과정이라 말할 수 있다.

자원봉사 활동의 전반적인 관리 과정은 [그림 5-1]과 같다. 즉, 자원봉사 프로그램 기획을 시작으로 업무 설계, 홍보 및 모집, 면접 및 배치, 오리엔테이션, 교육 및 훈련, 활동 관리 및 위험 관리, 인정과 보상 그리고 평가로 볼 수 있다.

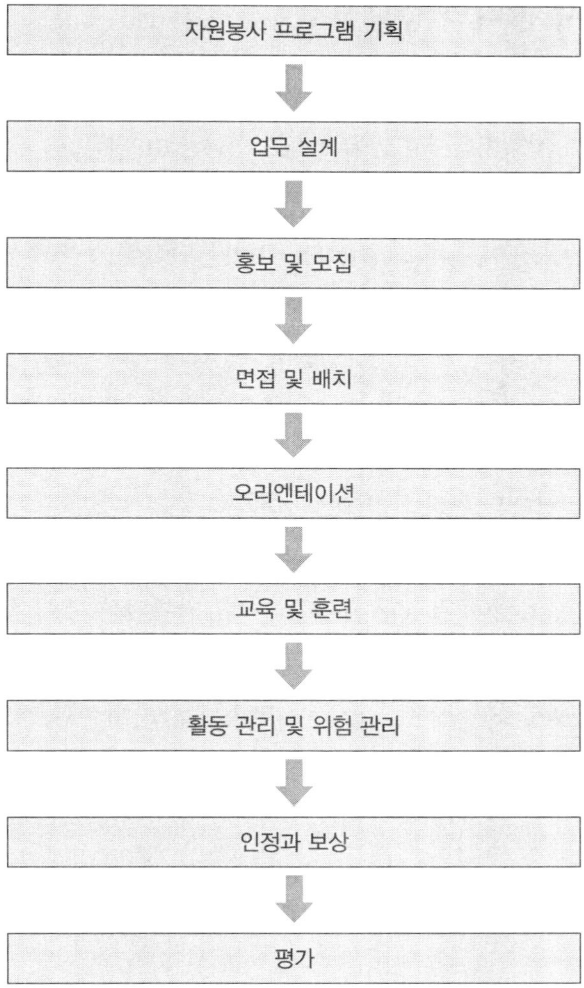

[그림 5-1] 자원봉사 활동 관리 과정

2. 자원봉사 관리의 중요성

예전부터 자원봉사에 대한 필요성과 중요성은 널리 인식되어 왔으며, 과거에 비해 자원봉사자의 수도 지속적으로 증가하고 있다. 2019년 12월 현재 1365 자원봉사포털(www.1365.go.kr)에 의하면 우리나라 전체 인구 중 자원봉사 등록 인원은 26.6%, 활동 인원은 8.1%에 이르고 있다. 그러나 여전히 낮은 자원봉사 참여율과 높은 중도 탈락률 그리고 자원봉사 관리의 전문성과 체계성 미흡은 자원봉사 활성화에 많은 제약이 되고 있다. 자원봉사를 활성화시키기 위한 가장 중요한 방법 중 하나는 자원봉사 관리자를 육성하는 것이다. 즉, 자원봉사자를 발굴, 배치, 교육, 훈련, 활동 관리 등 자원봉사와 관련된 전문적인 기술과 지식을 겸비한 자원봉사 관리자를 육성하는 것이다(김영호, 2006).

과거에는 사회복지 기관에서 근무하는 자원봉사 담당자가 자원봉사자에게 업무를 전달하고 그 업무와 관련된 사항을 관리, 감독하는 것이 대부분이었다면, 현재에는 자원봉사자와 클라이언트 간의 상호 작용에 대한 슈퍼비전을 제공해 주어야 하고, 자원봉사자가 봉사 활동에 만족감을 느껴 지속적인 봉사 활동을 할 수 있도록 동기 부여와 관련된 사항에 대해 세심한 관심과 배려가 있어야 하며, 자원봉사자 수의 증가와 높아진 학력 등에 따른 자원봉사자 개개인의 요구에 직접 대응해야 하는 등 자원봉사 관리가 점점 세분화되고 전문화되어 가고 있다.

또한 자원봉사자가 봉사 활동만 하는 것이 아니라 후원자의 역할도 함께 겸하는 경우도 많이 있고, 지역 사회 내의 인적 자원과 물적 자원을 연결시켜 주는 사례도 많이 있다. 이제는 단순히 자원봉사자를 관리하는 차원을 넘어섰으며, 특히 단체 및 기업 자원봉사자는 복지 사업에 필요한 예산까지 지원해 주는 등 사회복지 기관과 연계하고 협력하는 중요한 조력자가 되었다. 이처럼 자원봉사자의 관리는 앞으로 더욱 커질 것으로 보인다.

볼런티어21(2006)에서는 자원봉사 관리의 목적을 다음과 같이 설명하고 있다.

- 사회적 욕구 충족을 가능하게 하기 위해서
- 인간의 욕구 충족이 가능하도록 사회 분위기 조성을 위해서
- 정치, 경제, 사회, 보건 등의 측면에서 영향을 받는 사람들이 결정 과정에 참여하게 하기 위해서
- 창의적이고 책임 있는 사회 개발과 변화에 공헌하기 위해서
- 서비스 분야에 있어서 전문가들을 비롯해 다른 사람들의 일을 확대하고 강화하여 전문성을 높이기 위해서

3. 자원봉사 관리자의 역할과 윤리

자원봉사 관리자의 가장 중요한 업무 중 하나는 자원봉사자가 봉사 활동을 하면서 보람을 느끼게 하고, 자원봉사를 시작하게 된 동기를 충족시켜 주어 자원봉사자의 중도 탈락을 사전에 예방하며, 자원봉사 활동에 필요한 교육과 기술 등을 익히도록 하는 데 있을 것이다.

자원봉사 프로그램의 성패를 좌우하는 가장 중요한 요소 중의 하나는 자원봉사 프로그램을 어떻게 관리하느냐에 달려 있다. 자원봉사 프로그램의 관리 역시 점차 전문화되어 가고 있으며, 이를 담당하는 자원봉사 관리자의 역할도 전문직의 성격을 띠어야 하는 것은 당연한 일이 되었다(권현수, 2007).

자원봉사 관리자(Volunteer Administrator)는 자원봉사 조정가(Volunteer Coordinator), 자원봉사 감독자(Volunteer Director), 자원봉사 슈퍼바이저(Volunteer Supervisor) 등의 용어로 불리기도 한다. 하지만 「자원봉사활동 기본법」에서는 자원봉사 관리자에 대한 용어 정의는 아직까지 없는 상황이다. 김미애(2013)는 자원봉사 관리자란 자원봉사와 관련된 사회복지 기관에서 근무하는 인력으로 자원봉사 활성화를 위해 자원봉사자를 모집, 교육, 배치, 프로그램 기획, 지도 감독 등의 업무를 진행하며 자원봉사자의 지속적인 성장과 발전을 위해 노력하는 사람이라고 정의하였다. 또한 자원봉사 관리자는 자원봉사 활동과 관련된 전문적인 지식과 가치, 윤리를 가지고 체계적이고 전문적으로 자원봉사자를 관리하는 유급 직원을 말한다(정다원, 2012).

사회복지 기관에서 자원봉사 관리 업무를 맡은 직원은 매년 이루어지는 업무 분장으로 오랜 기간 업무를 맡기보다는 1~2년이 지나면 다른 업무로 이동하는 경우가 많다. 자원봉사자들의 특성과 상황을 어느 정도 파악할 시점에 다른 직원으로 교체되어 처음부터 다시 시작해야 하는 상황이 되므로, 최소 3년 이상은 동일 업무를 할 수 있도록 기관의 차원에서 배려가 필요할 것이다.

자원봉사 관리자의 역할과 기능은 각 기관의 성격이나 특성에 따라 다양하게 나타날 수 있다. 자원봉사 관리자는 다음과 같은 기능과 역할을 수행한다(보건복지부, 2020).

- 자원봉사 프로그램 개발 및 운영 관리
- 소속 인증 요원 교육 훈련 및 지도 감독과 점검
- 자원봉사자의 교육 훈련 및 지도
- 인증 요원 소관 업무의 지원·협력
- 소속 인증 요원 및 모범 자원봉사자 표창 추천 등 사기 진작과 동기 부여 활동
- 기타 관리센터 내 자원봉사 활성화 등

자원봉사 관리자가 지켜야 할 윤리강령을 서울시자원봉사센터(volunteer.seoul.go.kr)에서는 다음과 같이 제시하였다.

자원봉사 관리자 윤리강령

자원봉사는 시민의 권리와 책임에 기반한 활동으로, '건강한 시민'들이 '좋은 사회'를 만들어 가는 동력이다. 자원봉사 관리는 자원봉사가 일상의 문화로 자리 잡아 긍정적인 사회 변화에 기여할 수 있도록 지원하고 촉진하는 과정이다. 이에 자원봉사 관리자는 자원봉사의 가치를 수호하고, 자원봉사자와 함께 일하며, 개인·가족·집단·지역 사회 등 공동체의 공존과 변화를 촉진하는 역할을 수행함에 있어, 다음과 같은 윤리적 가치를 되새겨 우리 양식(良識)의 원천으로 삼는다.

① 시민성
자원봉사 관리자는 더 많은 시민들이 자원봉사 활동의 기회를 충분히 누리도록 안내함으로써, 스스로 사회적 문제와 욕구 해결에 기여하는 시민임을 인식한다.

② 성장과 변화

자원봉사 관리자는 지식과 기술을 갖춘 전문가로서 모든 이해관계자와 함께 상호 성장하고, 변화함으로써 시민 사회 발전에 이바지한다.

③ 자율과 공평

자원봉사 관리자는 자원봉사의 정책과 실천 현장에서 자율성을 최우선 가치로 두며, 자원봉사가 지닌 공공성에 걸맞는 책임성을 가질 수 있도록 공평한 자원봉사 환경을 제공한다.

④ 개방과 연대

자원봉사 관리자는 다양한 주체 및 영역과 연결될 수 있는 열린 자세를 가지고, 정부·기업·시민사회의 다양한 주체와 영역 간의 적극적인 협력을 이끌어 낸다.

출처: 서울시자원봉사센터(volunteer.seoul.go.kr).

또한 자원봉사 관리자는 자원봉사자들을 움직이고 지도하며 동기 부여를 하는 과정에서 아래의 윤리적 핵심 가치들에 기반하여야 한다(볼런티어21, 2006).

1) 자원봉사 철학

자원봉사 관리자는 자원봉사 프로그램을 개발함에 있어서 다른 사람과 함께 일하는 것을 기반으로 자원봉사자가 자원봉사에 대한 일관된 철학을 개발하도록 윤리적 책임을 진다.

2) 인간의 존엄성

자원봉사 관리자는 관계된 모든 사람들의 인간 존엄성을 증진시키는 자원봉사 프로그램 개발에 윤리적 책임을 진다.

3) 상호 호혜성

자원봉사 관리자는 자원봉사 활동에 관련된 모든 사람들의 고유한 상호 이익에 대한 이해와 그 실현을 증진시키는 윤리적 책임을 진다.

4) 자주성

자원봉사 관리자는 영향을 받는 당사자가 의사 결정 과정에의 참여를 증진시키는 윤리적 책임을 진다.

5) 사적 비밀(사생활)

자원봉사 관리자는 개인의 사적 비밀(사생활)과 내밀하게 받은 정보를 존중하고 지켜 줄 윤리적 책임을 진다.

6) 직원과의 관계

자원봉사 관리자는 모든 직업적 전문가들과 기타 유급 직원들의 업무를 확대 강화하는 자원봉사 프로그램 개발의 책임을 진다.

7) 사회적 책임

자원봉사 관리자는 사회 분위기 즉, 인간의 욕구가 충족되고 인간의 가치가 증진되는 그러한 분위기 창출의 윤리적 책임을 진다.

8) 직업 전문가로서의 책임

자원봉사 관리자는 자원봉사자들에게 직업 전문가로서의 신용을 얻는 데 윤리적 책임을 진다.

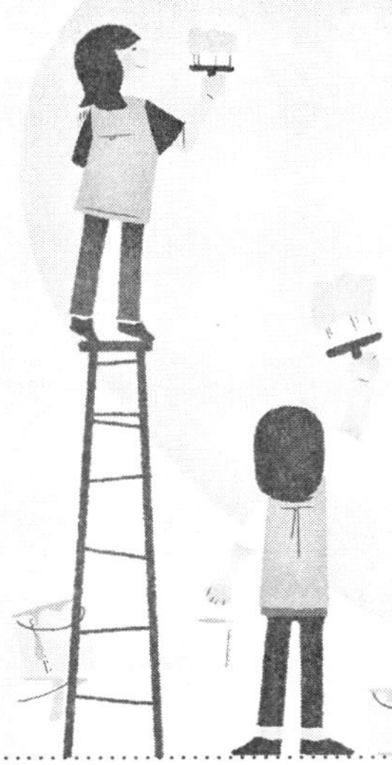

6장 자원봉사 프로그램의 기획과 직무 설계

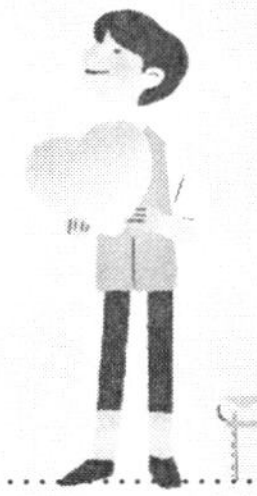

사회복지 기관에서는 클라이언트들에게 서비스를 제공하기 위해서 사회복지 프로그램을 기획한다. 프로그램을 기획함으로써 서비스의 수혜자인 클라이언트의 욕구에 맞는 실질적인 서비스를 제공할 수 있기 때문이다. 자원봉사 프로그램을 기획한다는 것은 자원봉사자의 참여 동기 즉, 자원봉사자의 욕구에 맞는 프로그램을 계획하고 실행하며 평가한다는 것이다. 이는 자원봉사자의 욕구가 무엇인지를 파악하고, 그 욕구에 맞는 목적과 목표를 설정하고, 목표를 달성하기 위한 프로그램을 개발·실행하여 자원봉사자의 변화 정도를 측정하는 것이다. 이때, 자원봉사 활동의 대상인 클라이언트의 욕구 및 긍정적인 변화가 기본 전제가 되어야 한다.

이러한 자원봉사 프로그램을 개발하기 위해서는 몇 가지 고려해야 하는 측면이 있다.

첫째, 자원봉사자 상호 간의 유대감 강화 및 자발성을 유도하는 프로그램이어야 한다.

둘째, 자원봉사 관리자는 사회복지 현장에서 일어나는 다양한 사례에 대해 사전에 숙지해야 한다.

셋째, 자원봉사 대상자가 있어야 자원봉사 활동이 이루어진다. 즉, 자원봉사 대상자를 우선으로 하고 자원봉사자와 대상자가 함께 진행할 수 있는 프로그램이 되어야 한다.

넷째, 사회복지 기관의 미션 및 비전, 중·장기 계획도 함께 고려해야 한다.

자원봉사 프로그램은 일반적으로 기관의 차원에서 기획하고, 자원봉사자의 의견 또는 아이디어 등을 수렴하여 작성하게 된다.

1. 문제의 확인과 욕구 사정

자원봉사 프로그램에 있어서 가장 먼저 선행되어야 하는 것은 문제를 발견하고 그 문제를 논의하여 원인을 규명하고, 그 문제 내면에 있는 실질적인 욕구를 파악하는 것이다. 문제의 진단은 겉으로 보이는 현상보다 그 내면에 있는 문제에 접근하려는 노력이 필요하다. 문제 접근이 바르게 되어야 프로그램이 이루고자 하는 목적과 목표가 바람직한 방향으로 설정될 수 있다(김정혜, 2008).

욕구를 사정하는 방법은 사회복지 프로그램 개발과 평가 등 많은 자료에서 소개되어 있기 때문에 구체적인 내용은 생략한다. 다만, 욕구 사정 시 매슬로(Maslow)의 욕구 단계설 즉, 생리적·신체적 욕구, 안전에 대한 욕구, 소속과 애정에 대한 욕구, 자아 존중의 욕구, 자아실현의 욕구와 브래드쇼(Bradshow)의 욕구 유형 즉, 규범적 욕구, 인지적 욕구, 표출적 욕구, 상대적 욕구 정도만 기억하면 될 것이다.

2. 자원봉사 프로그램의 목적과 목표 설정

일반적으로 목적은 추상적이고, 궁극적으로 도달하고자 하는 곳이며, 목표는 구체적이며 눈에 보이는 표적이다. 목적은 이미 도착했어도 도착했는지 확인하기 어렵고, 목표는 구체적이고, 측정 가능하며, 달성 가능해야 하고, 연관성이 있어야 한다. 즉, 목적에 맞는 목표를 세웠을 때, 목표를 성취하면 목적도 당연히 이룬 것으로 볼 수 있다(권지성 외, 2019).

예를 들면, 사회복지 기관에서 겨울철 따뜻한 겨울나기 프로그램을 실시한다면, 어르신들이 겨울을 따뜻하게 보내는 것이 목적이고, 김장김치를 전달하는 것을 목표로 세웠을 때, 김장김치를 어르신들에게 모두 전달했다면, 목적은 이룬 것으로 볼 수 있다.

자원봉사 프로그램의 근본 목적은 사람과 지역 사회를 변화시키는 데에 궁극적인 목적이 있다(성종희, 2001). 목적은 문제의 정의, 목표는 문제의 원인, 세부 목표는 세분화된 원인과 연결되어야 한다. 목적은 프로그램이 궁극적으로 해결하고자 하는 것을 의미하며, 목표는 '무엇을 할 것인가' 그리고 '누가 그 과업을 수행할 것인가', '언제 할 것인가' 등을 포함하는 것으로, 프로그램 수행 방법과 관련된 것이다. 목표는 프로그램 개입의 핵심이며, 평가라는 차원에서도 매우 중요하다.

3. 자원봉사 프로그램 설계

이 단계는 자원봉사 프로그램의 목표를 달성할 수 있는 수행 방법 및 활동을 정하는 단계이다. 방법론적인 측면에서 목표를 달성하기 위해 가장 효과적일 것으로 판단되는 과업을 결정하는 것이다. 성공적인 자원봉사 프로그램은 그냥 생기는 것이 아니라, 세부적인 계획, 우수한 사업 설계, 세심한 관리·감독 그리고 자원봉사자와 자원봉사 관리자 간의 긍정적인 상호작용이 있을 때 가능한 것이다.

문제의 해결책이 선택되면 구체적인 실행 계획을 수립한다. 지역 사회 및 클라이언트의 문제 해결 및 욕구 해소에 도움이 되며, 인간의 행복과 삶의 질을 향상시키기 위하여 해야 할 일들을 구체적으로 선정한다. 프로그램 계획, 활동, 시간, 장소, 수행 인력, 예산, 기대 효과 등을 구체적으로 작성한다. 이러한 과정에서 자원봉사자들의 특성과 전문화된 기술 등을 잘 이해하고, 그들의 능력을 최대한 발휘할 수 있도록 인정과 보상 등의 적절한 방법을 제시하여야 한다.

목표를 달성하기 위한 프로그램 작성 시 클라이언트의 특성, 실행 가능성 여부, 소망성 등의 내용을 비교 검토해 보는 것이 필요하다(신원식 외, 2020).

1) 클라이언트의 특성

클라이언트의 특성으로는 연령, 성별, 학력, 종교, 신체적 건강 상태, 정서적 상태 등 클라이언트 개개인의 특성을 염두에 두고 프로그램을 작성하여야 한다.

2) 실행 가능성 여부

실행 가능성이란 프로그램을 실제로 진행할 때 그 프로그램이 실제로 가능한지 여부를 확인해 보는 것이다. 프로그램이 기술적으로 가능한가를 보는 기술적 실행 가능성, 프로그램 진행 시 소요되는 비용과 비용 부담자, 부담 능력 등을 측정하는 경제적 실행 가능성, 그리고 사회적, 윤리적으로 문제의 소지가 있는지 여부를 알아보는 사회윤리적 실행 가능성과 프로그램 이해 당사자들로부터 정치적 지지를 받을 수 있는가의 여부를 확인해 보는 정치적 실행 가능성 등이 있다.

3) 소망성

소망성이란 프로그램이 진행될 경우 그 결과가 얼마나 바람직스러운 것인가를 보는 것이다.

소망성에는 첫째, 프로그램 실행을 위해서 투입된 비용에 상관없이 성취한 양이 많을수록 바람직한 대안이라고 할 수 있는 효과성이 있다.

둘째, 프로그램 실행으로 예측되는 산출량이 투입 노력에 비해 얼마나 비용 효율적인가 하는 효율성이 있다.

셋째, 프로그램 실행 시 얼마나 적은 비용으로 목표 달성을 할 수 있는가를 측정하는 비용-효율성이 있다. 사회복지 분야에서 가장 많이 사용하는 방법인 비용-효과 분석은 비용을 화폐로 나타내지만 결과는 취업자 수, 소득 상승률, 재범 감소율 등 수나 비율로 표현한다.

넷째는 적합성이다. 이는 민감성 또는 적절성이라고도 하는데, 제공되는 서비스가 얼마나 자원봉사자의 욕구를 충족시킬 수 있는지 평가하는 기준이다.

다섯째, 공평성과 평등성이다. 공평성은 자원봉사자들에게 고르게 서비스의 기회를 제공하고 있는지를 평가하는 기준이다. 자원봉사자들의 성별, 지역, 소득, 학력 등에 관계없이 자격 요건을 갖춘 대상자들에게 기회가 공평하게 주어졌는가를 말한다. 평등성은 같은 조건에 있는 자원봉사자들에게 같은 양과 질의 서비스가 균등하게 제공될 수 있는가 즉, 결과의 평등을 보장하는 것이다.

프로그램 내용은 가장 구체적으로 작성해야 한다. 프로그램을 기획한 사람과 실제 프로그램을 진행할 사람이 다를 경우도 있는데, 세부 사업 내용만 보고도 프로그램을 진행할 수 있도록 세부적으로 작성해야 한다. 세부 사업 내용은 성과 목표, 프로그램명, 활동 및 수행 방법, 시행 시기, 수행 인력, 참여 인원, 시행 횟수 및 시간 등으로 나누어 작성해야 한다.

〈표 6-1〉 세부 사업 내용 작성 예시

성과 목표	프로그램명	활동 (수행 방법)	시행 시기	수행 인력	참여 인원	시행 횟수/시간
지역 사회 참여 활동 및 변화 활동을 통한 사회성 증진 및 지역 참여 활동 촉진	요리 나눔 봉사	• 월 1회(총 9회) 요리 활동 진행 후 각 그룹별 소외 계층 선정 대상자에게 요리 나눔 봉사 활동 실시 • 독거 남성 어르신이 직접 재가 방문 또는 지역 내 만남을 통하여 나눔 봉사 활동 실시 • 지속적인 봉사 활동 진행을 통한 지역 내 소외 계층 대상자 관리 가능	2~10월	과장 1명, 사회복지사 1명	신규 참여자 20명	회당 6시간/총 1회 (총 6시간)
	집밥 남선생 선발대회	• 요리 활동 종료 후 월 1회(11월) 팀별 요리 경연대회 개최 • 경연 내용은 참여자 재량으로 그룹별 요리 1가지를 선택하여 요리 활동 실시, 요리선발대회 후 1등 팀에게 시상 • 심사위원은 요리 활동 전문 강사, 자원봉사자 2명으로 구성하여 공정한 선발대회 실시	11월	사회복지사 1명, 전문강사 1명, 자원봉사자 2명	20명	회당 2시간/총 1회 (총 2시간)
…	…	…	…	…	…	…

4. 자원봉사자 직무 설계

자원봉사자 직무 설계란 자원봉사자가 하게 될 업무를 세부적이고 구체적으로 작성하고 설명해 줌으로써 자원봉사자가 보람과 만족을 느끼고 클라이언트에게 질 높은 서비스를 제공하게 하는 과정이다. 따라서 자원봉사 직무 설명서에는 자원봉사 업무의 명칭과 내용, 자원봉사자의 자격 조건, 책임, 활동 기간과 시간, 교육 등의 내용이 포함되어야 한다(볼런티어21, 2006). 또한 직무 설계는 목적과 목표에 연관되어야 하며 달성 가능하고, 측정 가능하며, 관찰 가능하고 융통성이 있어야 한다.

많은 자원봉사자들은 기관 및 자원봉사 관리자가 자신들에게 바라는 것이 무엇이고, 내가 해야 할 일이 정확히 어떤 것이며, 얼마의 기간 동안 봉사 활동을 해야 할지 궁금해한다. 그래서 자원봉사자가 해야 할 업무를 구체적으로 작성하고, 배치되기 전에 안내해 주어야 한다.

자원봉사 프로그램의 성공 여부는 자원봉사자들이 봉사 활동을 얼마나 원활하게 수행하고, 그것을 통해 만족감을 얼마나 느꼈는가에 달려 있다. 그리고 자원봉사자들은 자신에게 적합한 업무를 부여받고 수행했을 때 지속적으로 봉사 활동에 참여할 가능성이 높다. 여기서 적합한 업무란 자원봉사자들의 참여 동기에 부합되고, 의미 있는 활동이 될 수 있도록 계획된 자원봉사 직무를 말한다. 자원봉사 직무 설명서는 관리 과정에서 가장 중요한 내용 중의 하나이며, 그 필요성은 다음과 같다(볼런티어21, 2006).

첫째, 자원봉사자의 역할을 명확히 한다.

자원봉사자와 직원의 직무가 분명하면 그들 사이의 관계와 역할도 명확히 할 수 있다. 왜냐하면 자원봉사자가 자신의 업무 범위에 대해 혼란스러워하거나 반대로 자신의 영역을 침범하는 자원봉사자로 인해 고민하는 직원이 있기 때문이다.

따라서 문서화된 직무 설명서는 직원과 자원봉사자의 역할을 명확히 함으로써 서로의 역할과 이해를 돕는다.

둘째, 자원봉사자 모집과 배치에 주요한 도구가 된다.

명확하게 작성된 직무 설명서에는 자원봉사자가 하게 될 업무의 내용뿐만 아니라 필요한 기술과 자격, 책임, 활동 시간 등이 명시되어 있고, 이런 내용들은 자원봉사자 모집과 배치 과정에서 그 직무에 적합한 지원자가 있는지 판단하는 기준이 될 수 있다.

셋째, 자원봉사자 교육 및 훈련 설계에 도움이 된다.

명확하게 작성된 직무 설명서는 그 직무에 어떤 자원봉사자가 필요하며, 어떤 기술과 자격을 갖추어야 하는지를 알려 준다. 따라서 모집된 자원봉사자에게 부족한 부분이 발견되면, 그 부족한 부분을 채우는 것이 자원봉사자 교육과 훈련의 목표가 될 수 있다.

넷째, 자원봉사자를 지도, 감독하는 기초가 된다.

명확한 직무 설명서에는 각각의 자원봉사자가 해야 할 일들이 구체적으로 제시되어 있다. 따라서 자원봉사 관리자는 직무 설명서에 동의하고 배치된 자원봉사자에 대해서 그 성과를 측정하고 평가하기 용이하고, 부여된 직무가 자원봉사자와 적합한지, 자원봉사자에게 어떤 지도와 지원, 추가적인 훈련이 필요한지를 판단할 수 있게 한다.

〈표 6-2〉 자원봉사자 직무 설계 예시

직책명	• 녹색가게 자원봉사자/ 녹색가게 환경지킴이/ 재활용 · 녹색소비생활 안내자
목적	• 녹색가게를 통해 중고용품을 교환하고, 다시 쓰며, 나눠 쓰는 생활문화를 확산시킴으로써 쓰레기 감량과 자원 절약 및 재활용 등 건강한 소비문화를 정착시키고 친환경적인 지역 사회 건설에 이바지한다.

활동 내용	① 주 1회 3시간 이상 녹색가게 운영 참여 • 중고물품 접수 및 중고물품 가격 책정 • 중고물품 교환 및 판매/ 중고물품 수선, 정리, 전시 • 중고물품 위탁 판매 및 재활용 교환 정보 알선 • 재활용 환경상품 판매와 홍보, 주문/ 미교환품 순환 및 처리 • 지역 내 수선, 재활용, 알뜰 정보 안내/ 충동 과대 구매자 면담 ② 녹색가게 자원봉사자 월례회, 총회, 소모임 등 참여 ③ 환경 · 녹색소비자 교육 및 재활용 환경보전 활동 참여 ④ 녹색소비 실태 및 지역 조사 활동 참여
자격	• 이웃과의 나눔과 사귐을 즐기는 사람 • 알뜰생활 정보를 알고 있거나, 알고 있는 정보를 제공하기를 즐기는 사람 • 이웃을 돌보고 지역 환경 문제에 관심이 있는 사람 • 물품의 체계적인 분류, 정리, 정돈을 즐기는 사람 • 물품 소유에 대한 욕망을 통제할 수 있는 사람 • 먼지 알레르기가 없는 사람
관리 체계	• 지역 녹색가게 자원봉사 활동 관리 담당자
훈련 제공	• 녹색가게 운동의 취지와 성격을 이해하고, 구체적인 직무 내용에 관한 오리엔테이션 및 교육에 참여해야 한다(1회 3시간). • 숙련 자원봉사자와 함께 3시간 이상 녹색가게 운영 실습에 참여해야 한다. • 숙련 자원봉사자와 짝을 이루어 녹색가게 물품 가격 기준표에 따른 가격 책정 훈련을 받아야 한다.
혜택	• 다양한 녹색소비 실천 활동 및 교육, 연수 프로그램에 참여할 수 있음 • 이웃과의 따뜻한 만남, 더불어 사는 정을 느낄 수 있음 • 공동의 환경 문제 해결 모색의 기회 제공, 녹색 지역 사회 만들기에 기여 • 자원봉사 활동 경력 증명서 발급
소요 시간	• 주 1회씩 오전, 오후 택일 3시간 이상 • 분기별 교육(연 2회, 각 3시간) 및 행사, 월례회(월 1회, 2시간)에 참여
활동 기간	• 최소 6개월 활동(이후 활동 기간 연장 가능)
종결 조건	• 접수된 중고물품이나 수익금을 비공개로 유용, 처리하는 사람
평가	• 총 활동 시간과 기획 행사, 교육 참여도
담당자 연락처	• 자원봉사 활동 관리(지원) 실무자 이름과 연락처 • 자원봉사자 임원(조장) 이름과 연락처

출처: 볼런티어21(2006). 자원봉사관리자 아카데미(일반 과정).

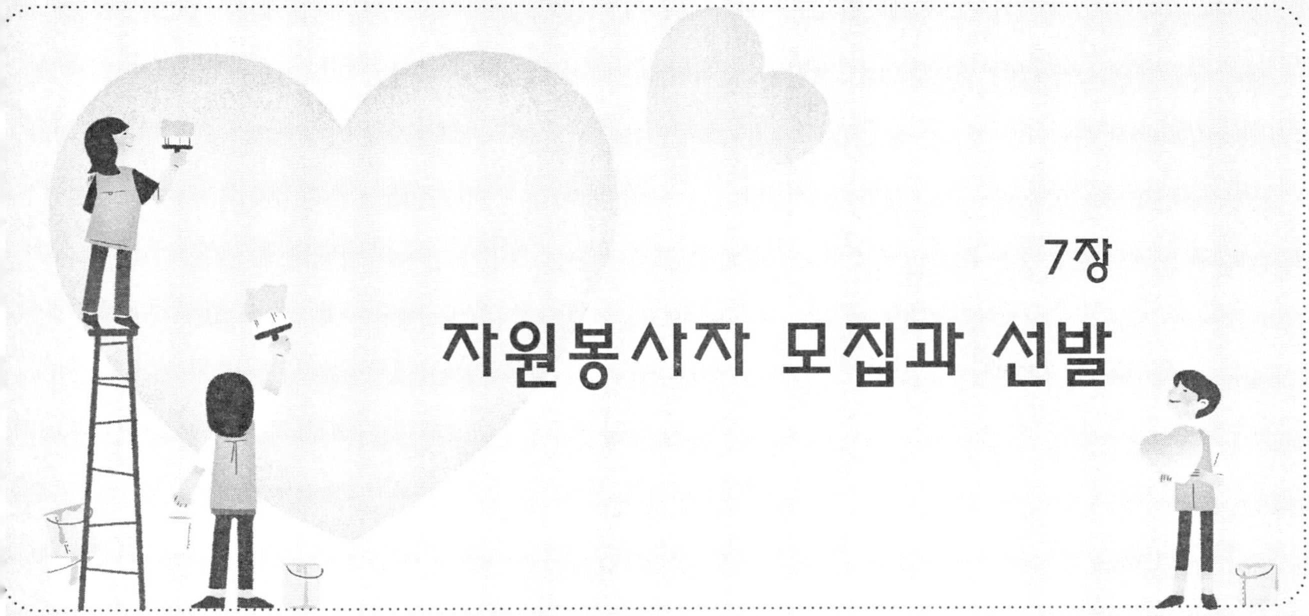

7장 자원봉사자 모집과 선발

1. 자원봉사 프로그램 홍보 및 모집

자원봉사자 모집은 자원봉사자를 확보하는 첫 번째 과정으로 업무에 적합한 자원봉사자를 모집하는 것은 자원봉사자 관리와 함께 가장 중요한 부분 중의 하나이다. 따라서 자원봉사 모집은 사회복지 기관의 정규적인 활동으로 인식하고, 조직적·구체적으로 자원봉사자들의 욕구와 관심에 기초한 기관 차원의 홍보 정책으로 이루어져야 한다. 또한 자원봉사 프로그램 홍보는 기관의 홍보 계획에 통합되어야 한다. 자원봉사 프로그램을 홍보하는 목적은 프로그램 자체 홍보와 기관의 사업 홍보, 자원봉사자를 모집하는 것으로 볼 수 있다.

자원봉사 홍보 전략으로는 다양한 방법이 있겠지만, 가장 효과적인 방법 중 하나는 잠재적 자원봉사자에게 집중하는 것이라 할 수 있다. 자원봉사자를 자원봉사 활동을 경험했던 사람과 경험하지 못한 사람, 그리고 자원봉사 참여 의사가 있는 사람과 참여 의사가 없는 사람으로 구분해 보면 〈표 7-1〉과 같다.

우선 자원봉사 활동에 참여할 의사가 있는 사람을 선정한다. 자원봉사 활동 의사가 없는 사람을 선정할 필요는 없을 것이다. 다음으로 과거에 자원봉사 활동 경험이 없는 사람을 선정한다. 만약, 자원봉사 활동 경험이 있는 사람이라면 자의든 타의든 간에 현재는 자원봉사 활동을 중단한 사람이거나, 현재도 자원봉사 활동을 하고 있는 사람이다. 결론적으로 보면 과거에 한 번도 자원봉사 활동을 하지 않았지만, 자원봉사 활동에 참여할 의사가 있는 사람이 앞으로 자원봉사 활동을 할 잠재적 자원봉사자이며, 이런 사람을 대상으로 홍보와 모집에 집중하는 것이 효과적일 것이다.

〈표 7-1〉 잠재적 자원봉사자

구분		자원봉사 활동 경험	
		있다	없다
자원봉사 참여 의사	있다		잠재적 자원봉사자
	없다		

자원봉사자 모집은 사회복지 기관에서 자원봉사자를 발굴하는 과정으로 자원봉사 활동을 희망하는 사람을 어떤 기준으로 모집하고, 어떻게 모집하며, 어디에서 모집할 것인가에 관한 사항이다. 자원봉사자 모집은 신중하게 계획되어야 하는데 자원봉사자를 모집할 수 있는 최상의 장소와 최적의 시기 그리고 능동적으로 참여할 수 있는 동기를 부여하도록 준비하고, 그들이 가장 쉬운 방법으로 등

록할 수 있는 절차를 확립하여야 한다(김은아, 2001).

사회복지 기관에서 자원봉사자를 모집할 때 겪게 되는 어려움 중 하나는 충분한 자원봉사자와 업무에 적합한 자원봉사자가 없다는 것이다. 다음은 사회복지 기관에서 자원봉사자와 자원봉사 활동처 상호 간의 만족스럽고 효과적인 모집 방법으로 제시되고 있는 4가지 유형이다(이병순 외, 2014).

〈표 7-2〉 자원봉사자의 효과적인 모집 유형

모집 유형	모집 방법	내용
다수 모집	• 홍보물: 모집 포스터, 리플릿, 기념품, 현수막 등 • 대중 매체: 케이블 방송, 언론 홍보 • 인터넷: 팝업, 배너 등 • 지역 단체와의 직접 접촉	• 행사 등 단기간 동안 많은 자원봉사자를 찾고자 할 때 효과적임
표적 모집	• 대중 매체 : 케이블방송, 언론 홍보	• 특별한 기술을 가진 자원봉사자를 모집할 때 효과적임
동심원 모집	• 자원봉사자나 자원봉사자 친구, 이웃 그리고 지역 사회 관련 지도자를 통한 회원 독려 등	• 어떤 기관과 관련을 맺고 있는 사람들을 시작으로 밖으로 확산하여 자원봉사자를 모집해 가는 방법
연계성 모집	• 특정 단체(학교, 회사, 전문 직업, 교회, 군인 등)와 직접 접촉	• 특정 성향의 그룹으로 이뤄진 체계에 대한 모집 방법

자원봉사 모집이 가능한 곳으로는 기업의 소식지 및 사회공헌 프로그램, 대학교, 은퇴 및 퇴직자 프로그램, 경로당 및 노인복지관, 취업 알선 기관, 교회나 성당 등 종교 시설, 인턴십 프로그램, 시민 단체 및 직능 단체, 신문·라디오·케이블 방송, 관공서 및 행정복지센터, 자원봉사 박람회, 비영리 단체, 종합복지관, 지역 문화센터 등이 있다.

자원봉사자 모집 방법으로는 자원봉사 활동처와 대상자의 특성 등을 이해하고, 다양한 모집 방법 가운데 가장 효과적인 방법을 선택하는 것이 중요하다. 다양한 매체 가운데 자원봉사자의 사용 빈도가 높은 매체를 활용하여 자원봉사자를 모집한다면 효과적이고 효율적인 접근이 가능할 것이다.

〈표 7-3〉 자원봉사자 모집 방법

모집 방법	매체	내용
대중 매체	• 인터넷, TV, 라디오, 신문 등	• 영향력이 크기 때문에 많은 자원봉사자 모집이 용이함 • 개별 특성 파악이 어렵기 때문에 부적합한 자원봉사자들이 모집될 수 있음
정기 간행물	• 소식지, 내부 신문, 저널지 등	• 내부의 정해진 독자층에게 전달되고 있어서 적합한 모집자를 모집하는 데 용이함
우편	• 우편 발송	• 설정된 집단이나 무작위 집단을 임의로 결정하기 용이하며, 결정에 따라 우편물 전달
모집 캠페인	• 이벤트 행사, 모집 홍보	• 이벤트나 지역 사회 행사와 함께 캠페인을 진행
지도자와의 접촉	• 개별 방문 접촉	• 지역 사회 지도자 및 직능 단체장들에게 개별 접촉하여 회원들의 참여 독려
일대일 모집	• 개별 접촉	• 현재 자원봉사자와 관련 있는 잠재적 자원봉사자와의 개별 접촉

〈표 7-4〉 자원봉사 활동자 특성에 따른 모집 방법

활동자	모집 방법	내용
아동 및 청소년	• 대중 매체, 지도자와 접촉	• 대중 매체 접촉 빈도가 높은 연령층의 특성을 고려하여 인터넷 홈페이지, 아동 청소년용 케이블 TV 등을 통한 홍보 • 학교장, 자원봉사 담당·교사 등과 직접 접촉하여 협의 및 홍보
성인	• 대중 매체, 정기 간행물, 우편	• TV, 신문, 우편물 등을 통한 홍보 • 성인이 속한 회사, 동호회 등을 통한 홍보
전문가 집단	• 지도자 접촉, 개별접촉	• 전문가 집단의 장을 통한 접촉 • 직접 방문을 통한 일대일 접촉

출처: 이병순 외(2014). 자원봉사실천가가 풀어쓴 자원봉사론.

2. 자원봉사자 선발

자원봉사를 하기 위해 사회복지 기관에 찾아오는 사람이면 무조건 자원봉사 활동을 시키는 것은 바람직하지 않다. 왜냐하면, 바람직하지 못한 지원자들도 있고, 프로그램에 적합하지 않은 사람도 있다. 즉, 지원자의 경험, 기술, 연령, 성별, 종교, 학력 등 지원자의 특성을 잘 파악하여 자원봉사 여부를 결정하여야 한다.

자원봉사자의 면접은 이중적 초점을 갖는데, 첫째는 기관이 자원봉사자를 배치 및 관리하기 위하여 자원봉사자를 알아야 하고, 둘째는 자원봉사자가 그 기관에서 자원봉사 활동을 잘할 수 있는지를 알아야 한다.

사회복지 기관이 자원봉사자들에게 최선의 봉사 활동을 기대하고, 자원봉사자들도 최대의 만족을 얻기 위해서는 세심한 선발 과정과 자원봉사자에게 가장 잘 어울리는 업무를 부여하고 배치하여야 한다. 자원봉사 활동은 사회복지 기관의 발전뿐만 아니라 자기계발, 자기실현 등 자원봉사자 본인의 성장과 발전도 필요하기 때문에 적절한 업무 배치는 무엇보다 필요하다.

자원봉사자를 선발하기 위한 면접 과정은 다음과 같다.

1) 준비 단계

- 면접을 위해 지원자와 만날 시간과 장소를 선정한다.
- 지원자에 대한 전반적인 사항을 파악하기 위해 자원봉사 활동 신청서를 작성한다.
- 기관의 전반적인 복지 사업과 자원봉사 활동에 대한 안내 등 면접을 위한 사전 준비를 한다.

2) 면접 진행 단계

- 지원자와 면접을 진행한다.
- 지원자의 취미, 특기, 관심 있는 분야, 기술, 직업 등을 질문한다.
- 지원자에게 자원봉사 활동 분야와 프로그램 등 기관에 대한 정보를 제공해 준다.
- 동일한 자원봉사 업무에 여러 명의 지원자가 있을 경우, 가장 적절한 지원자를 선정하기 위해 개별적으로 질문을 한다.

3) 종결 단계

- 면접 시 이야기했던 내용들 즉, 봉사 시간, 교육, 업무 내용 등을 정리해서 다시 한번 이야기한다.
- 선발된 지원자에게는 추후 일정에 대해 이야기하고, 다음 만남의 약속 시간을 정한다.

자원봉사자 면접 시 주로 사용되는 질문

- 우리 기관을 선택한 이유는 무엇인가요?
- 자원봉사 활동 경험이 있나요?
- 본인 스스로 참여한 자원봉사의 종류는 어떤 것이 있나요?
- 가장 선호하는 활동은 어떤 것이 있나요?
- 어떤 일을 가장 잘할 수 있나요?
- 자원봉사 활동에 방해되는 요인이 있나요? 있다면 어떤 것이 있나요?
- 자원봉사 활동 시 약속한 사항을 지킬 수 있나요?

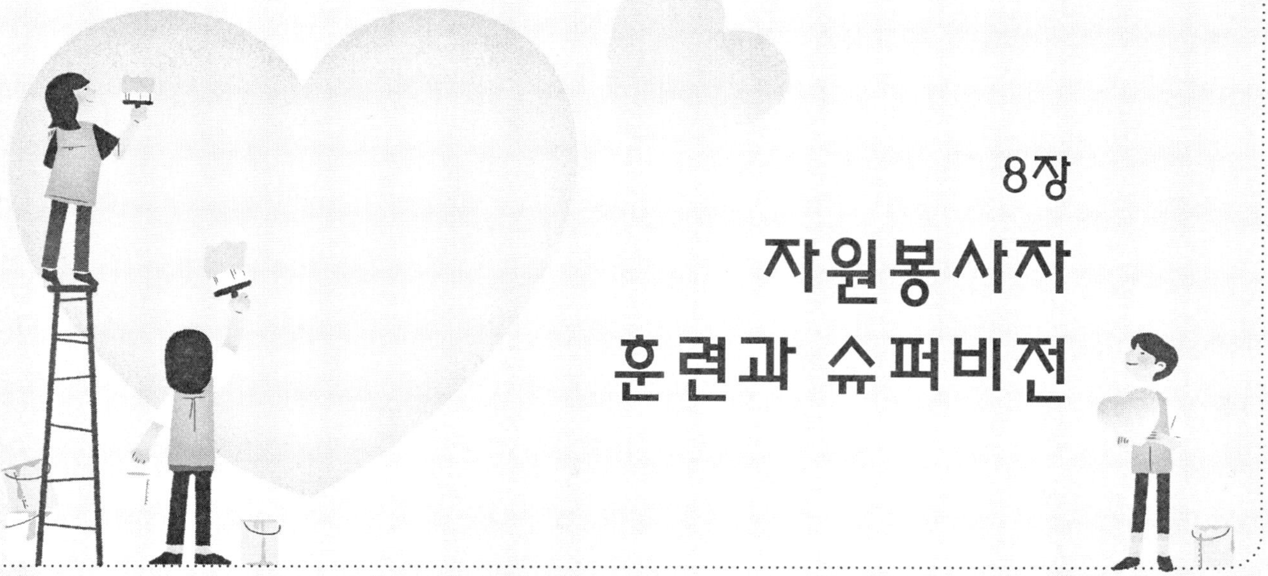

8장
자원봉사자 훈련과 슈퍼비전

휴먼 서비스 조직은 자원봉사 인력을 적절히 활용하는 것이 매우 중요하다. 자원봉사자들은 기관의 거버넌스 이외에도 다양한 역할을 수행하고 있다. 자원봉사자들은 기관의 재원 마련과 업무 보조에서부터 기관이나 지역 사회의 정책 형성에 영향력을 미치는 등 다양한 기능들을 수행하고 있다. 또한 자원봉사 인력은 기관의 부족한 인적 자원 인프라를 보완해 주는 역할을 하기도 한다. 대부분의 프로그램이나 서비스가 자원봉사 인력을 개입 전략의 주요한 자원으로 삼고 있다고 볼 수 있다.

이렇듯 지원봉사 인력은 자신들의 대의(cause)와 가치(value)를 휴먼 서비스 조직을 통해 실현하고자 하며, 휴먼 서비스 조직 또한 기관의 자원으로서 적절하고 유용하게 활용하고자 하는 목적을 가지고 있기 때문에 자원봉사 인력 관리는 유급 직원의 관리만큼 중요한 경영 관리 기법이 필요하다고 볼 수 있다. 즉, 단순히 자원봉사자를 많이 확보하는 것도 중요하지만 기관이 이들을 어떻게 기관 내에서 사회화가 되도록 하고, 적극적인 인적 자원으로서의 역할을 감당하기 위해 필요한 내용이 무엇인지를 확인하고 교육하는 것이 중요한 역할일 것이다. 이를 위해서는 기관마다 관련 규정 및 지침 또는 매뉴얼을 가지고 그 기준에 따라 각기 적용을 해야 하는 것이 선행 준비 과정이라고 할 수 있다. 이에 본 장에서는 자원봉사자를 위한 오리엔테이션과 교육·훈련, 그리고 배치와 이후 자원봉사 활동 과정에서의 슈퍼비전, 위험 관리, 동기 부여, 갈등 관리 등에 대한 구체적 내용을 알아보고, 이를 기관의 환경과 특성에 맞게 체계적인 자원봉사 관리 시스템으로 만드는 과정을 살펴보도록 한다.

1. 오리엔테이션

오리엔테이션(orientation)이란 기관에 새로 들어온 사원과 조직 내부에서 새로운 직책으로 옮긴 사원을 위해 안정적인 기관 적응을 돕기 위하여, 기관을 살펴보고 직원들을 익히며 기관 운영에 대한 전반적인 정보를 공유하는 교육 프로그램이다. 이러한 오리엔테이션을 통해 기관에 대한 낯섦을 줄이고 친근감을 갖도록 하는 것을 의미한다. 오리엔테이션은 일반적으로 조직의 설립 목적(미션과 비전 등), 기관 소개, 직원에 대한 소개, 그리고 그들이 직무를 수행하는데 필요한 조직의 규정 등에 관한 일반적인 정보를 제공해 준다.

오리엔테이션 목적은 첫째, 기관의 역사와 설립 목적을 소개함으로써 기관 조직문화를 이해하고, 미션과 가치를 신입사원들에게 심어 준다는 것이다. 둘째, 신입사원이 수행하게 될 직무를 소개하여 이를 위한 지식, 기술, 능력 배양의 필요성을 이해하고 인식시켜 주고자 하는 것이다. 셋째, 기관에 대한 현실적이고 객관적인 정보를 정확히 전달하여 기관에 대한 두려움을 완화시키고 조기 이직을 예방할 수 있다.

자원봉사자란 조직의 사업 목적 달성을 위하여 자신의 동의에 의하여 자신의 시간, 재능, 노력을 도움이 필요한 영역에 대가 없이 기여하는 사람을 의미한다. 휴먼 서비스 조직은 자원봉사자가 기관의 사업 운영을 가능케 하는 소중한 파트

너라는 신념을 기반으로 관리하는 것이 중요하다. 이에 자원봉사자를 대상으로 하는 오리엔테이션은 기관에 사회화하는 과정으로 구성하는 것이 반드시 필요하다. 다시 말해 기관 소개(운영 주체 및 개관일, 소재지), 설립 목적(미션과 비전), 기본 정책, 규정, 조직의 구조, 사업 대상 지역, 시업 내용(프로그램 등) 등의 교육 내용을 중심으로 기본 교육을 제공하여 기관의 사회화를 효과적이고 효율적으로 이끌어 낸다면 이는 조직의 인적 자원 개발의 체계를 최적화시키는데 많은 기여를 할 수 있을 것이다.

일즈리와 니에미(llsley & Niemi, 1981), 류기형 등(2013, p. 188, 재인용)은 자원봉사자와 관련한 오리엔테이션에서 다루어져야 할 내용을 〈표 8-1〉과 같이 제시하고 있다.

〈표 8-1〉 오리엔테이션에서 다루어야 할 내용

구분	내용
기관의 기능	• 서비스 대상 • 프로그램 유형 • 활동 장소 • 자원과 이용 시설
기관의 역사	• 기관의 설립 배경 및 추진 과정 • 이사회 • 확장률 • 자금 제공 과정 • 제공된 수혜자의 수
법규와 규칙	• 조직의 정관이나 운영 지침 • 확장률 직원, 자원봉사자의 행동 강령 • 건강과 안전에 관련된 필요 조건 • 확장률 보고서 양식
조직 구조	• 조직 계층 • 자원봉사 활동 프로그램의 성격 • 의사소통 채널 • 자원봉사 활동 프로그램의 상태
이득과 인센티브	• 자원봉사자에게 주는 특권 • 사회와 승인 기능 • 보상에 관한 정책(운임 수당, 탁아비, 수업) • 훈련 프로그램
자원봉사자의 반응	• 자원봉사자의 관심과 불안 • 자원봉사자에 의해 제기되는 부가적인 점 • 유급 직원과의 일반적인 토론

출처: llsley & Niemi(1981); 류기형 외(2013). 재인용.

또한 오리엔테이션 과정에서 주의해야 할 내용은 자원봉사자들에게 부담을 주어서는 안 된다는 것이다. 새로운 환경에 적응할 수 있는 따뜻한 환경을 조성하고 자원봉사자들이 기관 문화에 잘 적응할 수 있게 하는 데 초점을 맞춰 이루어져야 한다는 것이다. 왜냐하면 휴먼 서비스의 특성상 '관계성' 측면을 생각한다면, 그 기관에 대한 우호적이고 신뢰감을 갖기 위해서 교육 과정에서 라포(rapport) 형성을 위한 관점을 절대 잊지 말아야 한다는 것이다.

결국 기관에서 진행하는 오리엔테이션이 현재와 미래에 대한 기관에 대한 충성도 높은 인적 자원으로 확보되고 활용될 수 있다는 확신을 가지는 첫 시작이라는 것을 자원봉사 관리자는 물론 기관의 모든 임직원들은 인식하고 있는 것이 필요하다.

2. 교육 훈련

교육훈련은 인적 자원 개발 분야에서 공공 조직의 성과에서 중요한 변수로 취급 되고, 조직에서 교육 훈련은 성과를 향상시키기 위해 관리자와 구성원의 능력, 숙련도, 지식 등을 증가시키는 노력으로 정의되기도 한다. 다시 말해 교육 훈련이란 조직 구성원이 수행하고 있는 직무와 관련해서 필요한 지식, 기술, 행동 등에 대한 학습을 촉진시키기 위해서 조직에 의해서 실행되는 계획된 노력이다.

1) 교육 훈련의 개념

교육(education)은 미래의 일로써 새로운 지식, 기술, 태도, 가치 흥미 등을 획득하는 모든 경험으로 개인의 입장에서는 자기 개발이며, 조직의 입장에서는 직원 성장, 개발인 동시에 조직의 효과성을 높이는 기반이라 할 수 있다.

훈련(training)은 현재의 직무 수행에 필요한 기술을 증진시키는 제반 활동을 의미한다. 훈련은 조직 구성원이 수행하고 있는 직무와 관련된 지식, 기술, 혹은 행동을 배울 수 있도록 촉진하는 조직의 계획적인 노력을 의미하며, 직원이 현재 수행하고 있는 업무를 규정하는 것이다. 훈련은 조직 구성원의 업무 능력을 향상시켜 조직 구성원 개인 및 조직의 욕구를 충족시키고 환경적 요구에 대응할 수 있게 함으로써 인적 자원 관리의 효과를 증대시킴과 더불어 궁극적으로 업무의 효과성과 효율성을 높이는 데 기여하게 하는 것이다.

자원봉사자 교육이란 자원봉사자가 자원봉사 활동을 실천하기 위해 갖추어야 할 지식과 태도, 역량을 갖추는 것만 아니라 자원봉사 활동에서 나타날 수 있는 문제들을 예방할 수 있는 중요한 과정이다. 이러한 교육은 자원봉사 활동에 참여하도록 동기를 부여하거나, 참여하고 있는 사람들이 자원봉사 활동을 효과적으로 수행해 낼 수 있도록 하기 위한 과정으로 볼 수 있다.

특히 자원봉사 교육은 자원봉사자에게 봉사 업무의 방향을 제시하며, 이들의 자발적 동기를 실천에 앞서 스스로가 준비할 수 있는 마음가짐을 갖게 함으로서 자원봉사 활동의 효과성 및 자원봉사자의 기술을 향상시키는 것이다. 그리고 이러한 교육을 통해 스스로 매너리즘에 빠지지 않도록 할 수 있다. 결국, 교육을 통해 자원봉사 활동의 지속성과 서비스의 질을 높일 수 있고, 자기 성장의 기회와 팀워크를 증가시켜 자원봉사 만족도를 높여 준다.

자원봉사자 교육과 관련해 행정안전부(2018)에서는 매년 『자원봉사 활성화를 위한 자원봉사센터 운영 지침』을 통해 자원봉사자 교육에 대한 지침을 제시하고 있는데, 그 내용 중 교육과 관련된 정의를 살펴보면 '자원봉사의 가치에 대한 이해를 높임으로써 자원봉사자 자질을 향상시키는 것을 목적으로 하며 전문 교육을 통해 자원봉사 활동의 질적 발전을 도모한다.'라고 규정하고 있다.

2) 교육 훈련 대상과 내용

자원봉사 교육에 있어 교육의 형태는 학자마다 다양한 구분 기준을 제시하고 있고, 내용에 있어서도 교육을 추진하는 기관에 따라 차이가 있다.

최종혁 등(2016)은 자원봉사 교육 훈련의 내용을 오리엔테이션, 사전 훈련, 초기 훈련, 인서비스 훈련으로 구분하였다(pp. 84–85).

또한 자원봉사 교육 훈련의 유형을 다음 5가지로 구분하기도 한다(류기형 외, 2013, p. 189, 재인용).

(1) 자원봉사 활동을 시작하기 전에 실시하는 사전 훈련(Preservice Training)
(2) 자원봉사 활동을 시작하면서 실시하는 기본 훈련(Start–Up Training)
(3) 업무를 유지하기 위한 노력으로서의 현직 훈련(Maintenance of Effort–Training)
(4) 정기적인 평가와 피드백으로서의 훈련(Periodic Review & Feedback)
(5) 업무를 전환하기 위한 기능 전환 훈련(Transition Training)

이러한 자원봉사자 교육 훈련과 관련해 행정안전부(2018)의 『자원봉사 활성화를 위한 자원봉사센터 운영 지침』에서는 자원봉사자 교육을 ① 기본 교육, ② 전문 교육, ③ 보수 교육으로 구분하여 운영하는 것을 제시하고 있다. 구체적으로 자원봉사자 교육에 대한 세부 사항을 살펴보면 〈표 8–2〉와 같다.

〈표 8-2〉 자원봉사자 육성·발굴을 위한 교육

■ 기본 교육

교육 대상	신규 자원봉사자를 대상으로 실시(가급적 연령별 구분)
교육 내용	자원봉사의 이해, 자원봉사자 기본 태도 및 소양, 봉사 활동 진행 절차 및 주요 내용, 자원봉사 활동 프로그램, 안전 등 유의 사항 등
교육 방식	집체 교육, 현장 방문 교육(수요처, 단체)
수행 주체	시·군·구 자원봉사센터 교육 담당자
교육 시기	월 1회 이상, 자원봉사자 배치 전 필요 시 수시 진행

■ 전문 교육

교육 대상	전문 자원봉사 활동에 관심이 있는 자원봉사자
교육 내용	전문 자원봉사자 육성을 위한 봉사자 역량 강화, 전문 분야 발굴, 자원봉사 리더(지도자) 양성 등
교육 방식	집체 교육(외부 전문 강사 활용 가능), 위탁 교육
수행 주체	시·도 및 시·군·구 자원봉사센터 교육 담당자, 위탁 주체 교육 담당자
교육 시기	연간 최소 4회 이상

■ 보수 교육*

교육 대상	자원봉사 단체 관리자, 연간 자원봉사 실적 30시간 이상 자원봉사자
교육 내용	1365 자원봉사 포털 시스템, 개인 정보 보호, 신규 자원봉사 활동 영역 및 수요처 발굴, 자원봉사 우수 사례 확산, 위험 사례 공유, 자원봉사 프로그램 기획, 자원봉사의 기본 가치, 우수 자원봉사 지역 견학 및 네트워크 형성 등
교육 방식	집체 교육, 방문 교육(외부 전문 강사 활용 가능)
수행 주체	시·도 및 시·군·구 자원봉사센터 교육 담당자
교육 시기	연간 최소 2회 이상

출처: 행정안전부(2018). 자원봉사 활성화를 위한 자원봉사센터 운영 지침.

* 일정 시간 활동을 수행한 봉사자·단체를 대상으로 신규 봉사 활동 영역에 대해 안내하고, 자원봉사와 관련된 기본적인 사항들을 재숙지하는 차원의 일종의 '재(repair)'교육

또한 행정안전부(2018)는 자원봉사 교육의 이해 당사자인 자원봉사자뿐만 아니라 자원봉사자 관리를 담당하는 실무자의 역량 강화를 통해 자원봉사 활성화 기반을 조성하고자 모든 자원봉사센터 직원은 연간 20시간 이상의 교육을 이수하는 운영 지침도 마련하였다. 교육 내용으로는 ① 프로그램 개발 및 교육 부문, ② 자원봉사센터 운영 관리 부문, ③ 공통부문으로 나누어 제시하고 있으며, 구체적인 내용을 보면 다음 〈표 8-3〉과 같다.

〈표 8-3〉 자원봉사센터 실무자 교육 내용

■ 프로그램 개발 및 교육 부문

구분	내용
교육 내용	자원봉사 프로그램 기획, 대상자별 교육 콘텐츠 개발, 우수 자원봉사 프로그램 사례 공유, 교육 및 상담 역량 강화 등
교육 방식	집체 교육 (외부 전문 강사 활용 가능)
주 체	중앙 및 시·도 자원봉사센터
교육 시기	연간 최소 2회 이상

■ 자원봉사센터 운영 관리 부문

구분	내용
교육 내용	예산·회계 관리, 인사 노무 관리, 홍보, 전산 및 정보 시스템 활용 등
교육 방식	집체 교육 (외부 전문 강사 활용 가능), 위탁 교육
주 체	중앙 및 시·도 자원봉사센터
교육 시기	연간 최소 2회 이상

■ 공통 부문

구분	내용
교육 내용	자원봉사 우수 사례 확산, 위험 사례 공유, 자원봉사 네트워크 형성, 관리자 마인드 함양, 문서 작성 등 업무 기본 역량 강화, 자원봉사의 기본 가치와 자원봉사센터 이해
교육 방식	강의, 집단 토론 등(타 자원봉사센터 교육 참가 가능)
주 체	중앙, 시·도, 시·군·구 자원봉사센터
교육 시기	연간 최소 2회 이상

출처: 행정안전부(2018). 자원봉사 활성화를 위한 자원봉사센터 운영 지침.

3) 교육 훈련 시 고려 사항

자원봉사자 교육 훈련은 기관과 이들과의 관계에서 긴밀한 신뢰 관계를 구축하는 것이 무엇보다 중요하다. 이에 기관에서는 자원봉사자 교육 훈련에 있어 자원봉사 관리자는 물론 기관 임직원들이 갖추어야 할 자세에 대해 아래의 내용을 반드시 교육 훈련 과정에 반영하는 것이 필요하다.

(1) 자원봉사자가 직원의 일을 대신하는 것이 아니라 함께하는 것이라는 관계로 자리매김한다.
(2) 자원봉사자와 봉사 활동 영역의 적합성을 고려하여 최적의 선택을 위해 가능한 최적의 봉사처를 연결할 수 있어야 하며, 기관 사정에 의해 봉사처가 변경될 경우에는 반드시 사전 양해와 동의를 구한 후에 봉사 활동에 참여할 수 있도록 한다.
(3) 자원봉사자를 활용한 사업 운영 시 행정안전부의 『자원봉사 활성화를 위한 자운봉사센터 운영 지침』은 물론, 제반 법규 및 기관의 규정을 이행하며 봉사 시간을 비롯한 실적에 대한 인정 등에서 정확하고 투명하게 관리한다.
(4) 자원봉사자와 이들이 대하는 모든 클라이언트에게 신체적, 심리·사회적 안전에 위해가 되지 않도록 관리하기 위하여 충분한 주의와 영업 배상 보험, 외부 활동 시 여행자 보험 등을 통해 위험을 예방한다.
(5) 단순히 일회적 관계가 아니라 지속적 관계로 이어질 수 있도록 봉사 활동의 의미를 부여하며 동기화하는 데 노력한다.
(6) 자원봉사자에게는 관련 봉사 내용에 대한 자세한 소개와 기관의 오리엔테이션이 제공되어야 한다.
(7) 자원봉사자의 봉사 내역에 대하여 전산적으로 관리하여 봉사 이력에 따른 봉사내역 확인을 즉시 할 수 있어야 한다.
(8) 자원봉사자는 기관에서 규정하는 근무 수칙을 준수하도록 고지하고, 이를 위한 충분한 교육과 모니터링이 진행되어야 한다.

3. 배치

1) 배치의 개념

자원봉사자를 모집하고 교육 훈련을 실시한 후에는 자원봉사자의 기대, 능력, 기관의 욕구를 고려하여 적절한 업무에 배정함으로써, 실제로 자원봉사 활동을 할 수 있도록 돕는 과정을 의미한다.

배치란 자원봉사자가 가지고 있는 재능과 기술을 기관에서 필요한 업무에 직무와 연결시키는 것으로, 자원봉사에 있어서도 가장 핵심적인 구성 요소이다. 또한 배치는 자원봉사자가 처음 자원봉사를 시작하기 전에 한 번 이뤄지는 것이 아닌, 자원봉사자들이 더 좋은 발달 단계로 옮겨갈 수 있도록 이뤄져야 하는 중요한 활동이기도 하다. 이런 이유로 자원봉사자 배치는 자원봉사 관리자가 보다 정확한 직무와 자원봉사자의 역할을 파악할 필요가 있다.

정리하면, 배치는 기관에 적합한 봉사자를 선정해 적재적소에 두는 것으로 배치가 잘못되면 기관으로부터 보호를 받아야 할 자원봉사자가 심적 고통을 받을 뿐 아니라, 직원이나 자원봉사자의 사기가 저하되어 바람직한 서비스 제공이 어렵게 되고, 자원봉사자들에 의한 기관의 평판도 나빠지게 됨에 따라 지역 사회에서의 입지도 낮아진다는 것이다. 이렇기 때문에 적절한 자원봉사자 배치 전에 다음과 같은 내용을 고려해야만 한다.

(1) 기관의 수요 조건으로 자원봉사자를 필요로 하는 기관에서 요구하는 구체적인 업무 내용과 적합한 자원봉사자의 조건 및 기관에 대한 기본적인 이해는 물론 이전 또는 기존의 자원봉사자 활동 현황을 파악해야 한다.
(2) 자원봉사 활동 집단 또는 조직에 대한 조건이다. 자원봉사자들이 개별로 활동하는 것이 아니라 팀이나 단체로 활동할 경우, 활동을 함께 할 집단이나 조직에 대한 충분한 정보를 제공하여야 한다.
(3) 자원봉사자의 조건으로 자원봉사자가 희망하는 활동 내용을 포함해 봉사 희망 시간대 및 자원봉사자의 속성 등을 고려해야 한다.

또한 자원봉사자 배치는 전문적인 안목과 세밀한 검토를 기반으로 이루어지는 자원봉사 관리자의 전문적인 기술이다. 자원봉사 관리자는 배치되는 자원봉사자에게 보다 명확한 근거를 설명하고 이를 이해시키는 과정이 중요하다. 이를 위해서는 자원봉사 관련 제반 법규와 기관이 정한 내규(규정, 지침, 매뉴얼) 등을 고려한 지침을 통해 자원봉사자에게 충분히 고지해야 할 필요가 있다. 이러한 선발 및 배치 기준을 확정하기 위한 행동 지침을 보면 다음과 같다(류기형 외, 2013, pp. 193-194, 재구성).

(1) 자원봉사자는 유급 직원을 대치하는 역할을 담당해서는 안된다.
(2) 자원봉사자들이 가지고 있는 기술, 능력 및 욕구를 적절히 반영할 수 있는 역할에 배정하며 절대적으로 차별 대우가 없어야 한다.
(3) 자원봉사자들은 기관에 대해서 헌신적인 마음을 줄 수 있을 정도로 충분히 도전적이고 자원봉사자에게 성장의 계기를 마련할 수 있는 업무들이 제공되어야 한다.
(4) 자원봉사의 선발에 있어서 클라이언트는 물론 기관에 대해서도 책임성을 강조해야 한다.

(5) 자원봉사자의 업무 배정은 초기 접촉 후에 최소한의 시간 내에서 이루어져야 한다.

(6) 자원봉사자가 특정 업무에 배정되길 원할 경우 그 업무에 적합하지 않는 자원봉사일 경우에는 수용하지 않아야 하며 자원봉사자 관리자는 다른 기회를 찾아보도록 권유해야 한다.

(7) 자원봉사자의 특수한 기술, 경험, 재능을 충족시키기 위해서 기관에서는 이들의 업무가 새로이 만들어질 수 있어야 한다.

(8) 자원봉사자들이 자원봉사자 교육 및 훈련 기관에 의해 의뢰된 경우에는 의뢰받은 기관 또는 부서는 최소한 다음의 요구 사항들을 준비하고 자원봉사자들을 수용해야 한다.

- 의뢰된 자원봉사자를 수용하는 기관 및 부서는 자원봉사자 서비스를 최대한 잘 활용할 것에 동의한다.
- 서면으로 작성된 업무 분장을 준비해야 한다.
- 자원봉사자들을 지도 감독할 직원을 배정한다.
- 자원봉사자들에 대한 오리엔테이션과 훈련을 제공한다.

(9) 자원봉사자들은 반드시 기관에 배속되고 개인에게 의뢰하면 안 된다.

2) 배치 상담

배치 상담은 자원봉사를 지원한 개인의 목표와 자원봉사 관리자의 조직 목표를 일치시키는 과정이다. 이 과정에서 충분한 협의가 이루어지지 않으면 중도 탈락은 물론 기관 입장에서 인적 자원 활용에 대한 효과성이 떨어질 수 있다. 따라서 자원봉사 활동의 안정성, 적절성, 질 관리를 확실히 하기 위해서는 이러한 배치 상담이 필요하며, 자원봉사자에게 적절하지 않은 임무일 경우에는 재배치되어야 한다.

배치 상담에 있어서는 다음과 같은 내용이 강조되고 있다(Wilson, 1976, p. 122; 현외성, 2017, p. 132, 재인용).

첫째, 클라이언트는 보호되어야 한다. 즉 자원봉사자의 개입으로 클라이언트가 방해받는 일이 없어야 한다. 둘째, 기관의 명성은 기관에서 활동하는 자원봉사자에 의해 크게 영향을 받는다. 셋째, 자원봉사자가 부적절하게 배치될 때 직원과 자원봉사자의 사기가 저하된다. 넷째, 부적절한 배치의 경우에 자원봉사 당사자가 힘들어질 수 있다.

따라서 기관의 입장이나 자원봉사를 필요로 하는 직원, 자원봉사자는 물론 클라이언트까지 모두의 이익을 위해서는 배치 상담이 자원봉사 관리자의 역할에 있어 매우 중요한 의미를 가질 수 있는 것이다.

3) 배치를 위한 자원봉사 활동 분야

자원봉사자의 배치에 있어 행정안전부는(2018)는 『자원봉사 활성화를 위한 자원봉사센터 운영 지침』을 통해 자원봉사 활동 분야를 대민 분야와 사회 분야로 구분하여 제시하고 있다. 이러한 유형별 지침 내용은 휴먼 서비스 조직에서 자원봉사 활동 운영 시 기관의 미션, 지역적 환경과 특성에 맞도록 적절한 자원봉사 영역을 제시하고 적용할 수 있을 것이다.

대민 분야와 사회 분야 유형의 구체적인 내용을 살펴보면 다음 〈표 8-4〉와 〈표 8-5〉와 같다.

〈표 8-4〉 대민 분야 유형

분류	유형	내용
생활 편의 지원	활동 보조	장애인, 노인 등 이동이 힘든 분들의 외출, 나들이 활동, 심부름을 보조
	이동 지원	장애인, 노인, 재가 환자 등의 이동을 위한 차량 봉사
	청결 지원	청소, 빨래, 목욕, 이미용 활동 등의 자원봉사
	급식 지원	급식소 지원을 위한 조리, 배식, 설거지 등의 봉사 활동 등
	식사·반찬 지원	도시락, 밑반찬, 음식 등의 조리 및 배송
주거 환경	주거 개선	취약 계층 대상 집짓기, 집수리 자원봉사 활동(전기, 보일러, 도배, 도색 등)
	마을공동체 활동	소규모 마을 공동체 중심의 주거 환경 개선 활동(꽃길 가꾸기, 마을 시설물 보수 활동, 아파트 공동체 실천 활동 등)
교육	방과후 교육	학교 수업 종료 후 특기·예체능 교육 지도(보조) 활동
	학습 지도	저소득층, 소년·소녀 가장 등 학습 여건이 열악한 청소년 대상 학습 지도 활동
	특수 교육	장애인 등 특수 교육 관련 지도 활동
	평생 교육	평생 교육 관련 지도 활동
	전문 교육	안전 운전, 재해 및 안전 관련 교육 등 전문 영역 관련 지도 활동
	진로 체험 지도	현장 견학·체험 등 학생 진로 체험 교육·지도 등의 지원 활동
상담	말벗·상담	장애인, 노인 대상 여가 지원 말벗, 상담 봉사 활동
	전문 상담	법률, 세무, 가족 문제, 성폭력 등 특수·전문 분야 면접, 전화·인터넷 상담 활동
	멘토링	멘토링 사업 참가자 활동
보건 의료	간호·간병	의료 수발, 식사 보조 및 호스피스 활동 등
	의료 지원	의료 봉사(양/한방), 물리 치료 및 민간 치료 활동 지원
	헌혈	헌혈 활동
농어촌 봉사	일손 지원	농어촌 방문 봉사 활동, 일손 지원

출처: 행정안전부(2018). 자원봉사 활성화를 위한 자원봉사센터 운영 지침.

〈표 8-5〉 사회 분야 유형

분류	유형	내용
문화 행사	행사 보조	문화, 예술, 체육 행사 및 지역 행사 지원 활동
	공연 활동	문화, 예술 등의 공연 봉사 활동
	캠페인	시민 의식 개선, 계몽, 소비자 보호, 환경 등 사회 분야 캠페인 활동
	관광 안내	문화·관광 가이드 및 해설 활동, 문화 예술 시설 안내 등
환경 보호	환경 정화	불법 홍보물 제거 등 환경 정화 활동
	환경 감시	수변, 산림 등 자연환경 위해 감시
행정 보조	사무 지원	행정, 전산, 조사·연구 등 행정 사무 지원 활동
	업무 보조	작업 보조, 정리 및 민원 안내 지원 등
안전·방범	지역 방범	야간 방범, 유해 환경 추방 등 범죄 예방 활동
	교통안전	교통 정리, 주정차 안내 등 교통안전 활동
	어린이 안전	아동 안전 지킴이 활동, 등·하교 안전 지도 등
	청소년 안전	청소년 유해 업소 감시 및 정화 활동 등
	취약 계층 안전	독거노인, 소년·소녀 가장 등 안전 생활 모니터링
인권·공익	인권 개선	새터민, 외국인 노동자, 아동, 여성 등의 인권 개선·평등을 위한 지원 활동
	공익 보호	소비자 보호, 부패 방지 모니터링 활동 등
재해·재난·응급	피해 복구	재난·재해 지역 피해 복구 지원 및 구호 활동
	응급 구조	위급 상황 응급 구조 활동
국제 협력·해외 봉사	해외 봉사	국외에서의 자원봉사 활동
	국제 행사·단체 지원	국제 기구·단체, 국제 행사 지원
	통·번역	국제 행사 및 행사 개최를 위한 통·번역 활동

출처: 행정안전부(2018). 자원봉사 활성화를 위한 자원봉사센터 운영 지침.
※ 자원봉사 활동 분류는 대민 분야/사회 분야에 따라 일부 중복 분류될 수 있음

4. 슈퍼비전의 실제

1) 슈퍼비전의 개념과 목적

슈퍼비전(supervision)은 슈퍼바이저와 슈퍼바이지의 역할 관계로 구성된다. 카두신과 하크니스(Kadushin & Harkness, 2002)는 '슈퍼바이저는 슈퍼바이지의 업무 수행을 지지, 조정, 강화, 평가하도록 권위를 위임받은 기관 행정 직원으로서 행정적, 교육적, 지지적 기능을 수행하는 것'으로 슈퍼비전을 정의하고 있다. 또한 안정선과 최원희(2016)는 '슈퍼비전은 클라이언트에게 최선의 서비스를 제공하고 실천가의 전문성 향상을 위해, 조직 차원에서 공식적으로 실행되는 기제로, 슈퍼바이저와 슈퍼바이지에 의해 이루어지는 상호 작용 과정'이라고 정의하였다.

이러한 슈퍼비전의 목적은 클라이언트에게 최대한 효과적으로 질적인 서비스를 제공하는 전문적 실천과 직원 및 기관의 책무성을 실현하도록 보장하는 것이다. 추이(Tsui, 2004)는 슈퍼비전의 목적을 ① 클라이언트의 복리 증진, ② 슈퍼바이지를 위한 교육, ③ 슈퍼바이지가 전문가협회에 가입하고 자격증을 취득하도록 점검, ④ 슈퍼바이지의 역량 강화 등 4개의 차원으로 구분하였다. 안정선(2007)은 ① 서비스 질의 향상, ② 클라이언트의 문제 해결, ③ 슈퍼바이지의 전문적 성장, ④ 슈퍼바이지의 동기 부여로 제시하였다.

2) 자원봉사자 관리를 위한 슈퍼비전

휴먼 서비스 조직에서의 슈퍼비전이 강조되는 이유는 급속한 사회 환경의 변화에 따라 다양한 욕구를 가진 클라이언트가 증가하고 있고, 서비스의 효율성과 효과성에 대한 책무성을 요구하고 있기 때문이다.

또한 휴먼 서비스 현장의 특성으로 윤리적 딜레마 상황이나, 복잡하고 심각한 문제를 가진 클라이언트를 다뤄야 할 경우에 직원이나 자원봉사자들의 정서적 소진(burnout) 가능성도 높다. 이러한 요구와 문제들을 해결하고 직원이나 자원봉사자들의 사기를 높이며 그들이 직무와 기관에 만족하고, 전문성을 가지고 직무 성과를 높일 수 있도록 돕는 가장 강력한 도구가 바로 슈퍼비전일 것이다.

특히 자원봉사자의 관리 과정 중 교육 훈련이나 배치 후 봉사 활동을 실시 중이거나, 평가 시에 자원봉사자의 개별적 성장 발달을 가져오는 데 무엇보다 핵심적인 것이 바로 슈퍼비전이라 할 수 있다. 자원봉사 관리자는 자원봉사자 활동과 관련된 일련의 과정을 모두 책임져야 한다. 그렇기 때문에 자원봉사 관리자는 자원봉사자들의 봉사 활동을 조정하거나 그들에게 어떤 중요한 발달과 변화가 있는지에 대해 지속적으로 알릴 필요가 있으며, 클라이언트와의 관계를 비롯해 기관의 다양한 환경 변화에 대처하는 교육도 반드시 필요하다.

이러한 이유로 자원봉사 관리 과정에서의 슈퍼비전은 자원봉사 활동이 자발성을 기반으로 이루어진 것이라고 해도 구체적인 업무 수행을 하는 데에는 철저한 지도 감독을 받아야 하는 의무이자 권리라고 볼 수 있을 것이다.

하지만 이러한 중요한 기능임에도 불구하고 많은 기관들은 자원봉사자에 대한 지속적인 관리가 아직까지 미흡한 부분이 있다. 또한 다양한 관점의 다양한 자원봉사자의 특성이 고려되지 않고 획일적인 슈퍼비전을 제공하는 경우도 볼 수 있다. 이러한 자원봉사자 관리 체계의 미흡은 자칫 시간과 노력을 들여 확보한 인적자원의 효과적인 활용을 저해할 뿐만 아니라, 중도 탈락으로 이어지게 하는 경우도 있다. 무엇보다 이러한 문제점을 극복하기 위해서는 자원봉사 관리자는 자원봉사자가 기관에 대한 신뢰를 통해 소속감과 사명감을 가지고 즐겁게 봉사하면서 자신의 역량을 최대한 발휘할 수 있도록 적합한 조직 환경을 만들고 관리를 해야 하는 것이다.

3) 자원봉사 지도 관리자의 역할과 내용

자원봉사 지도 감독자(슈퍼바이저)의 역할은 주로 슈퍼비전을 받는 자원봉사자를 지지하고, 용기를 돋우며, 정보를 제공하고, 상대방의 말을 듣는 역할을 수행한다. 자원봉사 지도 감독자는 자원봉사자들이 봉사 활동을 통해 변화하고 개인의 역량을 개발할 수 있는 점에 대해 지속적인 피드백을 통해 자원봉사자의 임파워먼트 증진과 자원봉사자로서의 정체감을 확립할 수 있도록 지원해야 하는 것이다.

미국자원봉사관리협회(AVA; Association for Volunteer Administration)는 자원봉사 관리자는 ① 프로그램 기획과 조직, ② 직원 배치와 감독, ③ 통제, ④ 기관·지역 사회·전문인과의 관계, ⑤ 예산과 기금 모집 등 5가지 영역에서 역량을 갖추고 있어야 한다고 제시하고 있다. 또한 코너스(Connors, 1995)와 류기형 등(2013, p. 197)은 자원봉사자의 슈퍼비전으로서 다음의 10가지를 제안하고 있다.

(1) 과업과 역할이 무엇을 수반하는지, 그리고 왜 그것이 중요한지에 관해 자원봉사자가 확실히 이해하도록 하라.
(2) 긍정적이고 정확한 피드백을 제공하라.
(3) 직접적 과업과 관련하여 계획과 의사 결정에 자원봉사자를 참여시켜라.
(4) 직원, 자원봉사자 그리고 클라이언트와 파트너십적인 환경을 만들어라.
(5) 자원봉사자가 권위를 가지도록 하고, 궁극적으로 책임을 지는 것은 아니다.
(6) 자원봉사자의 투입에 가치를 두고 들어 봐라.
(7) 주저하거나 이중적이지 않게 접근하라. 만약 필요하다면, 슈퍼바이저와 연락할 수 있는 정보를 가진 자원봉사자를 제공하라.
(8) 해결을 위한 문제와 계획을 기대하라.
(9) 성취한 것을 인정하고 감사하라.
(10) 자원봉사자의 시간을 결코 낭비하지 마라.

5. 위험 관리

자원봉사 활동을 하면서 예기치 못한 사고나 위험에 직면하는 경우가 종종 발생한다. 하지만 발생한 위험에 대한 대처 방식에 있어서는 시스템이 마련되어 있지 않아 어려움을 겪는 경우도 발생하고 있다. 위험 관리는 기관의 자산을 보호하고 유지하는데 사용되는 조직 관리 기법 중 하나이다. 여기서 기관의 자산이라는 것은 물적 자원을 비롯해 인적 자원을 모두 포함한 것이라 할 수 있다. 특히 휴먼 서비스 조직에서의 인적 자원(직원, 자원봉사자 등)은 위험 관리에서 무엇보다 중요한 자산 보호의 내용이다. 즉 자원봉사 관리자는 위험 관리에 대해 충분히 인식하고 사전 예방은 물론 사고 후의 위기 관리 방안을 마련해 두어야 한다.

1) 위험의 개념

위험(risk)은 손실이나 상해의 가능성을 의미한다. 위험이라는 의미는 사고 발생의 가능성으로서(큰 사고는 아니지만 사고를 유발할 수 있는 가능성이 있는 실수), 사고 그 자체로서, 그리고 사고 발생의 조건, 사정, 상황, 요인, 환경으로서 생각하지 않았던 일들 등이 포함된다.

2) 자원봉사 활동의 위험 유형

자원봉사 활동에 있어 가장 많이 발생할 수 있는 위험 유형은 주로 업무상 리스크와 재해 리스크와 관련된 것들이 많다. 즉, 자원봉사 활동시 업무상 리스크로서 자원봉사자나 대상자의 상해 사고(골절, 부상, 폭행, 식중독, 전염병 등)와 인권 침해(성폭력, 성추행, 비밀 누설, 폭언 등), 제해 리스크로서 화재, 풍수해, 지진 등의 자연 재해에 의한 자원봉사자나 클라이언트의 신체적·정신적 사고나 질병 등을 들 수 있다.

예를 들어 도움이 필요한 클라이언트에 대한 병원 동행 업무를 수행하는 자원봉사 활동 중 위험 요소를 간단히 정리해 보면, 다음과 같은 상황들이 있을 수 있다.

〈표 8-6〉 자원봉사 활동 중 위험 요소

• 자동차 사고 – 자원봉사자가 발생시킨 사고 – 자원봉사 차량에 기인하는 사고 – 상대방 차량에 의해 야기된 사고 – 개인 소유 차량의 경우 차량 가입 여부 • 과정 중 신체 장애 – 부축하는 과정에서 클라이언트가 입은 상해 – 동행 중 자원봉사자가 입은 상해 – 클라이언트의 장비가 파손된 경우	• 자원봉사자의 약속 불이행 – 자원봉사자의 역속 불이행 – 업무 수행 중의 갈등으로 업무 중지 • 동행 업무 중 클라이언트의 불편 – 응급 상황 등의 발생 – 자원봉사자의 준비 행동 부재 • 자원봉사자의 부적절한 행동

출처: 권미영(2008); 류기형 외(2013). p. 247, 재인용.

3) 자원봉사 활동의 위험 관리 대책

지원봉사 활동 과정에서는 사고의 위험이 항상 존재한다. 따라서 위험 관리를 위한 예방적 차원에서의 관리 시스템(규정 또는 지침)을 내부적으로 마련할 필요가 있다. 이러한 위험 관리 대책의 내용을 살펴 보면 ① 기관에서 필요한 사업에 대한 적합한 자원봉사 인력 배치, ② 자세한 업무 설명 및 계속적인 지도 감독, ③ 잠재적인 위험 확인(활동 장소 등), ④ 위험 예방 대책 수립, ⑤ 자원봉사 관련 보험 가입, ⑥ 취약 계층을 위한 특별 배려, ⑦ 아동·청소년인 경우 부모 동의서 필요 등이 있으며, 기관마다 다양한 상황에 적합한 위험 관리 지침을 마련하고 자원봉사자 관리 활동을 운영하고 있다.

특별히 위험 관리와 관련해 「자원봉사활동 기본법」 제14조(자원봉사자의 보호)에서는 ① 국가·지자체는 자원봉사 활동이 안전환 환경 속에서 이루어질 수 있도록 노력하여야 한다, ② 자원봉사자에 대한 보험의 가입 등 보호의 종류와 내용에 관하여 필요한 사항은 대통령령으로 정한다로 규정하고 있다. 이러한 법적 근거로 행정안전부(2018)의 『자원봉사 활성화를 위한 자원봉사센터 운영 지침』에서는 자원봉사 활성화 지원과 관련하여 '자원봉사자 보험' 지침을 통해, 자원봉사자 보호를 위한 자원봉사자 보험에 가입할 수 있는 제도적 장치를 마련하고 있다.

이상의 자원봉사 활동에 있어 기관에서 직면할 수 있는 위험 및 법적 책임 등에 대해 적절히 대처할 수 있는 방안을 살펴보면 다음과 같다.

(1) 위험에 대비하는 관리 및 감독 절차 마련
  - 위험 관리 규정(지침), 위기 관리 매뉴얼 제작 등

(2) 자원봉사자 자신의 재점검
  - 자원봉사 프로그램 평가에 위험 관리 점검을 포함

(3) 자원봉사 변호사 선임

(4) 자원봉사 보험 가입
  - 위험성 있는 업무에 배치된 자원봉사자에 대한 의무적 자원봉사 상해 보험 가입
  - 보험료 부담과 상해 보험 가입 대상에 대해 별도의 규정과 원칙을 마련

(5) 기타 사고 보상에 대한 재원 마련
  - 자원봉사 상해 보험 이외에 불의의 사고에 대비할 수 있은 일정액의 예산 자체 편성

6. 동기 부여

1) 동기 부여의 개념

동기 부여란 근로 의욕을 북돋아 사기를 진작시켜 업무의 생산성을 향상 시키며, 나아가 사회복지 서비스 제공에 있어 효과성과 효율성(능률성)을 높이기 위한 요소로서 사회복지사와 클라이언트들에게 구체적이고도 바람직한 행동을 하게 하고 이를 지속시킬 수 있도록 함을 말한다. 즉, 동기 부여는 인간이 가지는 욕구에서 출발하는 것으로서 욕구와 관련된 행동을 유발시키는 개념이라고 파악할 수 있다. 휴먼 서비스 조직이든 다른 형태의 조직이든 조직 구성원이 갖는 동기를 관리하는 것은 매우 중요한 과제라고 할 수 있다.

자원봉사 활동은 자원봉사자의 개인적 가치, 의지 및 기대에 따라 차별적인 개인적·사회적 기능을 수행하는 의도적인 과업 선택의 의미를 지닌다고 할 수 있다. 동기(motivation)는 목적 지향적인 행동을 불러일으키고, 또 촉진시키며 그 강도와 방향성에 영향을 미치는 욕구, 이유, 기대 등의 내적 상태 및 조건이라고 정의할 수 있다. 따라서 동기에는 행동 유발, 지향성, 지속성이라는 3가지의 주요한 내적 기제가 작용한다고 볼 수 있다. 즉, 자원봉사자의 동기란 자발적으로 자원봉사 활동이라는 구체적인 행동을 함과 동시에 이를 지속시키는 자원봉자의 욕구, 가치 그리고 힘이라고 정의할 수 있다.

자원봉사자는 자원봉사 활동에 참여함으로써 자신에게 중요한 동기의 충족 경험을 제공할 것이라고 기대한다. 이는 자원봉사 활동이 자원봉사자에게 개인적 의미를 갖는 혜택과 부합될 때 자원봉사자의 만족도 및 지속 의지가 증가한다는 것을 의미하는 것이다. 그러므로 자원봉사자의 만족도 증진과 지속 의지의 유지라는 성과를 위해서 휴먼 서비스 조직은 자원봉사자의 동기와 혜택을 부합시킬 수 있는 자원봉사 과업 설계의 개발 및 조직 환경의 조성 노력을 강화해야 할 것이다.

2) 자원봉사 동기의 유형

강대선 등(2010)은 자원봉사의 동기가 자원봉사 과업 만족도 및 지속 의지에 미치는 영향에서, 가장 중요한 자원봉사 동기의 유형은 ① 사회적 동기, ② 상승 동기, ③ 가치 동기 등이라고 설명하고 있다. 이를 구체적으로 살펴보면 다음과 같다(pp. 71–72).

첫째, 사회적 동기가 강하다는 것은 자원봉사자가 자원봉사 활동 및 조직 선택을 고려하고 계획할 때, 동질적인 인간관계 확장 및 상보적인 교류에 대한 가능성을 기대한다는 의미를 지닌다고 할 수 있다.

둘째, 과업 특성을 고려한 자원봉사 과업 만족도에 영향을 미치는 동기 요인들은 그 유형에 따라서 다양하게 나타나고 있다. 즉 시간 유연성에는 상승 동기가, 교육과 훈련에는 보호 동기와 사회적 동기가, 임파워먼트에는 이해 동기, 보호 동기, 상승 동기가 각기 유의미한 영향을 미친다고 한다. 이는 자원봉사자의 개인적 동기 및 중요도에 따라 자원봉사 과업이 제공하는 혜택에 대한 인식 및 반응이 차별적이라는 선행 연구들을 지지하는 결과이며, 또한 자원봉사자의 동기와 부합할 수 있는 혜택에 기반 해서 과업 및 과업 특성을 분류할 수 있다는 의미도 지니고 있다.

셋째, 현재의 자원봉사 활동에 대한 지속 의지에는 가치 동기, 사회적 동기, 보호 동기가 영향을 미치고 있었고, 이 중 사회적 동기가 가장 강력하다. 그러므로 자원봉사자의 현재의 활동 및 조직에서의 지속 의지를 증진하기 위해서 지역 사회 복지 조직은 우선적으로 자원봉사자에게 인간관계 확대의 기회와 경험을 의도적으로 과업 설계의 방향에서 제공할 필요가 있다.

이상의 동기 유형을 종합해 볼 때, 기관에서 자원봉사자들이 안정적이고 지속적인 자원봉사 활동을 실천하기 위해서는 첫째, 지역 사회 복지 조직은 비슷한 동기를 가진 자원봉사자들로 구성된 자원봉자 모임 등 다양한 온·오프라인 모임 등의 집단 형성과 지원을 과업 설계상의 주요 추진 전략으로 활용할 필요가 있다.

둘째, 동기와 유형별 자원봉사 과업 만족도 관계 모형에 기반해서 자원봉사자의 배치의 전략을 활용해야 할 것이다. 이를 위해 동기와 자원봉사 과업 만족도 매치 선택지를 활용할 수 있을 것이다. 선택지에는 자원봉사자의 동기 우선순위와 유형별 자원봉사 과업 만족도에 근거해서 과업 특성이 분류되고, 또한 실제적으로 선택 가능한 과업들이 제시되어야 한다.

셋째, 자원봉사자의 지속 의지에는 사회적 동기, 가치 동기, 보호 동기가 영향력을 미치고 있다. 그러므로 동질적 동기를 가진 자원봉사자들의 집단 형성 및 지원과 더불어 현재의 활동이 사회적으로 가치를 실현하는 행동이라는 것을 자원봉사 활동 평가회나 클라이언트의 감사 편지, 기관의 연간 보고서(Annual report) 등을 통하여 자원봉사자에게 직접적으로 알려주는 것도 필요할 것이다.

7. 갈등 관리

1) 갈등의 개념

갈등(conflict)은 다양하게 정의되고 있으며, 전통적으로 이념적 성향이나 개인과 집단의 상호적 이해관계의 충돌로 발생하는 것들을 의미한다. 특히 조직 관리 측면에서는 갈등을 자원의 부족이나 업무 활동에 대한 목표, 가치, 인지 등의 차이가 존재할 때, 또는 둘 이상의 개인 간이나 집단 내에서 발생하는 대립적 작용이라고 할 수 있다. 조직 내에서 발생하는 갈등은 개인의 갈등뿐 아니라 개인 간 갈등에 주로 기인한다. 즉 개인의 복잡한 심리 상태에서 오는 갈등, 업무에 관한 의견 차이로 인한 상사와 부하 간 및 동료 간 갈등, 계선 조직과 참모 간의 갈등 등이 여기에 해당한다.

2) 자원봉사 조직 내 갈등의 종류

자원봉사 활동 중에 발생할 수 있는 갈등의 유형은 ① 자원봉사자와 자원봉사 관리자와의 갈등, ② 자원봉사자들 간의 갈등, ③ 자원봉사자와 자원봉사 대상자와의 갈등으로 구분할 수 있다. 도너번과 잭슨(Donovan & Jackson, 1991, pp. 133-136), 류기형 등(2013, p. 236, 재인용)은 조직의 갈등 종류를 다음과 같이 외부 갈등과 내부 갈등으로 구분하고 있다.

(1) 외부 갈등

- 조직 내의 가치와 목적이 현 정치적·제도적 양상과 상충할 경우
- 조직과 조직의 가치 지향, 그리고 사회적 규범 사이
- 현존하는 조직망에 새롭게 진입하거나 경쟁하려는 다른 조직과 기존 조직의 갈등
- 조직의 업무 수행과 타 조직의 업무 수행이 상충하는 경우
- 클라이언트에 대한 개입 과정상 계획이나 지원망에서 조직들 간의 기능이나 역할 문제로 야기되는 분쟁
- 정부 기관과 NGO 간의 재정, 책임성, 통제와 관련된 갈등

(2) 내부 갈등

- 휴먼 서비스 조직 내 일반 사회복지 실천가(Generalist)와 전문 사회복지 실천가(Specialist) 사이의 갈등
- 일반 관리자와 사회복지 관리자의 갈등
- 조직 내 행정적 부문과 서비스 전달 체계 부문 간의 갈등
- 현상 유지를 지향하는 구성원과 발전을 지향하는 구성원 간의 갈등
- 조직 내 정책, 관리, 서비스에 관련된 영역 간의 갈등

- 책임 소재의 분할과 관련된 업무 수행 방법과 우선성의 문제에서 생기는 갈등
- 상이한 서비스 조직 이론이나 가치, 실천 방식을 가진 구성원들이 협력을 요구하는 팀으로 서비스를 제공할 때 생기는 갈등
- 부족한 자원으로 인해 갈등의 소지를 지닌 프로그램
- 조직의 구성 요소들 간, 프로그램 및 목적 간에 발생하는 갈등
- 조직의 관리 여부와 관련된 전문가와 비전문가 사이의 갈등
- 사례 관리, 프로젝트 관리, 사례 배치가 달라서 야기되는 갈등을 지닌 전문직들 간의 갈등
- 과도한 업무나 직위에 대한 기대, 개인의 능력이 맞지 않아 생기는 일과 개인 사이의 갈등
- 구성원의 직업적인 역할과 그 역할 내부에 있는 조직 내의 역할이 상충하여 생기는 갈등

3) 자원봉사 조직의 갈등 관리 전략

갈등은 여러 가지 차원에서 나타날 수 있는데 조직의 목표에 관한 것, 권한에 관한 것, 자원에 관한 것, 그리고 클라이언트, 자원봉사자, 지역 주민 등과 사회복지사의 관계 등에서 나타날 수 있다. 특히 다양한 동기를 가지고 자원봉사 활동을 하는 자원봉사자와의 관계에서는 복합적인 욕구를 가진 클라이언트와의 만남 또는 자원봉사 관리자, 직원, 그리고 자원봉사자 상호 간 등 다양한 형태의 조직 내 갈등으로 인해 관리자들은 조직 내 갈등의 해결에 많은 시간과 노력을 빼앗길 수밖에 없는 환경에 처해 있다.

이에 조직 구성원의 갈등 관리는 중요한 인적 자원 관리 중 하나이며, 갈등 관리 여하에 따라서 일정한 긴장감 조성을 통해 조직에 순기능적인 영향을 줄 수 있는 반면, 조직 내 병리 현상으로 고착화될 수도 있다. 결국 조직 구성원의 갈등

관리 여부는 조직의 효과성 차원에서 중요한 문제라고 할 수 있다.

이러한 갈등 문제를 관리하는 전략은 ① 갈등을 회피하거나, ② 감소시키거나, ③ 해결하는 방법이 있다. 물론 3가지 방법 중 가장 좋은 방법은 해결하는 방법일 것이다. 이를 위해서는 우선적으로 자원봉사 관리자는 단계별로 갈등을 해결하는 방법을 사용하는 것이 바람직하다.

행정안전부(2008)의 『자원봉사 활동 관리 표준 매뉴얼 개발 보고서』에서는 갈등 해결의 단계를 ① 갈등의 종류를 진단, ② 자신 또는 조직에서 발생한 갈등 및 문제를 해결할 수 있는 기술과 능력이 있는지 판단과 점검, ③ 위임 또는 직접 해결에 대한 판단과 결정, ④ 개방적이고 공정한 의사소통을 통한 갈등과 문제 해결에 직면, ⑤ 합의와 공감대를 통한 문제 해결 등의 5단계로 설명하고, 갈등의 단계에 따른 개입 방법을 다음 〈표 8-7〉과 같이 제시하였다(p. 134).

〈표 8-7〉 갈등 단계별 개입 방법

단계	설명	개입 방법
a. 불편한 느낌	• 정확히는 모르겠지만 뭔가 잘못된 느낌	• 상황에 대한 충분한 정보 입수 • 자신의 걱정을 긍정적으로 표현
b. 오해	• 원인 모를 문제에 대한 가정과 일에 대한 회피	• 면담 시간 마련 • 방어적인 태도가 되지 않도록 이해와 관심 표명
c. 사건	• 상황의 악화에 따라 말이나 행동으로 상호 간에 상처를 주고 부정적인 이미지를 갖게 됨	• 일대일로 문제를 해결하는 과정 필요 • 시간을 정해 일대일 만남
d. 긴장의 고조	• 상호 간 적대적인 감정을 가지고 각자 동조자를 규합하여 편을 가름	• 갈등 중재자에게 원활한 문제 해결을 위해 도움 요청
e. 위기	• 갈등이 심각해지는 단계에 맞서 싸우거나 멀리하며 감정 격앙	• 숙련된 중재자의 도움을 통한 시도 • 많은 시간과 노력이 필요

출처: 행정안전부(2008). 자원봉사 활동 관리 표준 매뉴얼 개발 보고서.

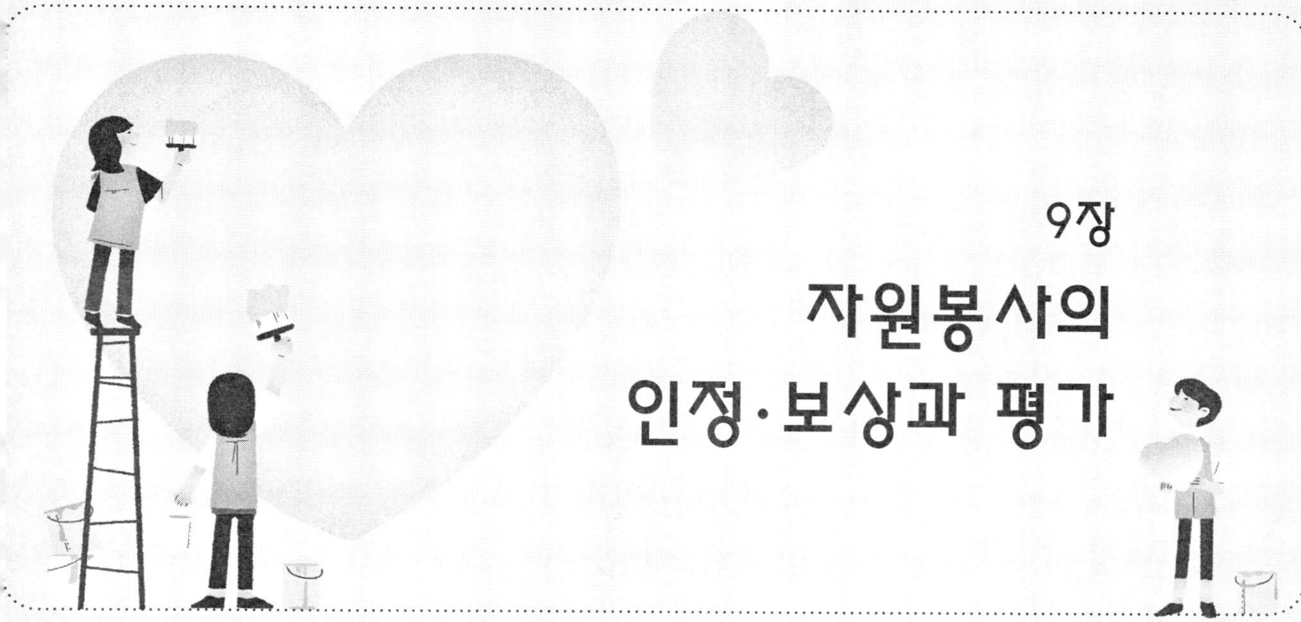

9장
자원봉사의 인정·보상과 평가

자원봉사 관리 중에서 자원봉사자의 노고와 활동을 격려하는 인정과 보상은 자원봉사 실천과 연구에서 중요한 영역으로 고려된다. 자원봉사는 자발적인 참여 동기에 기반하여 타인과 지역 사회에 자신의 지식, 재능, 시간을 나눔으로써 인간 사랑을 실천하고 공동체 사회에서 소외된 계층과 함께하는 큰 의미가 있는 사회 통합 운동이다.

자원봉사자의 증가는 국민의 사회 참여적인 부분에서 매우 반가운 일이지만 한편으로는 늘어난 자원봉사자에 대한 지속적인 참여가 이루어지는 관리 체계의 구축과 참여 동기를 증진시킬 정책은 미흡한 실정이다. 이러한 문제는 자원봉사 활동의 질을 떨어뜨리고 만족감을 감소시켜 중도 탈락의 원인이 되고 자원봉사의 활성화에 걸림돌이 되어 왔다.

이러한 문제점을 보완하기 위해 휴먼 서비스 조직과 정부에서는 '인정과 보상'이라는 시스템을 마련하여 다양한 자원봉사 활성화 방안을 마련하고 있다.

이렇듯 인정과 보상의 목적은 자원봉사자의 만족감 증진과 함께 지속적 활동 참여에 있다고 볼 수 있다. 그러나 인정과 보상을 자원봉사자의 욕구에 우선적으로 맞출 경우 기관의 부담이 커지고, 기관 상황에 맞추다보면 인정과 보상의 효과는 반감될 수밖에 없다. 이런 점에서 인정과 보상의 내용과 수준을 어떻게 조정하는가에 대해 휴먼 서비스 조직은 고민하고 있으며 나름대로 기관의 여건을 반영한 규정 또는 지침을 마련하여 운영하고 있다.

최근 인정과 보상이 자원봉사자 관리를 위해 중요해진 만큼 자원봉사자뿐 아니라 이들을 관리하는 자원봉사 관리자 측면에서도 적극적인 관심과 시스템 마련을 위해 노력하고 있다.

따라서 본 장에서는 자원봉사자의 비체계적인 관리로 일어나는 자원봉사자 중도 탈락을 예방하고 자원봉사에 대한 지속적인 관심과 참여를 활성화하기 위해서 필요한 인정과 보상, 그리고 자원봉사자들의 시간 관리는 물론 자원봉사 관리 기능의 피드백을 통한 효과적이고 효율적인 자원봉사 시스템을 마련하기 위한 평가 등에 대하여 구체적으로 살펴보고자 한다.

1. 인정과 보상

1) 인정과 보상의 개념

인정(recognition)의 사전적 의미는 '어떤 것을 가치 있다고 받아들이다.', '승인하고 알아 주다.'라는 뜻이 있고, 보상(reward)은 '어떤 것에 대한 인정으로서 무엇인가를 주는 것'이라는 의미를 가지고 있다. 따라서 자원봉사의 인정과 보상은 '자원봉사 활동의 가치를 받아들이고 승인하기 위해 제공되는 유무형의 것'이라고 규정한다. 또한 인정과 보상은 인적 자원의 유지와 관리에서 가장 중요한 기능의 하나로 인식되고 있다.

자원봉사 활동 실천 현장에서 자원봉사 인정과 보상의 개념은 실비 보상, 인센티브 제공 등 유사 용어들과 함께 혼재되어 사용되고 있다. 가장 일반적인 개념으로서 자원봉사 활동 인정은 '훌륭한 일을 해준 데 대한 감사'로 자원봉사자 개개인이 기여한 바에 대해 알아 주고, 그 가치를 인정하는 것이다.

반면, 실비(actual cost)는 '실제로 드는 비용'을 의미하는 것으로서, 자원봉사 활동 현장에서 직원의 인건비나 기타 자원봉사자의 수고에 대한 임금과 같은 대가를 제외한 실제 소요된 비용을 의미한다. 즉, 봉사 활동 재료비와 원료비 및 교통비, 식비 등이 포함될 수 있다. 그리고 인센티브(incentive)는 '동기 부여를 목적으로 행하는 자극'이라는 뜻이다.

이러한 인정과 보상은 자원봉사 관리 과정에서는 자원봉사자의 지속적인 활동을 유지시키기 위한 동기의 강화나 새로운 자원봉사자를 모집하고 그들을 봉사 활동에 참여시키기 위한 동기 유발을 위한 전략의 차원이 된다.

2) 인정과 보상의 종류

자원봉사 활동에 대한 인정과 보상의 형태는 연구자마다 다양한 기준을 적용하고 있다. 몇 가지 인정과 보상의 유형을 살펴보면, ① 사회·심리적 인정과 보상, ② 교육·문화적 인정과 보상, ③ 경제적 인정과 보상, ④ 관리적 인정과 보상으로 구분하는 견해와, 행태적으로 [그림 9-1]과 같이 '유형(tangible)'과 '무형(intangible)'의 인정과 보상으로 구분하기도 하며, 또한 시행 방법에 따라 공식적·비공식적 인정과 보상으로 유형화하기도 한다.

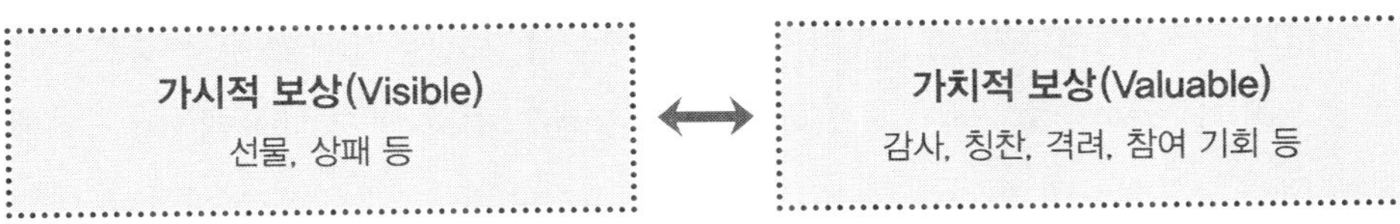

[그림 9-1] 유형과 무형의 인정과 보상

인정과 보상에 대해 좀 더 구체적으로 살펴보면 다음과 같다.

첫째, 사회·심리적 인정과 보상은 자원봉사 활동을 통하여 자부심과 보람, 성취감, 자아 성장, 타인에게 도움을 줌으로써 기쁨과 같은 내적인 만족을 주게 된다. 더불어 자원봉사 활동에 따른 주변의 칭찬과 격려를 통한 자부심 등이 있다. 여기에는 행사 초대, 사회적인 존경, 감사 편지, 언론 홍보, 성의 표시, 활동 소개, 감사 글, 칭찬이나 격려, 표창, 신분 상징물 등이 포함된다.

둘째, 교육·문화적 인정과 보상은 유익하면서도 흥미로운 프로그램에 참여할 수 있다는 것과 정기적인 연구나 견학과 같은 교육의 기회가 해당 된다. 여기에는 연수 경험, 교육 참석 등이 포함된다.

셋째, 경제적 인정과 보상은 자원봉사 시간을 적립하여 이를 바탕으로 할인 혜택을 받거나 금전적 혜택을 받는 것을 의미한다. 또한 자원봉사 활동을 행하는데 소요되는 최소한의 경비를 제공하는 형태로서 이용 할인, 숙박, 활동 물품, 가산점, 선물, 현금 등이 포함된다.

넷째, 관리적 인정과 보상은 인정 보상의 제공 기관에서 행정·관리적 목적으로 최근에 도입하여 자원봉사자들에게 공통적으로 적용하고 있는 요인으로 정의할 수 있다. 여기에는 봉사 정보 제공, 시간 관리, 통장 시간 적립, 상해 보험 가입, 각종 인증서 발급 등이 포함될 수 있다.

이 밖에 이강현·정진경(2006)은 자원봉사 인정과 보상은 '현금' 보상인 교통비, 식비, 재료비로 봉사 활동에 소비된 개인 희생을 보상해 주는 것으로 보았다. '준현금성 신용', '현물', '기회'도 일종의 비화폐적 보상재로서, 자원봉사자의 공헌과 노고에 대하여 상품권, 할인 쿠폰, 기념품, 교육 기회를 제공하여 격려한다.

'사회적 인정'은 우수한 자원봉사자에게 표창이나 자원봉사 인증서를 줌으로써 그 활동을 인정해 주고, 취업과 입학 시에 가산점을 주고 봉사 내용과 그 가치를 언론 매체에 홍보하여 인정해 주는 것이다. '정서적 보상'도 자원봉사 활동에 대한 고마움을 표시하고 인정해 주는 활동이다.

〈표 9-1〉 자원봉사 인정과 보상의 종류

현금	준 현금성 신용	현물	기회	사회적 인정	정서적 보상
• 교통비 지급 • 식비 지급 • 봉사 활동 재료비	• 상품권 • 할인 쿠폰 • 주차권	• 기념품 • 기타	• 국내외 행사 참여 기회 • 파티 참석 기회 • 교육 훈련 참석 기회 • 새 업무나 직위 부여	• 표창 • 승진 취업 시 가산점 • 인증서 • 언론 매체 홍보	• 감사 편지 • 언어·비언어적 감사 표시 • 생일 파티

출처: 이강현·정진경(2006). 자원봉사 조직 및 자원봉사자의 자원봉사 인정·보상 시행 경험에 관한 연구. 한국비영리연구, 5(1), pp. 101-135.

한편 행정안전부(2018)의 『자원봉사 활성화를 위한 자원봉사센터 운영 지침』에서는 자원봉사 활성화 지원을 통해 자원봉사 활동 인정과 자원봉사 보험 기준을 제시하고 추진 방향으로 첫째, 자원봉사 참여 확대와 지속성을 강화하는 방향, 둘째, 자원봉사 활동의 가치 증진과 감사의 표현, 동기 부여라는 자원봉사 인정 본연의 목적 범위 내에서 시행, 셋째, 자원봉사 인정은 자원봉사 활동에 대한 사후적 인정으로, 자원봉사의 기본 가치인 '무대가성 및 자발성의 원칙' 견지, 넷째, 인정은 자원봉사자 중심으로 공정하고 합리적으로 추진하는 내용을 제시하고 있다.

3) 자원봉사 활동의 인정

자원봉사 활동 인정과 관련하여 행정안전부는 「자원봉사활동 기본법」 제11조[1]와 시행령 제15조를 근거로, 2018년 『자원봉사 활성화를 위한 자원봉사센터 운영

1) 제11조(학교·직장 등의 자원봉사 활동 장려) ① 학교는 학생의 자원봉사 활동을 권장하고 지도·관리하기 위하여 노력한다. ② 직장은 직장인의 자원봉사 활동을 촉진하기 위하여 노력한다. ③ 학교·직장 등의 장은 학생 및 직장인 등의 자원봉사 활동에 대하여 그 공헌을 인정하여 줄 수 있다. [전문 개정 2014. 1. 7.]

지침』에서 자원봉사 활동 인정 기준을 ① 자원봉사 시간 인정, ② 인정 프로그램으로 제시하고 있다.

또한 자원봉사 활동 인정을 추진하기 위한 추진 방향은 다음과 같다.

첫째, 자원봉사 참여 확대와 지속성 강화에 초점을 둔다. 둘째, 자원봉사 활동의 가치 증진과 감사의 표현, 동기 부여라는 자원봉사 인정 본연의 목적 범위 내에서 시행한다. 셋째, 자원봉사 인정은 자원봉사 활동에 대한 사후적 인정으로, 자원봉사의 기본 가치인 '무대가성 및 자발성의 원칙'을 견지한다. 넷째, 인정은 자원봉사자 중심으로 공정하고 합리적으로 추진한다.

이러한 법적 근거를 기준으로 정부가 제시하고 있는 자원봉사 활동 인정은 대부분의 휴먼 서비스 조직 및 사회복지 기관들이 준용하고 있으며, 기관의 미션과 조직의 특성을 고려해 다양한 인정 프로그램을 규정이나 지침을 통해 마련하여 그들의 조직을 위해 헌신하는 자원봉사자들의 사기 진작과 동기 부여에 노력하고 있다. 이에 여기서는 구체적으로 행정안전부(2018)의 『자원봉사 활성화를 위한 자원봉사센터 운영 지침』 내용을 중심으로 살펴보고자 한다.

(1) 시간 인증

자원봉사 시간 인증의 기본 원칙과 기준은 다음과 같다.

① 자원봉사 시간 인증은 자원봉사자와 관련 기관·단체 간 상호 신뢰를 바탕으로 한다.
② 인증 대상이 되는 봉사 활동은 자원봉사의 공익성(공공성, 비영리성), 무보수성의 기준을 충족하여야 한다.
③ 매회 활동별 혹은 누적 시간에 따라 시간을 인증관리 한다.

④ 봉사자가 요구 시 활동 시간에 대한 소정의 인증서를 발급한다.

⑤ 시간 인증은 자원봉사자 개인 단위로 한다(시간 인증은 봉사자의 연령 제한이 없음).

(예시) 가족 단위 봉사 활동 중 미취학 아동 봉사자가 직접 봉사 활동에 참여한 경우 시간 인증 가능

⑥ 인증 시간을 실제 시간 보다 늘리거나 양도하는 것은 금지한다.

⑦ 시간 인증은 자원봉사 활동 후 3개월 이내에 하는 것을 원칙으로 한다.

⑧ 시간 인증 및 관리 방법, 절차는 가능한 간편하고 효율적이어야 한다.

또한 자원봉사 공통 인증 기준에 시간 및 활동 기본 인증 기준, 자원봉사 내용별 시간 인증 기준을 안내하고 있으며, 그중 시간 및 활동 기본 인증의 내용을 보면 다음과 같다.

- 자원봉사 활동 시간 인증은 1일 8시간 이내 인정 원칙
  - 다만, 활동 목적상 8시간을 초과한 활동(예시 참조)이 불가피한 경우, 자원봉사센터에서는 수요처 활동 계획을 검토하여 1일 12시간 이내 인정 가능
  - 수요처에서 활동 봉사자를 충분히 모집, 봉사자의 적정한 활동시간(8시간 이내) 준수 및 휴게 시간을 보장하도록 운영하는 것이 바람직함
  (예: 1박 2일 장애인 캠프 프로그램 활동 보조 봉사 활동 등)

- 실제 봉사 활동 시간에 한하여 인증하는 것이 원칙

구분	출발	현장 도착	준비/교육	활동	식사	활동	평가	봉사 활동 후 여흥	현장 출발	센터 등 도착	귀가
인증			활동 인증 대상 시간								

출처: 행정안전부(2018). 자원봉사 활성화를 위한 자원봉사센터 운영 지침.

- 차량 봉사의 차량 운행 및 기타 봉사 시간, 아동 안전 지킴이 활동의 현장 순찰 활동 시간 등 실제로 현장에서 활동한 시간을 인정
- 다만, 이동 시간은 원칙적으로 불인정하되 특별 재난 지역에 대한 자원봉사 등 국가적 재난 극복을 위한 활동의 경우 2시간 이내 이동 시간 추가 인정

● 자원봉사 활동 시간 확인 및 실적 인정은 활동 종료 후 3개월 이내에 이루어지도록 하는 것이 원칙

- 다만, 3개월이 경과하였더라도 이전 자원봉사 활동 실적을 구체적으로 입증할 수 있는 경우(예: 자원봉사 인증 기관의 직인이 날인된 자원봉사 활동 확인서를 제출하는 경우 등)는 관할 자원봉사센터의 판단에 따라 예외적으로 인정 가능(행정안전부의 자료 요구 또는 실태 점검 시 구체적으로 실적 증빙 필요)

● 자원봉사 활동 시간 인증 주체에 있어 인증 신청자의 범위를 자원봉사자 개인, 수요처 관리자 또는 해당 봉사프로그램 담당자, 자원봉사 단체 주관의 경우 해당 단체장, 시·도, 시·군·구 자원봉사센터장 등으로 정하고, 자원봉사 인증 기관은 시·도 및 시·군·구 자원봉사센터, 사회복지자원봉사인증센터, 청소년활동진흥센터 등으로 정해 놓음(향후 법률 개정 등에 따라 인증 기관은 변경될 수 있음).

인증 신청자 범위	자원봉사 인증 기관	인증 방법
• 자원봉사자 개인 • 수요처 관리자 또는 해당 봉사 프로그램 담당자 • 자원봉사 단체 주관의 경우 해당 단체장 • 시도 및 시군구 자원봉사센터장 등	• 시도 및 시군구 자원봉사센터 • 사회복지자원봉사인증센터 • 청소년활동진흥센터 등	• 인증 기관에 의한 인증서를 발급하는 방법 • 1365 자원봉사 포털에 입력하는 방법 • 자원봉사자 수첩 기록 혹은 수요처 담당자의 확인 자료 제출

출처: 행정안전부(2018). 자원봉사 활성화를 위한 자원봉사센터 운영 지침.

(2) 인정 프로그램

자원봉사 활동에 대한 각종 인정 프로그램 및 대상자 선정 기준 등은 각 지자체별로 자율적으로 결정하는데, 자원봉사 실적 적립을 활용하여 ① 개인별 자원봉사 실적 적립·관리를 통해 자원봉사자에 대한 각종 인정 프로그램에 적극 활용, ② 학교, 직장 등 자원봉사 공헌 인정을 위한 자료 제공, ③ 자원봉사 실적 관리를 통한 증명서 발급 등 인정과 소속감 향상을 통해 자원봉사자의 사기를 진작시키고 있다. 자원봉사 활동 인정 프로그램은 〈표 9-2〉와 같이 다양한 유형과 내용으로 제시할 수 있다.

〈표 9-2〉 인정 프로그램 유형과 내용 예시

유형	내용
정서적 인정	• 감사 카드, 축하 카드(생일, 성년 등), 연하장, 휴대폰 문자 등 • 언어적·비언어적 감사의 표시와 관심 표현
기회의 인정	• 국내외 행사 참석 기회, 보건소 무료 건강 검진 기회 • 전문 심화 교육, 워크숍 참석 기회 • 국내외 연수, 테마 여행 기회
상징적 인정	• 각종 기념품, 활동 조끼, 자원봉사자 수첩 제공 • 자원봉사자 배지(누적 봉사 활동 시간에 따른 금·은·동 배지) • 자원봉사자(리더) 명함 제작 또는 자원봉사 인증패 증정 • 이달의 모범 자원봉사자 선정 또는 봉사왕 선정 등
간접적경제적 인정	• 주차 할인권, 공공 시설 및 복지관 프로그램 이용료 할인 • 놀이공원·공연 관람료 할인 또는 무료 티켓 등 제공 • 할인 쿠폰 제공(할인 가맹점 이용)
사회적 인정	• 추천이나 추천서 제공 • 우수 자원봉사자 표창, 정부 포상 추천 • 지역 또는 전국적 미디어 활용 홍보 • 상급 학교 진학시 경력 인정

출처: 행정안전부(2018). 자원봉사 활성화를 위한 자원봉사센터 운영 지침.

4) 자원봉사자 보험

자원봉사자 보험의 지원 근거는 다음과 같다.

- 「자원봉사활동 기본법」 제14조(자원봉사자의 보호)
- 「자원봉사활동 기본법 시행령」 제10조(자원봉사자에 대한 보험 가입 등)
- 「보조금 관리에 관한 법률」 및 「보조금 관리에 관한 법률 시행령」(준용)

자원봉사자 보험의 경우 지방자치단체 자원봉사센터가 사업 시행을 하고 국비 및 지방비로 자원봉사 보험료를 1년간 지원하는 제도를 실시하고 있다.

5) 자원봉사 유공자 포상

자원봉사, 기부 활성화에 헌신해 온 우수 자원봉사자, 기부자, 단체, 기업, 지방자치단체 등에 대해 포상을 통해 노고를 격려하고 자긍심을 고취하고자 매년 12월 5일 '자원봉사자의 날'에 시상을 하고 있다.

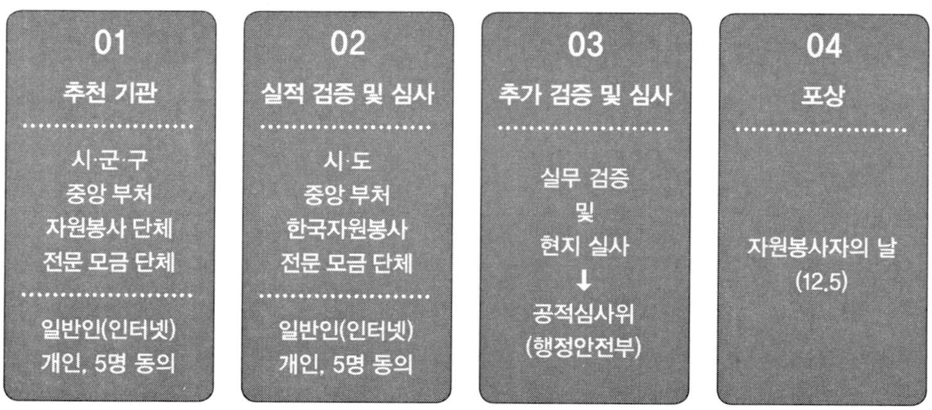

출처: 한국중앙자원봉사센터(2018).

[그림 9-2] 자원봉사자 포상 절차

한편 한국사회복지협의회에서는 사회복지 자원봉사 인증 관리 사업을 담당하고 있다. 이 사업은 전국 자원봉사 단체·기관의 상호 간 네트워크 체계를 구축하여 자원봉사자의 봉사 실적을 정확하고 체계적으로 누적 관리하고 나아가 봉사 실적에 대한 인정과 보상 기반을 마련하기 위한 제도이다.

전국 사회복지 자원봉사의 체계적인 조직 관리를 통한 자원봉사 활성화를 도모하고자 보건복지부, 지방자치단체와 한국사회복지협의회, 시·도 사회복지협의회, 시·군·구 사회복지협의회가 2001년 「사회복지사업법」 제9조와 동법 시행령 제25조 제3항의 규정에 의거, 국내 최초의 자원봉사 실적 인증 사업을 추진하고 있다.

또한 한국사회복지협의회에서는 자원봉사 인정과 보상에 있어 자원봉사자들을 위한 9가지 혜택을 제공하고 있다. 혜택은 자원봉사 실증서 발급, 우수 자원봉사자 추천 및 표창 수여, 상해 보험 가입, 문화 이벤트 초청, 실적에 따른 배지 수여, 매월 우수 자원봉사자 추천 등이다.

그 기능으로는 사회복지자원봉사관리센터 상호 간 유기적인 협력 체계를 구축하여 사회복지자원봉사 프로그램을 운영하고, 소속 자원봉사자의 봉사 활동 실적을 데이터베이스에 누적·관리하여, 국가·사회적 다양한 인정 프로그램을 발굴·제공하고 있다. 또한 봉사단별 활동 성과 및 봉사 실적을 인증 관리 시스템(VMS)에서 공정하게 관리하여 우수 봉사단 및 봉사자에 대해 지방자치단체 및 정부 표창 대상자로 추천하여 동기를 부여하고 격려하고 있다.

2. 시간 관리

1) 시간 관리의 의미

시간 관리는 목표를 달성하는 과정에서 시간을 효과적으로 사용하는 것에 목적을 둔 행동들이다. 레케인(Lakein, 1973)에 따르면, 시간 관리는 다음과 같은 일련의 과정을 거친다고 하였다.

첫째, 먼저 자신이 무엇을 달성하길 원하는지 정의하고 중요한 순서대로 목표들을 배열한다. 둘째, 목표를 이루기 위해 자신이 수행해야 할 과제들이 무엇인지를 확인하고 중요한 순서대로 과제들을 정리한다. 셋째, 사용 가능한 시간을 고려하여 계획을 세우고 중요한 일부터 시작한다.

다시 말해, 시간을 잘 관리하는 사람은 목표나 해야 할 일, 마감 기한 등 전체적인 과정을 고려하여 우선순위를 매기고 계획을 세우며, 계획과 우선순위에 따라 일을 처리한다고 할 수 있다.

휴먼 서비스 조직의 직원을 비롯해 자원봉사자들의 업무 시간은 고정되어 있는 자원이다. 시간을 잘 관리하는 사람은 업무 시간을 효율적으로 사용하여 계획이나 목표를 성취할 확률이 크기 때문에, 시간 관리 기술은 과업 수행과 직접적인 관계를 가지고 있다. 자원봉사 활동 기관에서 자원봉사 관리자나 자원봉사자들이 해야 할 가장 중요한 일은 자신에게 주어진 과업을 수행하는 것이다. 과업 수행은 조직 시민 행동과 함께 전반적인 직무 수행을 구성하는 행동으로 직무에서 요구하는 핵심적인 행동이며 보통 직무 기술서에 명시되어 있는 행동을 말한다.

2) 자원봉사 활동 인정 시간 분류

행정안전부(2018)의 『자원봉사 활성화를 위한 자원봉사센터 운영 지침』에는 자원봉사센터의 자원봉사 활동 인증 시간을 1일 8시간 이내로 규정하고 있으며, 활동 인증 대상 기간을 준비 및 교육, 활동, 식사, 활동, 평가로 제한하고 있다.

이에 휴먼 서비스 조직은 자원봉사 관리자를 비롯해 자원봉사를 학습하는 과정에서 〈표 9-3〉과 같이 행정안전부가 규정한 자원봉사 활동 시간 인증 표준표를 기준으로 자원봉사 활동 인정 시간을 부여하는 것이 필요하다 .

〈표 9-3〉 자원봉사 활동 시간 인증 표준표

대분류	소분류	시간
사회복지 및 보건 증진	급식소 봉사 활동	6시간
	김장 김치 만들기	8시간
	나들이 보조	8시간
	노인·장애인 수발	4시간
	놀이, 말벗	4시간
	도시락, 밑반찬, 물품 배달	6시간
	모금 활동 및 후원 캠페인	4시간
	바자회	8시간
	보육, 음식 조리(제과 제빵 포함)	4시간
	빨래방 봉사 활동	6시간
	사무 보조, 장애인 직업 재활 작업장 보조	6시간
	영정 사진 촬영 및 제작 지원	4시간
	재가 세대 이사 지원	8시간
	재가 세대 행정 및 금융 업무 대행	2시간
	청소, 빨래, 주변 환경 정리	4시간

대분류	소분류	시간
사회복지 및 보건 증진	체육 보조 활동	4시간
	기타 사회복지 분야 봉사 활동	4시간
	호스피스 활동	4시간
	의료 수발 및 식사 보조	4시간
	환자 접수 및 안내, 의료 기구 및 보급품 정리 등 행정 보조	4시간
	대기실 환경 정리, 입원실 청소 및 화단 정리	2시간
	물리 치료 관련 운동 보조 활동	4시간
	무료 의료 봉사	6시간
	헌혈자 접수 및 안내, 거리 캠페인	4시간
	병동 내 및 재가 세대 대상 도서 대출 및 회수	4시간
	이미용 봉사 활동	6시간
	목욕 봉사 활동	4시간
	보건 의료 분야 자문위원 활동	2시간
지역 사회 개발·발전	집짓기, 수리(전기 및 보일러 수리, 도배장판, 도색 등)	8시간
	공동체 마을 만들기, 아파트 공동체 실천 활동, 주민 자치 활동	8시간
	농촌 봉사 활동, 텃밭 가꾸기	8시간
	알뜰 시장 및 벼룩 시장 봉사 활동	8시간
	꽃길 가꾸기, 놀이터 보수 활동	6시간
	기타 지역 사회 분야 봉사 활동	
환경 보전 및 자연 보호	환경 정화 활동, 재활용품 수거 및 분류	4시간
	불법 홍보물 제거	4시간
	환경 감시	4시간
	기타 환경 보전(자연 보호) 분야 봉사 활동	

대분류	소분류	시간
취약 계층 권익 보호 및 청소년 육성·보호	문화 체험, 홈스테이, 청소년 수련 지도	8시간
	청소년 유해 업소 감시 및 정화 활동	4시간
	청소년 보호 관련 캠페인 활동	4시간
	기타 청소년 육성·보호 분야 봉사 활동	
교육 및 상담	평생 교육 관련 지도 활동(예술, 컴퓨터, 언어, 직업 교육 등)	4시간
	학교 교과목과 관련된 학습 지도	4시간
	면접, 전화, 인터넷 상담(법률, 세무, 여성, 가족 문제 등)	4시간
	멘토링(멘토링 사업 참가자) 활동	8시간
	기타 교육 상담 분야 봉사 활동	
인권 옹호 및 평화 구현	여성 차별 개선 활동, 아동 인권 보호 활동	4시간
	북한 동포 돕기 활동 및 캠페인	4시간
	외국인 노동자 및 결혼 이민자 지원 활동	4시간
	기타 인권 옹호 및 평화 구현 분야 봉사 활동	4시간
범죄 예방 및 선도	범죄 예방, 야간 방범, 유해 환경 추방 활동	4시간
	교도소, 감호소 위문(공연) 활동	관내 4시간/ 타지 8시간
	아동 안전 지킴이 활동	4시간
	기타 범죄 예방 및 선도 봉사 활동	
교통 및 기초 질서 계도	교통 정리, 주정차 안내, 등·하교 횡단보도 지도 (지자체 행사 혹은 명절 시 실제 활동 시간 적용)	4시간
	차량 봉사(장애인, 노인, 환자 이송 활동)	관내 4시간/ 타지 8시간
	교통안전 교육	4시간
	부정 주차 금지 캠페인	4시간
	기타 교통 및 기초 질서 계도 분야 봉사 활동	

대분류	소분류	시간
재난 관리 및 재해 구호	피해 복구 활동	8시간
	응급 구조 활동	8시간
	피해 복구 참여자 대상 급식 활동	8시간
	재해 예방 교육	2시간
	대민 안전 캠페인 및 재난 재해 모금 캠페인	4시간
	피해 지역 모니터 활동 및 현장 사무소 업무 보조	8시간
	기타 재난 관리 및 재해 구호 분야 봉사 활동	
문화관광 예술 및 체육 진흥	문화재·관광 가이드, 문화 해설	8시간
	문화 예술 시설 견학 안내	4시간
	문화·예술·체육 분야에서 (보조) 지도자 활동	4시간
	문화, 예술, 체육 행사 지원 활동	8시간
	공연 봉사 활동	4시간
	문화재 보호 캠페인	4시간
	문화재 지역 환경 정화, 유해 문화 추방 활동	4시간
	기타 문화, 관광, 예술, 체육 분야 봉사 활동	
부패 방지 및 소비자 보호	지방 정부 및 의회 모니터 활동	4시간
	의식 계몽 활동, 소비자 보호 활동	4시간
	상업주의 방송 감시 활동	4시간
	부패 방지 및 소비자 보호 분야 봉사 활동	4시간
	기타 부패 방지 및 소비자 보호 분야 봉사 활동	
공명 선거	선거 관련 봉사 활동	8시간

대분류	소분류	시간
국제 협력 및 해외 봉사	국외에서의 봉사 활동	8시간
	국제 기구 및 단체 지원 활동	8시간
	국제 스포츠 행사 지원 활동	8시간
	통·번역 봉사 활동	8시간
	기타 국제 협력 및 해외 봉사 분야 봉사 활동	
공공 행정 사무 지원	동사무소·시청·세무서·문화의집·주민자치센터·도서관 등에서 민원 안내, 사무 협력, 도서 정리	4시간
	소방서에 소방·홍보 업무	4시간
	경찰서에서 민원 안내 및 상담	4시간
	자원봉사 실적 관리 및 자원 봉사자 지도	4시간
	기타 공공 행정 및 사무 지원 분야 봉사 활동	
기타 공익 사업 등	자원 봉사 관련 회의	2시간
	기타 봉사 활동	

출처: 행정안전부(2018). 자원봉사 활성화를 위한 자원봉사센터 운영 지침.

3. 평가 측정

1) 평가의 개념

평가(evaluation)라는 용어는 사전적 의미로 '물건의 화폐 가치를 결정함', '사람 및 사물의 가치나 수준을 판단함 또는 그 가치나 수준'을 말한다. 또한 평가라는 용어는 판단, 인식, 분석, 접근, 비판, 시험, 등급, 검사, 판정, 등위, 검토, 점수, 조사 등의 용어로 대체되기도 하며, 평가를 수행하기 위해 이러한 용어를 사용하여 조작화하기도 한다. 평가의 활용상 특성을 반영하여 평가 개념에 대해 보다 넓게 접근할 수 있다.

평가는 여러 학자에 의해 다음과 같이 다양하게 정의되어 왔다.

대표적으로 스크리븐(Scriven, 1967)과 이민홍 등(2012, p. 204, 재인용)은 평가를 '재화 및 서비스의 가치(worth)나 장점(merit)을 판정하는 것'이라고 하였다. 또한 와이스(Weiss, 1988, p. 4)와 황성철 등(2017, p. 414, 재인용)은 평가를 '정책이나 프로그램의 개선을 목적으로 일련의 내재적·외재적 기준에 따라 효과성 혹은 시행 상태를 체계적으로 사정하는 작업'으로 정의하고 있다. 이러한 학자들의 개념 정의를 통해 황성철 등(2017)은 평가를 '논리적이고 과학적인 사정 방법을 사용하여 정책이나 프로그램의 효용성을 높이고자 하는 의도적 노력'이라고 설명하고 있다(p. 414).

이러한 평가의 개념을 좀 더 구체적으로 살펴보면, 평가의 내용은 조사(inquiry)와 판정(judgement)의 방법으로 ① 질을 절대적 혹은 상대적으로 판정할 수 있는 기준을 결정하고, ② 관련 자료를 수집하고, ③ 기준을 평가 대상자의 가치(value)와 질(quilty), 활용성(utility), 효과성(effectiveness), 중요성(significance) 등을 결정할 수 있도록 적용하는 과정이라고 설명할 수 있다. 즉 평가는 서비스 또는 프로그램이 욕구를 지닌 사람들에게 정확하게 제공되었는가, 적절한 서비스가 제공되었는가, 서비스는 효과적·효율적인가를 파악하는데 초점을 두고 있다.

이에 평가 결과 또한 평가를 의도한 목적이나 이해관계자(stakeholders)에 따라서 프로그램의 중단, 축소, 유지, 확대 여부를 결정하는데 필요한 정보를 제공하거나, 프로그램 내용을 수정하거나 보다 효율적으로 운영하는데 필요한 정보를 제공하는 행정적 관리 수단의 역할이라고 할 수 있다.

2) 자원봉사 활동의 평가 범주와 지표

자원봉사 활동이 지속적인 활동으로 이루어지기 위해서는 자원봉사자와 수요처와의 단순한 연결이 아닌 일련의 체계적인 절차에 따라 기능을 수행해야 한다. 또한 수행한 결과와 과정에 대해 평가함으로써 자원봉사 프로그램의 중단, 축소, 유지, 확대 여부를 결정하고, 자원봉사 활동의 홍보와 봉사자 모집 등 제반 과정에 반영해야 한다. 그리고 이러한 평가를 통해 자원봉사 관리 기능에 있어 등록 자원봉사자의 비활동과 중도 탈락을 방지하고 지속적인 활동으로 연결시키기 위한 노력을 해야 하는 것이다.

자원봉사 활동 평가의 내용은 단순히 자원봉사자의 활동과 프로그램에 제한되는 것은 아니다. 자원봉사 관리 전반에 걸쳐 진행되어야 하는 것이다. 이를 위해서는 자원봉사 관리 기능의 범주와 그에 따른 표준화 작업이 필요하다. 이러한 자원봉사 관리 범주에 대해서는 여러 연구들을 통해 제시되고 있는데, 다소 차이는 있지만 프로그램 기획, 조직 관리 체계 수립, 모집 홍보, 면접과 선발, 배치, 교육 훈련, 지도 감독, 인정, 기록, 평가 등 10가지 범주로 구분할 수 있다. 또한 자원봉사 관리 범주와 함께 범주별 지표 연구도 자원봉사 관리 표준의 내용에 포함된다.

최유미(2012)는 한국형 자원봉사 관리 평가 지표 개발 연구에서, 자원봉사 관리 표준 매뉴얼 개발과 관련한 국내 연구 결과를 분석한 결과 우리나라의 자원봉사 활동 관리 범주는 미국의 운영 중심적 접근과 직무 중심의 접근을 통합한 형태로 〈표 9-4〉와 같이 범주화하고 있는 것으로 설명하고 있다(p. 122).

〈표 9-4〉 국내 자원봉사 활동 관리 범주별 지표

연구자	자원봉사 관리 표준 내용	
	관리 범주	관리 지표
행정안전부 (2008)	1. 운영 전략 및 관리 방침 수립	비전과 사명 수립, 관리 세부 실행 방침 수립
	2. 프로그램 개발 및 운영	욕구 조사, 프로그램 기획, 실행, 평가
	3. 자원봉사자 업무 기획	수요 조사, 업무 설명서 작성
	4. 모집	모집 계획 수립, 활동 실행 및 평가
	5. 면접 배치	수요처 연계 및 배치
	6. 교육	교육 계획 수립, 대상자 모집, 실행, 평가
	7. 활동 관리 감독	감독 체계 수립, 모니터링, 상담 및 조정, 문제 및 갈등 해결
	8. 수요처 개발과 관리	수요처 등록, 배치, 교육 및 정보 교류
	9. 위험 관리	위험 관리 체계 수립, 보험 가입 및 관리, 평가
	10. 인정과 보상	기대 욕구, 인정 보상 기준 마련, 실행
	11. 홍보와 진흥	행사 개최, 언론 홍보
	12. 재난 재해 관리	재해 발생시 역할 분담, 자원봉사단 구성 및 운영
	13. 행정 관리	인사, 재정, 위원회 관리
이강현 (2005)	1. 기획	조직 비전, 목표 수립, 조직 운영 전략 수립 평가
	2. 프로그램 개발	자원 및 욕구 조사, 실행 기획
	3. 자원봉사자 모집과 배치	자원봉사자 모집, 면접, 선발, 배치
	4. 자원봉사 활동 지원	자원봉사 활동 모니터링, 자원봉사 활동 상담, 지도, 인정
	5. 자원봉사자 교육과 개발	교육, 팀 개발, 능력 개발
	6. 자원봉사 활동 네트워킹	조직 간 네트워킹 활동 홍보, 자원 개발
	7. 자원봉사 관리자의 개발	관리자 자기 개발, 인적 네트워킹 개선
	8. 행정 관리	실무, 회계 관리, 위원회 관리

출처: 최유미(2012). 한국형 자원봉사관리 평가지표 개발연구. 한국지역사회복지학, 43, p. 122, 재구성.

또한 최유미(2012)는 자원봉사 관리 평가 지표를 기획 지원, 모집 훈련, 인정, 평가, 기록의 5개 하위 요인으로 총 34개 문항의 평가 지표를 개발하여 자원봉사 실천 영역에서의 활용을 〈표 9-5〉와 같이 제시하고 있다(p. 132).

〈표 9-5〉 자원봉사 관리 평가 지표

평가 지표	문항 내용
기획 지원	1) 자원봉사 활동 시 다른 기관과의 상호 연계 체계가 준비되어 있다 2) 자원봉사 업무의 질과 가치에 대한 안내 자료가 준비되어 있다 3) 지원자에 대한 후속 조치 등 관리 지침이 준비되어 있다 4) 자원봉사자 선발 기준이 준비되어 있다 5) 자원봉사 업무 담당 직원을 정기적으로 훈련시킨다 6) 자원봉사자의 활동 보고 지침이 준비되어 있다 7) 외부 제공 자원봉사자 개인 정보의 수준에 대한 지침이 준비되어 있다
모집 훈련	8) 표준화된 오리엔테이션을 제공하고 있다 9) 오리엔테이션 대상별로 수준에 맞게 적용하고 있다 10) 자원봉사자 훈련은 자원봉사자 각각의 지위(역할)에 맞도록 설계한다 11) 자원봉사자 관리 규정에 교육 훈련의 내용이 포함되어 있다 12) 교육 훈련 설계 과정에 자원봉사자를 참여시키고 있다 13) 관리자에게 자원봉사 프로그램 개발 및 실행 과정 보고서를 요구한다 14) 자원봉사자 모집 계획을 설계하고 실행한다 15) 자원봉사자의 참여를 늘리기 위하여 외부의 여러 자원을 동원시킨다 16) 인종, 연령 등 다양성을 수용한다 17) 자원봉사자 모집을 위한 다양한 방법들이 개발되어 있다 18) 자원봉사자 모집을 위하여 타 집단과의 협력 활동을 한다 19) 다양한 자원봉사자의 욕구에 맞는 직무 설계서가 마련되어 있다
인정	20) 기관 내에 공식적인 자원봉사 인정 과정이 있다 21) 기관의 공식적 교육자로서 자원봉사자를 활용한다 22) 자원봉사 프로그램을 위한 지원 내용을 자원봉사자에게 공개한다 23) 모든 연령대에 맞는 인정의 다양한 방법을 찾는다 24) 활동 중단자의 원인을 파악하고 재접촉을 한다 25) 다양한 인정 방법 개발을 위해 다양한 의견을 수렴한다
평가	26) 자원봉사 프로그램들은 계획 당초의 목적과 목표를 달성한다 27) 정기적으로 자원봉사 프로그램을 평가, 조정한다 28) 자원봉사지원자의 대기, 거절 등의 사례를 분석한다 29) 정기적으로 자원봉사자의 개인 성과에 대해 평가한다 30) 프로그램별 자원봉사 관리 전담 직원을 배치한다
기록	31) 프로그램 요구 예산을 기록 및 반영한다 32) 자원봉사자의 구체적인 활동 실적 대해 기록, 보관한다 33) 자원봉사 프로그램 보고서를 활용한다 34) 자원봉사자와 활동 기록을 모두 보존한다

출처: 최유미(2012). 한국형 자원봉사관리 평가지표 개발연구. 한국지역사회복지학, 43, pp. 131-132.

3) 자원봉사 활동의 평가 방법

자원봉사 활동 프로그램 평가는 다양한 프로그램의 목적에 따라 사용되는 평가 방법도 달라질 수 있다. 평가의 목적을 간단히 살펴보면, ① 자원이 필요로 하는 곳에 적절히 투입했는지를 확인한다, ② 계획된 프로그램이 실제로 서비스를 제공하고 있는지를 확인한다, ③ 결과를 분석한다, ④ 어떤 프로그램이 가장 좋은 결과를 내고 있는지를 결정한다, ⑤ 가장 필요한 서비스를 제공하는 프로그램을 선택한다, ⑥ 서비스의 질을 유지하고 향상시키는 데 필요한 정보를 제공한다, ⑦ 계획되지 않았던 부작용을 가려낸다 등이다.

또한 자원봉사 활동 프로그램의 평가 유형은 ① 욕구 평가, ② 과정 평가, ③ 결과 평가, ④ 효율성 평가 등으로 구분할 수 있다.

(1) 욕구 평가

욕구 평가는 지역 사회 내에 사각지대로 존재하는 욕구를 발견하고, 그 수준을 측정하는 평가 방법이다. 자원봉사 활동 프로그램 또한 이러한 자원봉사와 클라이언트의 욕구를 사정하는 것은 효과적인 프로그램을 기획하는 첫 번째 과정이라고 볼 수 있다. 즉, 자원봉사 관리자는 프로그램 시작 전에 이미 프로그램의 평가를 시도하는 것이라 볼 수 있다.

(2) 과정 평가

프로그램의 실행 정도, 프로그램 이용자들의 특성, 프로그램이 의도된 대로 진행되는 정도 등을 기록하는 과정을 과정 평가의 내용으로 구분 할 수 있다. 과정 평가는 처음 기획할 당시의 가정들을 확인하는 것도 포함하기 때문에 자원봉사 관리자는 기획의 목적대로 진행되고 있는지를 확인하는 것이 중요한 역할이다.

(3) 결과 평가

결과 평가는 프로그램의 궁극적인 목표가 기획한 의도대로 달성되어 지역 사회는 물론 클라이언트에게 어떤 영향(impact)을 가져왔는지를 평가하는 것으로, 즉 성과(outcomes)에 초점을 두고 있다. 하지만 이러한 성과를 이루어 내는 것은 실제적으로 쉽지 않은 과정이다. 이에 자원봉사 활동에서는 기본적으로 기획한 프로그램의 의도된 목적 달성과 자원봉사자의 활동 만족, 그리고 클라이언트의 상태 등을 기준으로 평가를 할 수 있다.

이러한 평가 과정을 통해 좀 더 장기적인 성과 측정을 고민하는 것도 매우 중요한 자원봉사 관리자의 역할이라 볼 수 있다.

(4) 효율성 평가

효율성은 일반적으로 자원을 최소한 투입하여 효과를 최대한 이끌어 내는 것을 의미한다. 즉, 프로그램을 위한 노력 대비 프로그램을 통해 도출한 성과의 비율을 확인하는 것이다. 이에 자원봉사 활동 프로그램 또한 투입 자원(자금, 시간, 인적 및 물적 자원)과 산출(활동 횟수, 서비스 제공 실적 등), 성과(자원봉사자의 인식 변화, 클라이언트의 변화 등)의 비율 관계를 측정하는 평가 과정이 필요한 것이다.

이러한 프로그램 평가 유형은 자원봉사 활동 영역에서 매우 중요한 행정적인 역할을 수행한다. 이에 자원봉사 활동 영역 평가는 다음 2가지 측면에서 고려할 수 있다.

첫째로 자원봉사 관리자가 기획하고 운영하는 프로그램 전반에 걸친 평가이다. 여기서는 자원봉사 프로그램에 대한 평가뿐만 아니라 기관의 미션과 비전과도 연계한 평가 과정이 이루어져야 한다는 것이다.

둘째로 자원봉사자들이 직접 참여하는 프로그램의 특성상 자원봉사자가가 클라이언트에게 얼마나 효과적으로 서비스를 제공하고 있는지, 어떤 어려움이 있는지, 클라이언트 입장에서 자원봉사자의 활동을 이해하고 있는지 등을 파악하는 등 주기적인 평가를 통해 자원봉사 활동을 개선함으로써 예측 불가능한 상황에 대한 문제 예방을 하는 것이다.

이러한 일련의 체계적인 평가 과정을 위해서 휴먼 서비스 조직은 기관마다 준용하는 규정 또는 사업 지침에 근거하여 평가 지표를 기준으로 평가 내용을 확인하고 점검하고 있다.

참고로 행정안전부(2018)의 『자원봉사 활성화를 위한 자원봉사센터 운영 지침』에서는 자원봉사 활동 평가 내용을 '자원봉사 활동 평가서'와 '교육 과정 평가서'로 구분해 제시하고 있다(〈참고 자료 9-1〉, 〈참고 자료 9-2〉).

최근 휴먼 서비스 조직에서는 성과 평가를 강조하고 있다. 이는 과거의 시혜적으로 서비스 결과를 보던 관점에서 현재와 미래는 사회 투자적 관점으로 결과를 본다는 것이다. 즉 전통적으로 여긴 '자선적' 의미가 아닌 '사회 변화'를 위한 '투자'이며, 어떤 보상(return)을 얻었는가의 '결과 중심적인' 사업 재편성이라고 할 수 있다. 따라서 성과주의란 성과를 중심으로 프로그램의 결과를 평가하는 것을 의미한다고 볼 수 있다.

성과 관리의 핵심은 성과 측정에 있다. 따라서 다양한 휴먼 서비스 분야의 종사자는 몰론 자원봉사 관리자는 기획한 프로그램이나 서비스들에 대한 각각의 상황에 맞는 설득력 있는 성과와 성과 지표를 개발하는 것이 무엇보다 중요하다. 이에 각각의 실무자들은 ① 문제 해결 중심의 사고, ② 투입과 활동을 성과와 연계하는 논리적 사고, ③ 적절한 성과 지표 제시 및 측정하는 방법 등의 역량을 갖추는 것이 필요할 것이다.

〈참고 자료 9-1〉 자원봉사 활동 평가서

자원봉사 활동 평가서

자원봉사자 여러분!
자원봉사 활동을 통한 지역 사회의 변화와 자원봉사 프로그램의 향상을 위해 노력하는 본 기관의 지속적인 발전과 개선을 위해 다음의 사항들에 대하여 솔직하게 응답해 주시면 감사하겠습니다.

1) 귀하의 자원봉사 활동 중에서 가장 좋았던 경험은 무엇입니까?

2) 자원봉사 활동에 참여하며 가장 좋지 않았던 것은 무엇입니까?

3) 귀하가 봉사 활동에 참여하는 동안 문제나 갈등을 느낀 적이 있습니까?
구체적으로 설명해 주십시오.

4) 자원봉사 활동을 더욱 가치 있게 수행하기 위한 방법을 제안해 주시거나 기타 하시고 싶은 말씀을 부탁드립니다.

5) 앞으로 지속적으로 자원봉사 활동에 참여하실 의향이 있으십니까?
예 __________ 아니오 __________

6) 다른 사람에게 자원봉사 활동을 할 것을 권유하시겠습니까?
예 __________ 아니오 __________

년 월 일

자원봉사자 성명: ________________ (서명 또는 인)

출처: 행정안전부(2018). 자원봉사 활성화를 위한 자원봉사센터 운영 지침(별첨 서식-업무 제13호).

〈참고 자료 9-2〉 교육 과정 평가서

교육 과정 평가서

교육명 : (강사 :)

본 자원봉사 교육에 성실하게 임해 주신 여러분께 감사드립니다. 본 교육은 강의 평가서를 바탕으로 거듭 발전할 수 있었습니다. 솔직하고 정성 어린 답변은 앞으로도 교육의 질을 높이는 데에 큰 기여를 할 것입니다. 감사합니다.

해당 번호에 V표 해 주세요	매우그렇다		보통이다		전혀아니다
1. 강의 내용이 나의 욕구와 고민 해결에 도움이 되었다.	⑤	④	③	②	①
• 가장 좋았던 점 : • 미흡했던 점 :					
2. 강의 표현 및 전달 방식이 내용을 이해하는 데 도움이 되었다.	⑤	④	③	②	①
• 구체적으로 :					
3. 자원봉사 활동에 필요한 지식과 정보를 얻었다.	⑤	④	③	②	①
• 구체적으로 :					

4. 교육의 전반적인 진행에 대해 의견이 있으시다면? (토론 시간·상호 교류 시간 등 시간 배분, 강의실 환경, 준비 정도, 평가서 작성 등)

5. 전반적인 소감
• 강의 내용에 대해 :
• 강의 자료에 대해 :
• 강사에 대해 : (장단점 포함)

6. 추천 과목 및 강사

출처: 행정안전부(2018). 자원봉사 활성화를 위한 자원봉사센터 운영 지침(별첨 서식-업무 제15호).

4부

자원봉사의 실천

10장

자원봉사센터

1. 자원봉사센터의 개념

1) 자원봉사센터의 설립

자원봉사가 활성화되면서 1990년대 초에 자원봉사자를 필요로 하는 기관과 자원봉사를 하고자 하는 사람들을 연결하는 조직화에 대한 욕구가 생기게 되고 다양한 자원봉사 조직이 구성되었다. 2002년의 월드컵 행사를 통해 시민들의 사회참여 의식이 급성장하면서 초등학생부터 노인에 이르기까지 자원봉사자가 확대되었고, 자원봉사의 활동 영역 또한 다양해졌다. 2005년 국가 및 지방자치단체가 자원봉사센터를 설치하고 운영하도록 하는 「자원봉사활동 기본법」이 제정되었다. 「자원봉사활동 기본법」 제3조에 따르면 "자원봉사센터란 자원봉사 활동을 주된 사업으로 하거나 이를 지원하기 위하여 설립된 비영리 법인 또는 단체로 주요 사업은 자원봉사 활동의 개발·장려·연계·협력 등의 사업을 수행하기 위하여 법령과 조례 등에 따라 설치된 기관·법인·단체 등을 말한다."라고 정의하고 있다.

2) 자원봉사센터의 운영 형태

「자원봉사활동 기본법」 제19조는 자원봉사센터의 설치 및 운영에 관한 내용을 담고 있다. 이 내용에 따르면 국가 기관과 지방자치단체는 자원봉사센터를 설치할 수 있으며, 이 경우 자원봉사센터를 법인으로 하여 운영하거나 비영리 법인에 위탁하여 운영하여야 한다. 또한 국가는 자원봉사센터의 설치·운영이 활성화될 수 있도록 적극적으로 노력하여야 하며, 지방자치단체는 자원봉사센터의 운영에 필요한 경비를 지원할 수 있다.

2019년 기준으로 우리나라는 한국중앙자원봉사센터 1개소와 광역 및 기초센터로 245개소를 운영하고 있다. 245개소의 자원봉사센터의 운영 형태는 직영(지방자치단체가 직접 운영)이 122개소 49.8%, 법인(지방자치단체에서 법인을 설립하여 운영)은 83개소 33.9%, 위탁(사회복지 법인 또는 비영리법인에 위탁)은 40개소 16.3%로 구성되어 있다. 연도별 자원봉사센터의 운영 형태 변화는 〈표 10-1〉과 같다.

우리나라 자원봉사센터 운영 형태는 지방자치단체가 직접 운영하는 직영 형태가 49.8%이고 법인과 위탁 형태가 50.2%이다. '자원봉사 활동 진흥을 위한 제3차 국가기본계획(2018~2022)'에서는 자원봉사센터의 자율성 및 전문성을 확대하기 위해 자원봉사센터를 법인과 비영리 법인에 위탁하려는 계획을 연차적으로 시행하고자 지원 계획을 세우고 있다. 이에 따라 2017년과 2019년을 비교해 보면 직영 형태는 129개소에서 122개소로 2.9% 감소하였고, 위탁 형태는 46개소에서 40개소로 법인 형태는 2.5% 감소하였다. 법인 형태는 70개소에서 83개소로 5.3% 증가하였다. 한국중앙자원봉사센터는 「자원봉사활동 기본법」에 따라 2010년 출범 당시부터 민간위탁 방식(한국자원봉사센터 협회, 한국자원봉사협의회 위탁)으로 운영되었다가 2020년 1월부터 재단 법인으로 운영하는 방식으로 변경되었다.

〈표 10-1〉 연도별 자원봉사센터 운영 형태

(단위: 개소)

구분	총계	직영	위탁	법인
2010년	246	151(61.4%)	68(27.6%)	27(11.0%)
2011년	246	145(58.9%)	63(25.6%)	38(15.4%)
2012년	246	143(58.1%)	55(22.4%)	48(19.5%)
2013년	246	142(57.7%)	54(22.0%)	50(20.3%)
2014년	245	134(54.7%)	55(22.5%)	56(22.8%)
2015년	245	132(53.9%)	50(20.4%)	63(25.7%)
2016년	245	123(50.2%)	54(22.0%)	68(27.8%)
2017년	245	129(52.7%)	46(18.8%)	70(28.6%)
2018년	245	127(52.8%)	45(18.4%)	73(29.8%)
2019년	245	122(49.8%)	40(16.3%)	83(33.9%)

출처: 행정안전부(2020). 자원봉사센터 현황 자료집.

2. 자원봉사센터의 체계

1) 자원봉사센터의 전달 체계

자원봉사 활동이 원활하게 이루어지려면 자원봉사자들을 육성하고 지원하는 체계적인 노력이 필요하다. 우리나라에서 자원봉사센터를 지원하는 정부 부처는 행정안전부이다. 「자원봉사활동 기본법」에 따라 국가기본계획을 수립하고 자원봉사 활동의 실태 조사를 매년 시행하고 자원봉사가 활성화되도록 지원하는 역할을 한다. 정부 부처부터 시·군·구 자치 단체 등 자원봉사센터의 전달 체계는 [그림 10-1]과 같다.

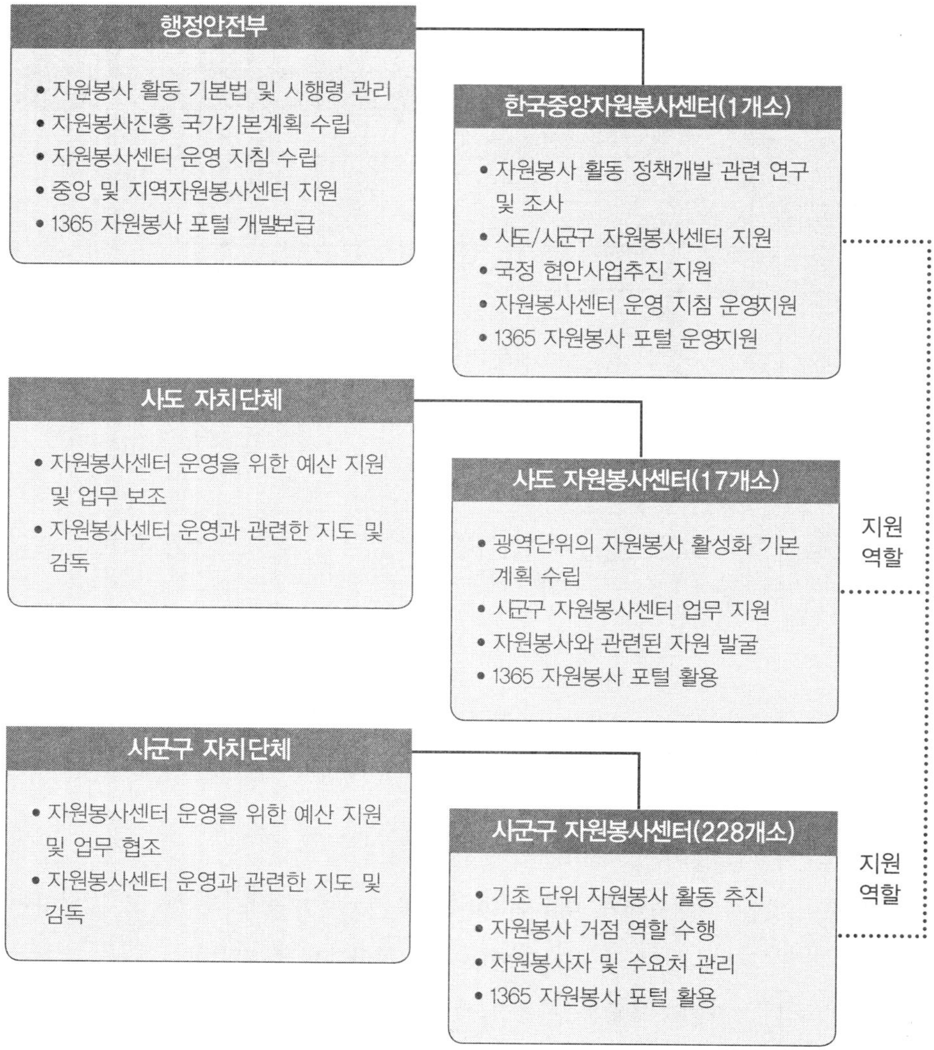

출처: 행정안전부(2020). 자원봉사 활성화를 위한 자원봉사센터 운영 지침.

[그림 10-1] 자원봉사센터의 전달 체계

중앙센터(한국중앙자원봉사센터), 광역센터(시·도 자원봉사센터), 기초센터(시·군·구 자원봉사센터) 등 자원봉사센터의 역할 정립을 통해 자원봉사 활성화를 위해 체계적인 업무 추진을 하고 전달 체계를 명확하게 하여 단체 간 역할 중복으로 인한 혼선을 방지하고 있다. 역할 분담 내용은 〈표 10-2〉와 같다.

〈표 10-2〉 중앙센터, 광역센터, 기초센터의 역할 비교

중앙센터	광역센터	기초센터
• 자원봉사 정책 개발 및 연구 • 중앙 단위 자원봉사 기관·단체, 기업과 협력 체계 구축 • 지역자원봉사센터 지원 및 협력 • 자원봉사 아카이브 운영 • 자원봉사 국제 교류 및 협력 • 1365 자원봉사 포털 위탁 운영 • 자원봉사센터 행정 업무 정보화 지원 • 재난 대응 및 지원 체계 구축(현장 자원봉사센터 설치 및 운영 지원 등) • 자원봉사 확산을 위한 홍보 및 문화 행사 • 그 밖에 자원봉사 진흥에 기여할 수 있는 사업 추진	• 중앙센터 및 시·군·구 센터와 협력 체계 구축 • 광역 단위 기관·단체, 기업과의 협력 • 시·군·구 자원봉사 관리자 및 지도자 대상 교육 • 자원봉사 아카이브 운영 • 자원봉사 프로그램 개발 및 보급 • 지역 자원봉사 활성화를 위한 조사 연구 • 시·군·구 센터 간 정보 교류 및 사업 조정·지원 • 1365 자원봉사 포털 서비스 이용 및 회원 정보 관리·운영 • 재난 대응 및 지원 체계 구축(시·군·구 현장 자원봉사센터 설치 및 운영 지원 등) • 그 밖에 특별시, 광역시, 도 지역의 자원봉사 진흥에 기여할 수 있는 사업	• 기초 단위 기관·단체들과의 협력 체계 구축 • 읍·면·동 자원봉사자 모집 및 교육·홍보 • 자원봉사 활동 수요처에 자원봉사자 배치 • 자원봉사 프로그램 운영 • 지역 자원봉사 및 공동체 활성화의 거점 역할 수행 • 자원봉사 관련 정보의 수집 및 제공 • 1365 자원봉사 포털 서비스 이용 및 회원 정보 관리·운영 • 현장 자원봉사센터 설치 및 운영 • 그 밖에 시·군·구 지역의 자원봉사 진흥에 기여할 수 있는 사업

출처: 행정안전부(2020). 자원봉사 활성화를 위한 자원봉사센터 운영 지침.

2) 자원봉사 활동 관련 주요 기관

자원봉사 활동과 관련된 몇 개의 기관들이 한국의 자원봉사 발전 과정에 중추적인 역할을 하고 있다. 한국중앙자원봉사센터, 한국자원봉사센터협회, 한국자원봉사협의회가 광역센터, 지역센터의 자원봉사 활동과 자원봉사자들을 지원하고 있다. 한국자원봉사센터협회는 자원봉사센터 설립과 더불어 협회가 구성되었고, 전국적인 제도 개선, 권익 보호, 역량 강화, 인재 양성, 자원 연계 등의 역할을 한다. 한국자원봉사협의회는 가장 오래된 기관으로 125개 회원 단체(시민 사회, 재계, 교육계, 종교계, 의료계 등)와 250여 개의 협력 단체로 구성된 민간 자원봉사자 단체들의 협의회이다. 자원봉사센터의 주요 기관들의 역할은 〈표 10-3〉과 같다.

〈표 10-3〉 자원봉사 활동 관련 주요 기관의 비교

구 분	한국중앙자원봉사센터	한국자원봉사센터협회	한국자원봉사협의회
설립 연도	2010 (재단 법인 설립은 2019)	2001 (사단 법인)	1994 (사단 법인)
설립 주체	정부(행정안전부)	민간 자원봉사 단체	민간 자원봉사 단체
회원	–	지역 자원봉사센터	민간 자원봉 사단체
주요 기능 (활동)	• 시·도, 시·군·구 센터와 네트워크 구축 협력 • 지역 자원봉사센터 운영 활성화 지원 • 자원봉사센터의 홍보 및 국제 교류 • 자원봉사센터 관련 정책 개발, 조사·연구 • 1365 자원봉사 포털 시스템 관리 등 • 정부의 자원봉사 정책 지원·협조 • 기타 행안부 위탁 사항 • 재난 대응 및 지원 체계 구축	• 지역 자원봉사센터 간 정보 교류 및 협력 사업 • 자원봉사센터 직원 교육 및 권익 증진 • 자원봉사 관련 정책 개발 • 자원봉사 활동에 관한 조사연구 사업 • 국제 협력 및 교류 사업 • 자원봉사 활성화 및 홍보 • 기타 목적 달성에 필요한 사업과 위·수탁 사업 및 수익 사업 • 전국자원봉사센터들의 연합체(246개 센터 중 232개의 센터 참여)	• 민간 회원 단체 간 협력 및 지원 • 자원봉사 활동 진흥을 위한 대국민 홍보 및 국제 교류 • 자원봉사 활동과 관련된 정책 개발, 조사·연구 • 자원봉사 활동과 관련된 정책의 건의 • 기타 국가 및 지자체 위탁 사업(121개 단체 회원 가입): 2020년 12월 홈페이지상 125개 단체임

출처: 행정안전부(2020). 자원봉사 활성화를 위한 자원봉사센터 운영 지침.

3. 자원봉사센터의 운영

1) 자원봉사센터의 근무 인력

자원봉사센터 담당 업무는 원칙적으로 자치행정 업무를 담당하는 자치행정 부서에서 추진하고 있다. 자원봉사는 지역 발전, 사회복지, 환경, 교육, 재해 구조 등 다양한 분야에 걸쳐 있기에 이를 종합하고 연계하는 자치행정 담당과에서 추진하고 있고, 자치행정국 내 시민봉사과도 이에 해당한다. 자원봉사센터의 근무 인력은 지역의 인구 규모에 따라 대도시형, 중도시형, 소도시형으로 구분하고 있다. 행정안전부(2020)의 『자원봉사 활성화를 위한 자원봉사센터 운영 지침』에서는 상근 인원의 최저 기준을 〈표 10-4〉와 같이 제시하고 있다.

〈표 10-4〉 시·군·구 자원봉사센터의 상근 인원 최저 기준

<table>
<tr><th>구분</th><th>인구 규모</th><th colspan="4">상근 인원 최저 기준</th><th>비고</th></tr>
<tr><td rowspan="2">소도시형</td><td>5만 미만</td><td colspan="4">4명 이상</td><td></td></tr>
<tr><td>5만 이상 10만 미만</td><td colspan="4">5명 이상</td><td></td></tr>
<tr><td>중도시형</td><td>10만 이상 20만 미만</td><td colspan="4">8명 이상</td><td></td></tr>
<tr><td rowspan="3">대도시형</td><td>20만 이상 35만 미만</td><td rowspan="2">특별시
광역시
자치구</td><td>9명 이상</td><td rowspan="2">도 지역
일반 시</td><td>10명 이상</td><td></td></tr>
<tr><td>35만 이상 50만 미만</td><td>10명 이상</td><td>11명 이상</td><td></td></tr>
<tr><td>50만 이상</td><td colspan="4">12명 이상</td><td></td></tr>
<tr><td colspan="7">• 상근 인원에는 자원봉사 전문 요원을 포함
(예: 자원봉사 교육 코디네이터, 자원봉사 전산 코디네이터 등)
• 상근 인원은 전임 인력으로 공무원이 다른 사무와 겸임하는 경우는 제외함</td></tr>
</table>

출처: 행정안전부(2020). 자원봉사 활성화를 위한 자원봉사센터 운영 지침.

자원봉사센터 근무 인력은 공무원과 민간인으로 구성되는데 연도별로 공무원과 코디네이터를 포함한 민간인의 구성을 살펴보면 〈표 10-5〉와 같다. 2019년도

자원봉사센터 근무 인력은 총 1,653명으로 연도별로 살펴보면 근무 인력이 지속해서 증가하는 것을 볼 수 있다. 2019년 코디네이터를 포함하여 민간인은 1,506명(91.1%)이고, 공무원은 147명(8.9%)으로 구성되어 있다.

〈표 10-5〉 연도별 자원봉사센터 근무 인력 현황

(단위: 명)

구분	근무 인력		
	총계	공무원	민간인(코디 포함)
2010년	1,291	171(13.2%)	1,120(86.8%)
2011년	1,321	150(11.4%)	1,171(88.6%)
2012년	1,351	129(9.5%)	1,222(90.5%)
2013년	1,427	158(11.1%)	1,269(88.9%)
2014년	1,400	129(9.2%)	1,271(90.8%)
2015년	1,451	135(9.3%)	1,316(90.6%)
2016년	1,532	153(10%)	1,379(90%)
2017년	1,565	124(7.9%)	1,441(92.1%)
2018년	1,570	154(9.8%)	1,416(90.2%)
2019년	1,653	147(8.9%)	1,506(91.1%)

출처: 행정안전부(2020). 자원봉사 활성화를 위한 자원봉사센터 운영 지침.

2) 자원봉사센터의 조직

기초센터로서 지방자치 단체는 전체 인구, 자원봉사자 규모 등 지역 자원봉사 환경을 고려하여 자원봉사센터의 조직을 구성하게 된다. 자원봉사센터의 조직은 자원봉사센터장, 사무국(장), 운영 지원팀, 활동 지원팀, 기획 홍보팀으로 구성된다. 그리고 자원봉사센터의 원활한 운영을 위한 정책 결정 기구로 운영위원회(법인의 경우에는 이사회)를 구성하고 있다. 조직도는 [그림 10-2]와 같다.

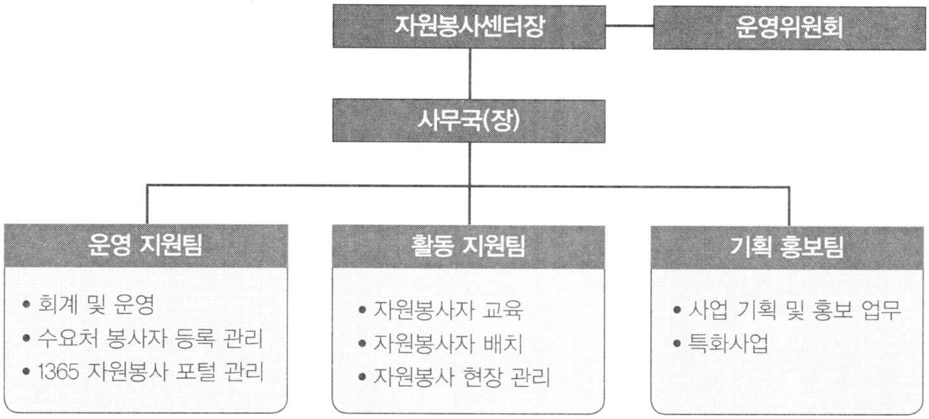

출처: 행정안전부(2020). 자원봉사 활성화를 위한 자원봉사센터 운영 지침.

[그림 10-2] 자원봉사센터 조직도

3) 자원봉사센터의 예산

지방자치단체는 「자원봉사활동 기본법」 제19조 및 동법 시행령 제15조에 의거하여 자원봉사센터 조직을 구성하는데, 전체 인구와 자원봉사자 규모 등 지역 자원봉사 환경을 고려하여 자원봉사센터의 조직을 구성해 운영하며 필요한 경비를 지원하게 된다. 자원봉사가 활성화된 다른 나라의 경우 자원봉사센터의 예산은 정부로부터의 재원, 기업의 기금, 센터 자체의 기금 조성 등 다양한 경로로 재정을 조달한다. 우리나라의 경우 예산의 수입원은 국가에서 지원하는 국비, 시·도에서 지원하는 시·도비, 시·군·구에서 지원하는 시·군·구비, 그리고 기타 재원으로 조달하게 된다. 광역센터의 경우 시·도비에 의존하고, 기초센터의 경우 시·군·구비에 의존한다. 2011년부터 연도별 자원봉사센터의 예산 구성 재원을 살펴보면 〈표 10-6〉과 같다.

〈표 10-6〉 연도별 자원봉사센터 재원 현황

(단위: 백만 원)

구분	재원별 현황				
	총계	국비	시도비	시군구비	기타
2011년	76,710	8,053	16,837	48,223	3,597
2012년	83,451	7,505	16,562	55,139	4,245
2013년	86,288	6,719	19,190	55,955	4,424
2014년	90,578	7,052	24,316	55,192	4,017
2015년	98,991	6,919	23,313	59,058	9,701
2016년	100,466	7,346	24,378	61,815	6,927
2017년	114,376	7,164	30,336	69,221	7,654
2018년	121,078	7,151	33,605	73,053	6,904
2019년	137,009	13,001	30,600	83,386	10,022

출처: 행정안전부(2020). 자원봉사센터 현황 자료집.

2019년도 자원봉사센터 예산을 재원별로 보면 시·군·구비 60.9%, 시·도비 22.3%, 국비 9.5%, 기타 7.5%로 자원봉사센터의 예산은 시·군·구비가 가장 많다. '자원봉사 활동 진흥을 위한 제3차 국가기본계획(2018~2022)'에서는 자원봉사센터의 재원을 다각화하기 위해 센터의 자자체 의존도를 완화하고 외부 공모 사업에 참여하거나 기업 공헌 사업과의 연계 등을 통한 민간 재원 활용 방안을 모색하도록 제안하고 있다. [그림 10-3]은 자원봉사센터의 예산 재원별 비율을 보여 주고 있다.

〈표 10-7〉은 연도별 자원봉사센터 예산 집행 현황을 보여 주고 있다. 자원봉사센터의 예산은 인건비, 센터 운영비, 자원봉사 사업비 등으로 구성된다. 2019년 예산 집행 비율은 [그림 10-4]와 같다.

〈표 10-7〉 연도별 자원봉사센터 예산 집행 현황

(단위: 백만 원)

구분	예산 집행 현황				
	총계	인건비	운영비	사업비	기타
2011년	73,001	28,182	11,300	33,519	
2012년	76,453	29,984	11,716	34,753	
2013년	81,626	35,018	11,992	34,616	
2014년	84,869	37,749	12,576	34,544	
2015년	92,317	41,216	12,901	38,199	
2016년	96,322	44,490	13,424	38,409	
2017년	113,518	48,542	14,373	50,602	
2018년	114,999	52,413	14,952	42,798	4,836
2019년	128,930	58,488	16,920	47,433	6,090

출처: 행정안전부(2020). 자원봉사센터 현황 자료집.

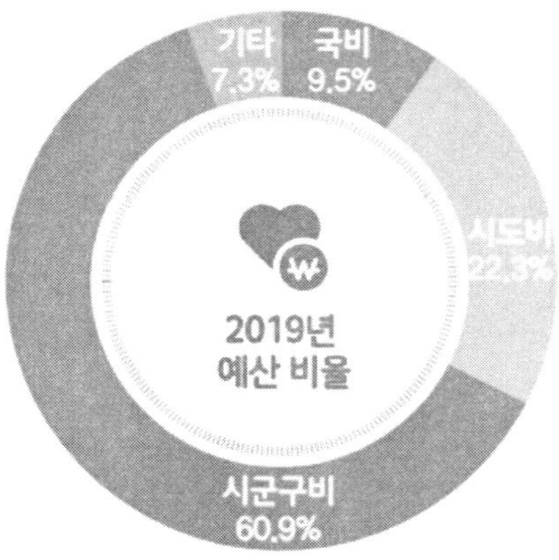

[그림 10-3]
2019년 자원봉사센터 예산 비율

[그림 10-4]
2019년 자원봉사센터 예산 집행 비율

출처: 행정안전부(2020). 자원봉사센터 현황 자료집.

4. 자원봉사센터의 업무

자원봉사센터는 지역 사회의 문제 해결을 위해 지역 내 자원봉사자들의 참여를 촉진하고 활성화하기 위한 다음과 같은 6가지 분야의 임무를 수행하고 있다.

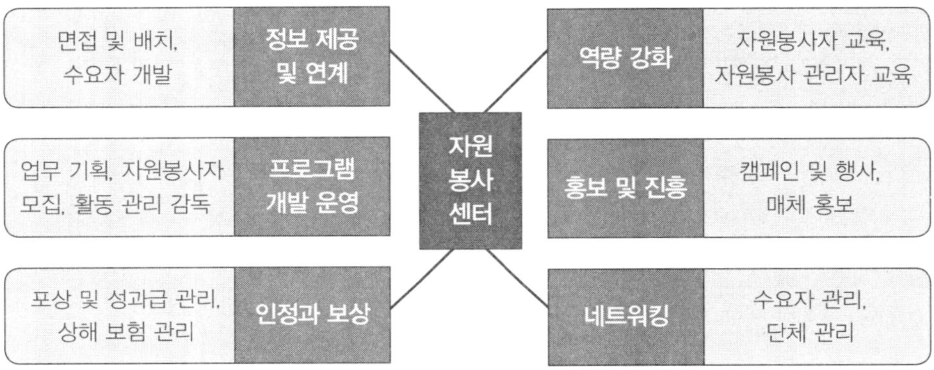

[그림 10-5] 자원봉사센터의 역할 모형

1) 자원봉사센터의 주요 사업

자원봉사센터는 지역 사회의 문제 해결을 위해 자원봉사 활동을 조정하는 중심적인 역할을 하게 되는데 지역 사회 내의 자원봉사자를 동원하여 정보 제공은 물론 상호 연계하고 관리하며, 이들이 자원봉사를 잘 할 수 있도록 역량을 강화하여 준다. 행정안전부(2020)의 『자원봉사 활성화를 위한 자원봉사센터 운영 지침』에 의하면 자원봉사센터의 주요 사업은 크게 업무 수행 방법과 자원봉사 활성화를 위한 지원 방안을 제시하고 있다.

(1) 자원봉사센터의 업무 수행 방법

행정안전부(2020)의 『자원봉사 활성화를 위한 자원봉사센터 운영 지침』에서 제시하는 업무 수행 방법을 유형별로 구분하면 〈표 10-8〉과 같다.

〈표 10-8〉 자원봉사센터의 업무 수행 방법

구분	사업 내용
연간 운영 계획 수립	• 전년도 개선 사항 및 수요 조사 결과를 반영하여 매년 2월 말까지 작성, 자원봉사센터 홈페이지를 통해 공개
자원봉사 활동 프로그램의 기획	• 지역 환경과 자원봉사자의 수요에 맞는 자원봉사 프로그램 개발 및 보급 • 센터별 지역 실정에 부합하는 특화된 자원봉사 프로그램을 개발, 보급함으로써 센터 운영의 활성화 도모 • 연 1회 시·도 단위로 지역 자원봉사 활동 관련 사전 조사 • 매년 자원봉사 우수 사례 발굴·홍보
기록 및 등록	• 지방자치 단체 자원봉사 업무 담당자 등록 권한 부여 • 자원봉사자(개인, 단체) 등록 • 자원봉사 단체의 시스템 등록 • 자원봉사 수요처 등록 • 자원봉사 일감 등록 • 자원봉사 실적 등록 • 자원봉사 정보 연계(초·중·고 회원들의 자원봉사 실적은 본인의 신청에 따라 교육부(NEIS)에 제공)
교육 및 훈련	• 자원봉사자 교육 및 훈련(기본 교육, 전문 교육, 보수 교육) • 자원봉사센터 실무자 교육
재난 대응 및 복구 활동 지원	• 재난 발생 시 자원봉사센터의 운영과 역할 • 재난 발생 시 자원봉사센터와 행정 부서 간의 역할 • 통합자원봉사지원단 구성 및 운영
기타	• 업무 수행 시 개인정보 보호 • 자원봉사 기록의 관리

출처: 행정안전부(2020), 자원봉사 활성화를 위한 자원봉사센터 운영 지침.

(2) 자원봉사 활성화 지원 사업

자원봉사 활성화를 위한 지원 방안으로 7가지 정도의 사업을 제안하고 있다. 이를 살펴보면 〈표 10-9〉와 같다.

〈표 10-9〉 자원봉사 활성화 지원 사업

구분	사업 내용
인정 프로그램 및 보상	• 법 제11조, 시행령 제15조에 의거 자원봉사 활동 인정 기준(기본 인증 기준, 주체별 인증 기준, 시간 인증 기준 등) • 자원봉사 인정 프로그램(정서적 인정, 기회의 인정, 상징적 인정, 간접적·경제적 인정, 사회적 인정 등) 운영 • 자원봉사 실적 관리를 통한 자원봉사자에 대한 사기 진작
자원봉사자 보험	• 법 제14조(자원봉사자의 보호): 국가·지자체는 자원봉사 활동이 안전한 환경 속에서 이루어질 수 있도록 노력 • 시행령 제10조(자원봉사자에 대한 보험 가입 등): 자원봉사 활동 중 발생한 자원봉사자 및 타인의 신체·재물의 손상에 대한 보호
자원봉사 코디네이터 운영	• 자원봉사 교육 코디네이터: 자원봉사 교육 과정 및 프로그램의 연구·개발·운용, 자원봉사자 상담 및 관리, 자원봉사 의식 고취 및 홍보 • 자원봉사 전산 코디네이터: 자원봉사 DB 구축 및 관리, 자원봉사 정보 시스템 운용(수요·공급 등 통계 관리)
자원봉사 홍보	• 자원봉사 활동의 가치, 방법 등을 홍보하여 지역 자원봉사 활동이 활성화되도록 노력 • 자원봉사 활동을 쉽게 접할 수 있도록 다양한 홍보 방안 강구 • 특히 2020년에는 『안녕 캠페인』에 대한 홍보: 지역의 네트워크 강화, 이웃의 안부, 안심, 안전을 확인하는 사회 문제 해결형 자원봉사 활동
자원봉사 유공자 포상	• 자원봉사 활동으로 국가와 사회에 이바지한 공로가 뚜렷한 자원봉사자, 자원봉사 단체 등에 포상
거점 운영	• 자원봉사 활성화를 위한 참여, 봉사, 나눔 활동의 전초 기지 역할 수행
자원봉사 현장의 인권 보호 책무	• 자원봉사 현장의 안전과 인권 보호를 위해 노력 • 자원봉사 현장의 인권 보장을 위한 방안을 모색하고 인권침해 행위에 대한 구제 절차를 마련

출처: 행정안전부(2020). 자원봉사 활성화를 위한 자원봉사센터 운영 지침.

특히 자원봉사자에게 자원봉사 활동에 대한 각종 인정 프로그램을 시행함으로써 자원봉사 활성화에 기여하게 되는데, 이를 유형별로 살펴보면 〈표 10-10〉과 같다. 이러한 다양한 인정 프로그램은 지자체별로 자율 시행하게 되어 있으며, 자원봉사자의 사기 진작에 도움이 된다.

〈표 10-10〉 자원봉사 인정 프로그램

유 형	인정 프로그램의 내용
정서적 인정	• 감사카드, 축하카드(생일, 성년 등), 연하장, 휴대폰 문자 등 • 언어적·비언어적 감사의 표시와 관심 표현
기회의 인정	• 국내외 행사 참석 기회, 보건소 무료 건강검진 기회 • 전문 심화 교육, 워크숍 참석 기회 • 국내외 연수, 테마여행 기회
상징적 인정	• 각종 기념품, 활동 조끼, 자원봉사자 수첩 제공 • 자원봉사자 배지(누적 봉사 활동 시간에 따른 금·은·동 배지) • 자원봉사자(리더) 명함 제작 또는 자원봉사 인증패 증정 • 이달의 모범 자원봉사자 선정 또는 봉사왕 선정 등
간접적·경제적 인정	• 주차 할인권, 공공 시설 및 복지관 프로그램 이용료 할인 • 놀이 공원 ·공연 관람료 할인 또는 무료 티켓 등 제공 • 할인 쿠폰 제공(할인 가맹점 이용)
사회적 인정	• 추천이나 추천서 제공 • 우수 자원봉사자 표창, 정부 포상 추천 • 지역 또는 전국적 미디어 활용 홍보 • 상급 학교 진학 시 경력 인정 • 자원봉사 활동 기록 및 자원봉사 명예의 전당 등재

2) 자원봉사센터의 이용

자원봉사를 원하는 사람들 누구나 자원봉사의 일감을 검색하기 편리하도록 자원봉사 정보 시스템을 구축하여 활용하고 있다.

1365 자원봉사 포털(www.1365.go.kr)의 경우, 1년간 3,000만 건 이상의 자원봉사 실적을 데이터로 생성하고 있다. 자원봉사센터는 이러한 자원봉사 정보 시스

템을 자원봉사 회원들의 정보 및 봉사 활동 프로그램을 관리·운영하는 데 활용할 수 있고, 교육 자료 등을 등록하여 이용할 수도 있다.

또한 자원봉사를 하려고 하는 사람들은 자원봉사 포털에 회원 가입을 하여 자신이 활동 가능한 봉사 활동을 조회하거나 신청할 수 있고, 자원봉사 수요처는 자원봉사센터에 수요처 등록을 신청하여 교육 이수 후 승인을 받아 자원봉사자를 모집할 수 있다. 자원봉사 활동 종료 이후에는 자원봉사자의 활동 실적을 입력하고 자원봉사센터에 봉사 참여자의 봉사 활동 참여 시간 승인을 요청하여 수락되면 자원봉사자가 자신의 봉사 활동 시간을 조회하고, 자원봉사 활동 확인서를 출력할 수 있다.

5. 자원봉사센터의 활성화 방안

1) 부처별 자원봉사센터의 효율적 운영

현재 행정안전부, 보건복지부, 여성가족부는 각각 서로 다른 이름으로 자원봉사센터를 운영하고 있고, 부처별 시스템을 사용하고 있다. 행정안전부는 1365 자원봉사 포털과 자원봉사센터를 운영하고 있고, 보건복지부는 사회복지자원봉사인증관리(VMS; Volunteer Management System) 시스템과 사회복지정보센터를 운영하고 있으며, 여성가족부는 청소년 자원봉사 관리 시스템 '두볼(DOVOL; Do Volunteer)'을 부처의 특성에 맞게 운영하며 청소년활동진흥센터를 운영하고 있다. 각 부처에 설립된 자원봉사센터가 연계성을 갖고 운영되도록 하는 것이 필요하다. 자원봉사자가 여러 자원봉사 시스템 내에 축적된 활동 실적을 연계하도록 하고 하나의 아이디(One-ID)로 로그인할 수 있도록 시스템을 구축할 필요가 있다.

2) 자원봉사센터의 전문 인력 교육

변화하는 환경에 능동적으로 대처하기 위해서는 역량 있는 자원봉사 관리자 교육이 필요하다. 자원봉사 관리자의 역량 강화를 위해서는 단순한 관리 업무 중심의 교육이 아니라 시민성이나 공공성 등 자원봉사의 새로운 가치, 변화하는 사회 환경에 대응할 수 있는 전략과 위기 관리 등의 교육이 필요하다(조철민, 2016).

3) 자원봉사센터의 향후 과제

자원봉사 활동 시간을 입력하고 관리하고, 자원봉사의 양을 증가시키는 것은 자원봉사센터의 성과이자 존재 이유를 설명하는 지표로 활용되고 있다. 이 때문에 자원봉사센터는 지속해서 자원봉사자 모집과 배치, 인증에 많은 시간을 할애하고 있다. 특히 최근에는 마을 만들기 활동이 전국적으로 활성화되고 있는데, 자원봉사센터가 주도적으로 담당했던 마을 단위 봉사 활동의 상당 부분이 중복되고 있다. 자원봉사센터가 어떠한 역할을 담당해야 할 것인지 정체성에 대한 대한 고민이 필요한 시점이며, 자원봉사센터의 중심 잡기가 앞으로 해결해야 할 과제라고 할 수 있다. 또한 지역 내에서 다양한 주체들과 관계망을 형성하여 지역 문제 해결을 위한 동반 관계, 공동체 자산을 활용하는 것도 필요할 것이다.

11장 시민 단체(NGO)와 자원봉사

시민 단체는 시민이 자발적으로 특정의 목적을 달성하기 위해 결성한 조직으로 국가나 시장이 아닌 제3의 섹터에서 자원봉사 활동을 통하여 비영리적 목적을 추구해 왔으며, 국내외적으로 다양한 사회 문제를 해결하고 사회 변화를 위해 노력해 왔다. 즉, 국가 혹은 정부의 역할만으로는 급변하는 사회적 변화와 문제에 대처하는 데 한계가 있으므로 시민 단체의 필요성이 요구되었다고 할 수 있다(현외성, 2017). 시민 단체의 자원봉사 활동에 대한 논의는 시민 단체의 정의와 이해에서 시작된다고 할 수 있다. 우리나라의 시민 단체는 기본적으로 비정부조직(Non-Governmental Organization: NGO)을 말한다. 따라서 시민 단체로서의 비정부조직의 의미와 특징을 먼저 살펴볼 필요가 있다.

1. NGO의 개념과 특징

NGO는 Non-Governmental Organization의 약자로 비정부기구, 비정부조직으로 번역할 수 있으며, 국제연합(UN)이 1950년 2월 경제사회이사회의 결의안

288조가 통과되면서 공식적으로 사용되기 시작한 용어로, 선진국을 중심으로 자원 활동을 하는 조직체를 지칭하는 말로 사용되었다(이재풍 외, 2019). 오늘날에 와서는 정부운영 기관이나 영리 단체를 제외한 모든 단체나 집단, 조직을 지칭하는 포괄적 개념으로 사용되고 있다. 한국에도 다양한 종류의 NGO 단체가 있는데, 중요 활동 분야로는 사회개혁, 사회복지, 환경·교통, 여성과 청소년, 소비자 생활, 교육·문화, 자원봉사, 생태, 생명 등이 있다.

NGO의 주요 활동 분야

■ 사회개혁적 분야
– 시민 단체의 활동이 사회 전반적 개혁에 초점을 두고 활동을 전개하는 것으로 참여연대, 경제정의실천연합(경실련), 정치개혁시민연대 등을 들 수 있음

■ 사회복지 분야
– 사회적 취약 계층의 이익을 대변하기 위한 단체로 사랑의 장기기증운동본부, 장애우권익문제연구소, 건강사회를 위한 약사회 등이 있음

■ 환경·교통 분야
– 우리가 살고 있는 지구의 환경 문제와 국토 오염 방지를 위해 설립된 단체로 환경운동연합, 녹색연합, 녹색교통운동 등이 있음

■ 소비자 생활 분야
– 녹색소비자연대, 한국소비생활연구원, 우리농산물살리기 운동본부 등이 있는데, 이들은 소비자를 보호하고 환경을 보호하는 것을 목적으로 하고 있으며, 또한 우리 농산물에 대한 소비 촉진과 건전한 소비문화 조성을 주장함

■ 교육·문화적 분야
– 훼손되어 가고 있는 문화유산을 보호하고 우리 역사 바로알기 운동을 전개하는 단체로 참교육을 위한 전국 학부모회와 열린문화운동시민연합 등이 있으며, 사교육 억제와 참교육을 주장하는 참교육학부모회가 있음

2. 한국의 NGO 현황

한국의 수많은 NGO가 1980년대 민주화 운동의 결과로 만들어졌다. 활동 영역별 NGO 현황은 〈표 11-1〉과 같다.

〈표 11-1〉 한국의 영역별 NGO 현황

활동 영역	주요 단체
환경	기독교환경운동연대, 녹색연합, 생명의숲국민운동, 한국그린크로스 한국야생동물보호협회, 환경운동연합, 환경정의시민연대
인권	강제동원진상규명시민연대, 민주사회를 위한 변호사모임, 민주화실천가족운동협의회, 인권운동사랑방, 한국정신대대책협의회
평화·통일	민족화해협력범국민협의회, 우리겨레하나되기운동본부, 우리민족서로돕기운동, 세계평화여성연합, 평화를 만드는 여성회
여성	대한YWCA연합회, 원불교여성회, 한국여성단체연합, 한국여성단체협의회, 한국여성 민우회, 한국여성의 전화연합, 화성여성정치문화연구소
예술·문화·체육	국민생활체육협의회, 두레, 문화연대, 범국민자전거생활진흥회, 여성문화예술기획, 자전거타기운동연합, 책사랑회
교육·연구	민족문제연구소, 인간교육실현학부모연대, 참교육위한전국학부모회, 학벌없는사회를 위한 광주시민모임, 한국인간교육원
정치·문화	공명선거실천시민운동협의회, 의회를 사랑하는 사람들, 정치개혁시민연대, 지방의정연구회, 한국여성유권자연맹
시민 계몽	기독교윤리실천운동, 성숙한사회가꾸기모임, 신사회공동선운동연합, 새마을운동중앙회, 정신개혁시민협의회, 한국장례문화개혁범국민협의회
의료·보건	사랑의장기기증운동본부, 새생명나눔실천회, 새생명찾아주기운동본부, 인도주의실천의사협의회, 청년한의사회, 한국금연운동협의회
청소년·아동	색동회, 청소년을위한 내일여성센터, 청소년폭력예방재단, 한국보이스카우트연맹, 한국걸스카우트연맹, 한국YMCA전국연맹
복지 일반	이웃을돕는사람들, 자비의집, 장애인권익문제연구소, 한국백혈병어린이재단
소비자 권리	녹색소비자연대, 소비자문제를 연구하는 시민의 모임, 한국소비자연맹

활동 영역	주요 단체
권력 감시	민주언론시민운동연합, 반부패국민연대, 부산참여자치연대, 사회를 위한 시민회의, 참여연대, 한국시청자연대회의
자원봉사	곰두리봉사대, 녹생어머니회, 부름의전화, 볼런티어21, 섬기는사람들, 생명의 전화, 자원봉사애원
경제 정의	경제정의실천시민연합, 한국납세자연맹, 함께하는 시민행동
노동·농민	가톨릭농민회, 우리밀살리기운동본부, 외국인노동자대책협의회, 외국인노동자의집, 전국귀농운동본부, 한국노동연대
교통	걷고싶은도시만들기시민연대, 교통문화운동본부, 녹색교통운동, 어린이교통안전협회, 자동차10년타기운동연합, 한국교통시민협회
공동체	다일공동체, 두레마을, 열린사회시민연합, 인드라망생명공동체, 한살림
국제 협력	굿네이버스, 글로벌케어, 선한사람들, 월드비전, 지구촌나눔운동, 세계청년봉사단, 한국국제기아대책기구, 한민족복지재단, 한국JTS
대안 사회	나무를심는사람들, 대안연대회의, 미내사클럽, 새문명아카데미
기타	독도수호대, 시민운동정보센터, 시민운동지원기금, 아름다운가게, 아름다운재단, 전국철거민협의회, 해비타트 한국지부, 한국청년연합회

출처: 김범수 외(2015).

3. NGO와 자원봉사 활동

NGO의 활동이 자원봉사 활동과 밀접하게 연결되어 있는 이유에는 그 태생적 근원이 시민 사회의 역할 수행에서 출발하였다는 것이다. 즉, 시민 단체와 주체가 되는 시민들이 자발적으로 조직을 결성하고 조직의 운영 대부분은 구성원의 자원봉사를 통해 활동이 이루어지는 특징을 가지고 있다는 것이다.

현대 사회는 정부나 기업의 역할만으로 감당할 수 없는 분야가 많아졌다. 자원봉사 분야는 활동의 정체성과도 맞닿아 있지만 국가 공권의 개입보다는 민간의 자율적, 자발적 활동에 의해 참여하는 것이 바람직한 것으로 이해되고 있다. 정부의 행정력이 미치지 못하는 부분과 관련된 문제, 정부가 감당하기 어려운 부분은 시민이 스스로 참여하여 해결할 수밖에 없다. 민주 사회의 발전은 사회 구성원의 공동체 의식과 지역 사회 주민의 상호 협조에 있다. 시민의 자발적 자원봉사 참여를 통하여 복지 공동체를 성숙시키는 것이 중요하다. 따라서 NGO의 자원봉사 활동은 시민 생활과 직접 관련 있는 분야뿐만 아니라, 국가적 과제에 이르기까지 다양한 주제와 영역에서 전개되고 있는데, 주요한 기대 효과를 살펴보면 다음과 같다.

NGO 자원봉사 활동의 기대 효과

- ■ 사회 공동체 역할의 약화 방지
  - NGO 자원봉사 활동은 사회 통합화와 안정을 유지시켜 주고, 사회적 약자의 사회 적응을 돕고 일탈을 막는 데 도움이 됨
- ■ 사회 문제 해결과 예방
  - NGO의 자원봉사 활동을 통해서 다양한 의견을 받아들임으로써 사회 문제 발생을 사전에 예방할 수 있음
- ■ 새로운 욕구의 발생에 대처
  - 현대 사회의 급속한 변화로 나타나는 새로운 욕구에 효과적으로 대처하기 위해 NGO의 활동을 통해 지역 주민의 의견을 능동적으로 수렴
- ■ 교육·복지의 증진과 사회 참여 확대
  - NGO의 자원봉사를 통해서 사회복지 서비스 제공에 참여하고, 나아가 민주주의 실현 및 사회 참여를 증진시키는 계기를 마련

4. 한국 NGO의 자원봉사 활동 발전 방향

1) NGO의 문제점

최근의 NGO는 상당한 위력을 발휘하고 있는데 그 긍정적 영향의 이면에는, 사회적 주목을 받기 위해 자신들의 존재 가치를 필요 이상으로 부각해야 한다는 강박 관념에서 사회를 왜곡하고 삶의 질이 악화되는 문제가 발생하기도 하였다.

다른 기관의 문제점을 인지하면 무섭게 비난하며 잘못을 시인하고 문제를 개선할 것을 요구하지만 정작 자신들의 문제 인식은 자각하지 못하고 있으며, 문제가 노출될 경우에도 오히려 권위주의적으로 대응한다. 보다 더 성숙한 시민단체로서 NGO가 자리매김하기 위해서는 각 단체의 성숙한 노력과 협력이 필요하다.

2) NGO 자원봉사 활동의 활성화 방안

사회복지 서비스에 있어 다양한 형태의 민간 참여는 복지 대상자들과 그 가족의 삶의 질을 향상시키는 데 중요한 역할을 한다. 정부나 지방자치 단체의 사회복지 서비스는 법령과 규정에 의거해 집행되기 때문에 상황의 변화에 민감하게 대응하기 어려우며 복지 대상자의 적격성 여부를 파악하는 데 일정 시간이 소요되는 한계가 있다. 반면 NGO의 서비스와 활동은 아동, 청소년, 노인, 장애인, 여성, 저소득 가정, 빈곤 등으로 그 대상이 다양하고, 분야도 광범위하여 복지 대상자를 선정하는 데 있어 사회적 변화를 반영하는 융통성과 신속함이 있다. 따라서 이러한 장점을 살리고, NGO의 다양한 활동의 효과를 높이는 데 있어 자원봉사 활동의 활성화를 위해 다음과 같은 방안을 제시한다.

(1) 조직의 역량 및 전문성 강화

사회 전반의 상황을 분석하고 여건 변화에 따른 자원봉사업의 방향 조정 및 프로그램 개발에 앞장서야 한다. 자원봉사자를 효율적으로 동원하고 기획할 수 있는 인적 자원의 확보를 통해서 시민과의 관계 구축, 자발적 참여를 도모한다. 이를 통해 실생활과 밀접하게 관련된 보편적이고 공감대를 형성할 수 있는 자원봉사 활동을 마련하고 강화한다.

(2) 정부·지방자치 단체의 재정 지원과 재정 자립을 위한 제도적 장치 마련

NGO 관련법 제정을 통해서 재정적 지원의 투명성과 공정성을 확보하고 회비나 후원금의 세금 감면 등을 통해서 재정의 자립을 위한 장치를 마련한다.

(3) 시민 단체 상호 간의 연대 체계 구축

NGO 상호 간 연대 체계 구축으로 시민의 힘을 집중시키고 문제 해결에 효과적, 효율적 대응하여 사회복지계의 전반적 발전을 도모할 수 있다. 오늘날은 교육, 복지, 문화, 정서 등을 통합하고 융합된 영역으로 접근해야 국민의 삶의 질을 높일 수 있다.

(4) 홍보 사업의 강화와 국제화

NGO에 대한 이해를 높이고 일반인의 인식 변화를 통해 적극적인 자원봉사 활동 참여를 유도한다. 또한 한국의 NGO 활동을 세계에 알리기 위한 각 단체의 국제화도 필요하다.

12장 자원봉사 학습

1. 청소년 자원봉사 활동과 봉사 학습

1) 청소년 자원봉사 활동의 제도화

청소년은 자원봉사 활동을 통해 개인적 만족감을 증진하고 사회 참여와 사회적 책임을 실천하는 경험을 하게 된다. 학교에서 배우는 교과 학습을 통해 얻은 지식과 기술을 바탕으로 지역 사회에 봉사 활동을 함으로써 배운 지식과 기술을 보다 실제적인 것으로 만들 수 있다.

1995년 5.31 교육개혁안이라 불리는 '신교육체제 수립을 위한 교육개혁 방안'에서 청소년 봉사 활동을 제도화하였다. 이후 1997년 7차 교육 과정부터 특별 활동으로 청소년 자원봉사 활동을 특별 활동 영역으로 편성하고 개인 또는 단체 수련 활동 및 자원봉사 활동의 내용과 참여 시간을 종합생활기록부에 기록하고 관리하도록 하였다. 2009년 개정 교육 과정에서는 이전의 재량 활동과 특별 활동을 통합하여 창의적 체험 활동이라 하였다. 창의적 체험 활동은 4가지 영역-자율

활동, 봉사 활동, 동아리 활동, 진로 활동-으로 구성하였는데, 그중 봉사 활동이 포함되었다.

2) 봉사 활동과 봉사 학습

미국에서는 1980년대부터 봉사 활동을 시민 윤리의 학습 과정에 응용하고 적용하였고, 봉사 활동(Community Service: 지역 사회 봉사)과 봉사 학습(Service-Learning)의 개념을 구분하고 학생들의 봉사 활동이 가져올 수 있는 교육적 효과, 방안, 요인 등에 관한 연구를 축적해 왔다.

미국 대학사회봉사협의회에서는 봉사 학습을 "지역 사회 봉사와 학문적 교수를 결합하여 가르치는 방법으로 비판적이고 반성적 사고와 시민적 책임감에 초점을 둔 것으로써 이러한 봉사 학습 프로그램을 통하여 학생들은 지역 사회의 요구를 다루는 조직적인 지역 사회 봉사에 참여하면서 학문적 기술과 책임감, 지역 사회에 대한 헌신을 발전시키는 것"이라고 정의하고 있다(이지현, 2014, 재인용).

봉사 학습은 참여자들이 지역 사회에서 하는 자원봉사 활동과 학습을 연결하는 것이다. 이는 교과 중심의 학교 교육 과정에서 행동에 의한 학습, 또는 경험에 의한 학습이라는 경험주의 교육 철학에서 유래된 개념이다. 1900년대 초 시민 교육에 대한 관점이 역사를 가르침으로 시민 교육을 강화할 것인가? 아니면 실제 사회 문제를 다루는 것이 효과적인가에 대한 갈등이 있었고, 1916년 미국에서 사회과라는 공식 명칭이 생기고 역사 과목 대신 사회 과목에서 시민 교육을 담당하게 된다. 1980년대 이후로는 봉사 활동을 시민 윤리의 학습 과정에 접목하고 봉사 활동의 반성적 숙고, 봉사 활동에 대한 사전 준비와 계획, 지속적인 봉사 활동 참여 등이 학습과 연계될 때 시민 교육에 이바지한다는 연구 결과를 축적하였다. 따라서 봉사 활동을 교육 과정과 연계시켜 봉사 활동을 봉사 학습으로 전환하여 시행하는 것이 현재 미국의 추세이다. 봉사 학습은 봉사 활동과 관련된 다양한 교과목을 연계하여 교과목에 대한 깊은 이해, 시민으로서의 책임감을 기르는 교육 활동이라 볼 수 있다.

3) 청소년 자원봉사 활동의 문제점과 기대 효과

학생들이 봉사 활동에 참여할 때 시행의 본래 취지와는 달리 형식적으로 이루어지고 있는 등 다양한 문제점이 나타나고 있다. 이제는 봉사 활동이 제도화되어 모든 학생이 봉사 활동을 해야 하는 상황으로, 이는 또 하나의 새로운 입시 과목이 되었다. 학생들이 봉사 활동을 할 수 있는 적합한 터전의 부족, 활동 거리의 부족, 봉사 활동의 대상을 바르게 인식하고 지원할 적절한 프로그램의 부족, 봉사 활동 후 활동이 형식적인 것에 그치는 등의 많은 문제들이 나타난다. 이를 정리해 살펴보면 다음과 같다.

첫째, 청소년들 개인에게 나타나는 문제 요소가 있다. 청소년들이 봉사 활동을 해야 하는데, 그들은 자원봉사에 대한 인식이 부족하고 봉사 활동 참여에 대한 이해와 준비가 미흡하다.

둘째, 서비스를 받는 기관에서 봉사 활동을 하는 참여자들에게 보람을 느끼도록 해야 하는데 이에 대한 계획과 준비는 물론, 자원봉사자를 지도하거나 감독하는 슈퍼바이저가 부족하다.

셋째, 청소년 자원봉사 활동이 전문적이고 체계적이지 못하며, 지역과 기관, 그리고 시설별로 프로그램과 교육이 산발적이다. 학생들이 참여하는 자원봉사가 일회적인 행사로 기획되거나 내용이 환경 정리처럼 단순한 활동에 국한되는 경우가 많기 때문에 이에 관한 연구와 프로그램 개발이 필요하다.

청소년들이 자원봉사 활동을 경험함으로 얻을 수 있는 기대 효과에 대하여 콘라드와 헤딘(Conrad & Hedin, 1989)은 개인적 성장과 발달, 지적 성장과 발달, 사회적 성장과 발달의 3가지 영역을 제시하였다.

〈표 12-1〉 자원봉사 활동의 영역별 기대 효과

영역	기대 효과
개인적 성장과 발달	자아 존중감, 개인적 유능감, 자아와 도덕 발달, 새로운 역할과 관심의 탐색, 새로운 도전의 수용과 위험의 감수, 가치와 신념의 수정과 강화, 책임감의 향상, 자기 행동의 결과에 대한 수용
지적 성장과 발달	기본적인 학업 기술(생각의 표현, 읽기, 계산하기), 높은 수준의 사고 기술(편견 없는 태도, 문제 해결, 비판적 사고), 봉사 경험과 직접적으로 관련된 내용과 기술, 경험으로부터 습득한 기술(관찰, 질문, 지식에 적용), 지식의 습득과 보유에 대한 동기, 책이나 강의를 통해서 설명할 수 없지만 꼭 알아야 할 통찰력, 판단 및 이해
사회적 성장과 발달	다른 사람의 복지에 대한 관심과 사회적 책임성, 정치적 유능성, 민주 시민의 참여 정신 함양, 자원봉사와 관련된 직업에 대한 지식과 탐색, 다양한 배경과 삶의 상황에 처해 있는 사람들에 대한 폭넓은 이해와 평가

출처: Conrad & Hedin(1989); 조복순(2005). p. 17. 재인용.

2. 봉사 학습 프로그램

1) 성공적인 봉사 학습의 특성

봉사 학습은 봉사 활동이 학습과 연계가 되어 있어야 하고, 봉사 참여자들의 적극적인 참여를 강조한다. 성인들의 자원봉사와 다르게 학교의 교육 과정과 연계하고 통합적인 관점으로 보아야 한다. 즉, 학생들이 학교에서 배운 이론적인 지식 이해(knowing)를 바탕으로 학교와 지역 사회가 안고 있는 문제점을 인식하고 해결하려는 노력 등으로 이론이 실천적 지식으로 이해되어야 하며, 다른 사람을 돕는 것을 배우는 경험(doing)을 실행하고 그 경험에서 느낀 점과 결과를 반성적 고찰을 통해 봉사 학습의 목표인 인성과 시민성 등을 갖춘 사람이 되는(being) 것이 진정한 봉사 학습이라고 볼 수 있다.

Maryland Student Service Alliance(2004)에서는 80명의 봉사 학습 프로그램 진행 교사를 대상으로 인터뷰를 진행하고 설문하여, 성공적인 봉사 학습의 특성을 다음의 7가지 항목으로 정리하였다(연윤영, 2012, p. 7, 재인용).

첫째, 성공적인 봉사 학습 프로그램은 지역 사회의 욕구와 프로그램의 목적이 연결되어 있다. 지역 사회의 욕구를 확인하고, 그 욕구가 참여자들의 활동에 개인적인 의미가 있거나 중요한 가치를 부여할 때 프로그램의 지속성과 영향이 증가하였다.

둘째, 봉사 학습 프로그램은 교육적으로 성취할 수 있는 목적이 있어야 한다. 봉사와 학습의 연결이 긴밀하고, 학습한 지식과 기술을 실제로 적용할 수 있게 될 때 성공적이다.

셋째, 봉사 학습 경험이 봉사 활동 참여자들에게 반성적 고찰을 가져올 때 성공적이다. 즉, 봉사 활동을 통해 참여자들은 더 깊은 사고를 하게 되고 자신과 사회와의 관계, 학습한 지식을 실제로 지역 사회에 적용하게 될 때 성공적이다.

넷째, 성공적인 봉사 학습 프로그램은 학생의 책임감과 리더십을 향상시킨다.

다섯째, 봉사 학습은 참여자들에게 그들이 거주하고 있는 지역 사회, 나아가서는 지구촌에 대해 배울 수 있는 경험적 기회를 제공해 준다. 봉사 활동을 통해 만나게 되는 다양한 영역의 사람들을 통해 참여자들은 진로를 탐색할 수 있고, 사람들과의 협력을 배우게 된다.

여섯째, 성공적인 봉사 학습 프로그램은 계획이 필요하다. 지역 사회 봉사 활동과 학습과의 연계가 이뤄질 수 있도록 봉사 학습을 시작하기 전에 구체적인 계획을 세울 필요가 있다.

일곱째, 성공적인 봉사 활동 참여자들은 봉사 학습을 통해 시민으로서 필요한 지식과 기술을 가지게 된다.

2) 봉사 학습 프로그램의 요소

덕켄필드와 스완슨(Duckenfield & Swanson, 1992)은 봉사 학습의 주요 절차를 준비, 실행, 성찰, 축하 의식의 4단계로 나누었다(김은경, 2007, p. 9, 재인용).

첫째, 준비(preparation) 단계는 봉사 활동에서 기대하는 목표를 설정하는 등의 계획을 하는 단계이다. 이 단계에서 참여자들은 오리엔테이션, 프로젝트 선정과 계획을 하게 된다.

둘째, 실행(action) 단계는 봉사 활동을 하는 단계로, 봉사 활동은 학생들의 발달에 적절해야 하며 참여자들에게 의미를 부여할 수 있어야 한다. 또한 학업적 연계가 적절해야 하고 학생들이 책임감을 가지도록 해야 한다.

셋째, 성찰(reflection) 단계는 학생들이 자신들이 수행한 봉사 활동의 경험을 되짚어 보고 활동 일지를 작성하고 다른 사람과 경험을 나누도록 한다. 성찰은 반성적 사고와 같은 개념으로, 이 단계의 성찰을 통해 봉사 활동에 참여한 학생들은 학업적 기술을 향상시키고 심리적으로 발달하게 된다.

넷째, 축하 의식(celebration) 단계는 봉사 활동에 참여한 학생들의 결과물을 인정하고 축하하며 마무리하는 것이다. 상이나 인정서, 봉사 수혜자와 함께 축하하기 등으로 이루어진다.

로버츠(Roberts, 2002)는 봉사 학습의 절차를 ① 봉사 학습 활동 거리의 탐색, ② 교사와 학생이 봉사 활동을 준비하고 계획, ③ 계획에 따른 실행, ④ 봉사 활동 경험을 바탕으로 성찰하는 기회, ⑤ 봉사 학습 활동을 타인들과 함께 서로 칭찬하거나 인정, 또는 발표나 기념의 5단계로 제시하고, 각 단계마다 성찰과 평가가 지속적으로 이루어져야 한다고 하였다(홍경준, 2017, p. 8, 재인용).

이상에서 살펴보면, 봉사 학습에서 가장 핵심적인 요소는 성찰이다. 학습자들은 성찰을 통해 학습 내용과 그들이 경험한 것을 통합할 수 있다. 성찰은 봉사 활동을 단순한 체험이 아니라 진정한 학습으로 만들고, 내면의 변화를 가져오게 한다.

이지현(2014)은 교과와 연결된 봉사 학습 프로그램의 개발을 크게 4단계로 개념화하였다.

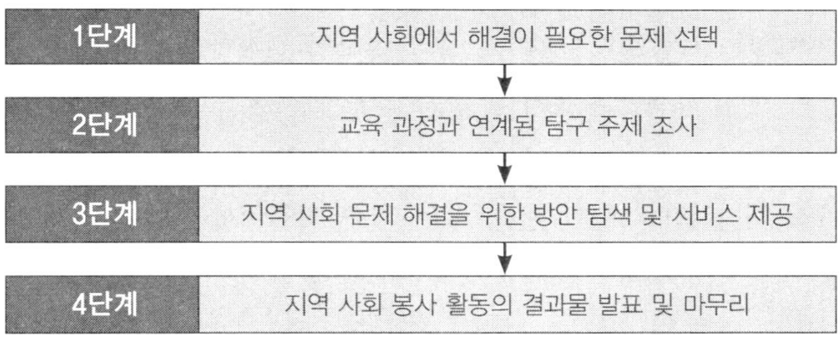

출처: 이지현(2014). p. 20.

[그림 12-1] 봉사 학습 프로그램의 개발

첫 번째 단계로 지역 사회에서 해결이 필요한 문제를 택하는 단계이다. 해결해야 할 문제의 선택에는 지역 사회와 학생들의 요구를 바탕으로 문제를 선정하는 방법과 교육 과정을 분석하여 지역 사회와의 연계성을 고려하여 문제를 선정하는 방법이 있다. 이 단계에서 프로그램 개발자는 지역 사회의 해당 문제와 교과와의 관련이 있어야 하고, 해결해야 할 문제가 현실적으로 실행 가능한지에 대한 것을 고려해야 한다. 문제를 선택할 때 학생들이 의사 결정에 적극적으로 참여하도록 해야 한다.

두 번째 단계로 지역 사회의 문제가 설정되면 학생들은 그 문제들과 교과와 연결하여 지식과 이해를 탐구하게 된다.

세 번째 단계로 학생들은 앞 단계에서 탐구한 지역 사회 문제들에 대한 지식과 이해를 바탕으로 문제를 어떻게 해결할 수 있는지, 자신들이 무엇을 할 수 있는지를 탐색하고 지역 사회 기관들과 협의하여 도움이 필요한 곳에 서비스를 제공한다. 학생들이 서비스를 제공하는 유형은 직접 봉사를 하는 경우, 간접적으로 봉사를 하는 경우, 옹호 및 시민 행동으로 참여하는 경우로 나눌 수 있다. 구체적인 봉사 유형 및 활동의 예는 〈표 12-2〉와 같다.

네 번째 단계로 학생들이 지역 사회 봉사 활동을 마친 후 그 지역 사회 문제 해결과 관련이 있는 사람들과 수혜자들을 초청하여 결과물을 공유하고 마무리 활동을 하도록 한다. 학생들은 봉사 활동을 통해 배운 점들, 발견하게 된 점들을 반성적 사고(reflective thinking)를 통해 학습 경험으로 삼는다. 이 단계에서 반성적 사고가 가장 핵심적인 사항이 된다. 봉사 학습 과정에서 일어나는 개인적 성장, 지적 성장, 사회적 성장과 발달은 반성적 사고를 통한 것이다. 반성적 사고는 봉사 활동을 단순한 체험에서 진정한 학습으로 이끌어 주는 역할을 한다.

〈표 12-2〉 봉사 유형과 활동의 예

봉사 유형	봉사 활동 설명
직접 봉사	• 학생들이 지역 사회 인사들이나 기관들과 협력하여 직접 봉사를 제공하는 방식 예) 지역의 양로원이나 도움이 필요한 단체 방문하기
간접 봉사	• 문제에 대한 자원을 이끌어 내는 활동 예) 수혜자들을 위한 바자회 및 후원자 탐색 등을 통한 기금 마련 마련된 자금이나 자원들을 필요한 기관에 전달하기
옹호 및 시민 행동	• 문제의 원인을 제거하는 활동, 사회적 논쟁거리를 많은 사람에게 알리는 행동 예) 사회적 논쟁거리와 관련된 공직에 있는 사람들에게 편지쓰기 법률 개정을 위한 활동에 참여하기 사회적 쟁점이 되는 사안에 대해 다른 사람들에게 설명하기 여론 조사 등을 통해 정치적인 의사결정 과정에 참여하기

출처: 이경숙(2002). p. 54.

3. 봉사 학습 프로그램의 사례

2015년 개정된 창의적 체험 활동 교육 과정(교육부 고시 제2015-74호)에서는 봉사 활동의 목표를 "이웃과 지역 사회를 위한 나눔과 배려의 봉사 활동을 실천하고, 자연환경을 보존하는 생활 습관을 형성하여 더불어 사는 삶의 가치를 체득한다."라고 하였다. 초등학교에서는 봉사 활동의 의의와 가치의 중요성에 대한 이해와 실천에 활동의 중점을 두게 되어 있다. 중학교와 고등학교에서는 학생들이 더불어 사는 삶의 가치를 실현하고, 자신의 취미와 특기를 활용하여 다른 사람들, 학교, 지역 사회 및 환경에 대한 봉사를 실천하는 데 활동의 중점을 두게 되어 있다.

또한 이 같은 봉사 활동의 목표 아래 이웃돕기 활동, 환경보호 활동, 캠페인 활동 등 봉사 활동의 영역을 나누고, 다음과 같이 영역별 구체적인 활동 목표를 제시하고 있다.

첫째, 이웃돕기 활동에서는 타인을 이해하고 배려할 수 있는 의사소통 역량과 공동체적 역량을 신장한다. 둘째, 환경보호 활동에서는 자연환경을 보호하는 마음과 공공 시설을 아끼는 마음을 기른다. 셋째, 캠페인 활동에서는 사회 현상에 관심을 가지고 참여함으로써 사회적 역할과 책임을 분담하고 사회 발전에 이바지하는 태도를 기른다.

우리나라에서도 봉사 학습 프로그램을 사회복지의 입장에서, 교사의 관점에서 개발하는 연구들이 나오기 시작하였는데, 여기에서는 학교 교육 과정과 연계한 봉사 학습 프로그램을 소개한다.

1) 중학교 도덕 과목과 연계한 봉사 학습 프로그램

연윤영(2012)은 중학생을 대상으로 교과 과정과 연계한 청소년 봉사 학습 프로그램을 구성하였다. 중등 교육 과정의 도덕 교과와 지역 사회 봉사 활동 경험, 그리고 반성 토론과 피드백의 3가지 구성 요소를 가지고 8회기의 프로그램을 개발하였다(p. 19).

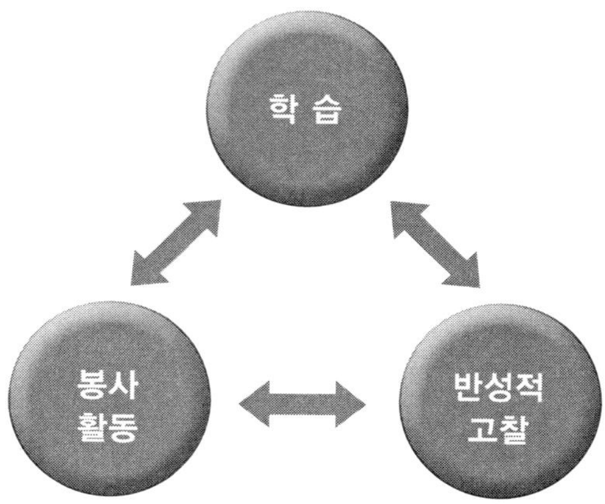

출처: 연윤영(2012). p. 17.

[그림 12-2] 교과 과정과 연계한 봉사 학습의 구성 요소

(1) 봉사 학습 프로그램의 개요

- **대상 :** 중학교 1학년

- **교육 과정 연계 :** 도덕 교과 1단원 '인간과 도덕'

- **봉사 학습 프로그램 목적**

봉사 학습을 바탕으로 참여 청소년에게 학습 경험과 관련한 다양한 도덕적 판단의 기회를 제공하며, 이를 통해 참여 청소년에게 학습과 지역 사회 봉사 활동 연계를 통해 지역 사회 참여를 촉진하고 참여 청소년들이 자기 효능감과 이타성, 사회적 책임감이 향상되도록 한다.

- **봉사 학습 프로그램 목표**

첫째, 도덕 교과에 제시된 도덕적 판단과 토론에 따라 생활 속의 도덕적 문제를 파악한다. (K: Knowing)
둘째, 파악된 도덕적 문제를 봉사 학습에 근거한 자원봉사 활동 방법에 적용하여 실천한다. (D: Doing)
셋째, 학습과 봉사의 연계를 통한 청소년의 참여를 통해 자기 효능감과 이타성 및 사회적 책임감을 향상시킨다. (B: Being)

(2) 봉사 학습 프로그램의 세부 내용

봉사 학습 프로그램의 세부 내용은 다음의 〈표 12-3〉과 같다.

〈표 12-3〉 도덕 교과와 연계한 청소년 봉사 학습 프로그램

구분	회기	목적	목표	교육 내용
교육 단계	1	1. 프로그램을 이해한다. 2. 봉사 학습에 근거한 봉사 활동을 이해한다.	1. 오리엔테이션을 통해 프로그램을 이해하고 참여 동기를 강화한다. 2. 효과적인 봉사 활동의 과정에 대해 이해한다.	– 프로그램의 목적 설명 – 상호 소개 및 친밀감 형성하기 – 자원봉사의 의미와 과정에 대해 이해 – 나는 어떤 자원봉사자인가? 강점 탐색
	2	1. 지역 사회 욕구와 연계한 교과 과정 강의 : 삶에서 도덕의 역할을 이해한다. (중학교 1학년 도덕 교과)	1. 청소년기에 도덕이 가지는 의미를 이해한다. 2. 다양한 욕구를 탐색하고 욕구와 당위를 구별할 수 있다. 3. 도덕적 탐구 방법에 대한 이해를 바탕으로 도덕적 문제의 본질을 이해한다.	– 도덕이 가지는 의미에 대해 브레인스토밍을 통해 이해 – 개인과 지역 사회가 가지는 다양한 욕구들에 대해 마인드맵을 통해 당위와 구별 – 지역 사회 도덕적 문제에 대해 인터넷, 신문, 문헌 등을 활용하여 조사 – 도덕적 토론을 통해 문제의 본질 이해
	3	1. 다양한 지역 사회 참여 방안을 이해하고 적절한 방법을 선택할 수 있다.	1. 다양한 지역 사회 방법들에 대해 이해한다. 2. 선택한 주제에 적절한 지역 사회 방법을 선택한다. 3. 지역 사회 참여 계획을 세운다.	– 모둠원과 도덕적 토론 과정을 통해 파악된 욕구 우선순위 정하기 – 지역 사회 참여 방법들에 대해 이해하고 선택한 주제에 대한 참여 방법을 선택 – 참여 방법에 따라 계획을 세우고 역할을 분담

구분	회기	목적	목표	교육 내용
	4	1. 협동하여 봉사 활동을 준비한다.	1. 모둠원과 조화롭게 협동한다. 2. 봉사 활동 계획 및 준비를 마무리한다.	– 모둠원과 토의 과정을 통해 욕구 우선순위에 따른 활동 탐색하기(서비스 중복 여부) – 토의를 통해 모둠원의 역량과 환경을 고려한 활동 선택하기 – 활동 계획 세우기(강점 및 환경 고려, 실현 가능성, 평가 방법 등) – 역할 분담
교육–경험 학습–성찰 단계	5	1. 의미 있는 봉사 활동을 실천한다.	1. 모둠원이 서로 협동하여 봉사 활동을 실천한다. 2. 봉사 활동에 대한 즉각적 평가를 시행한다. 3. 평가를 반영한 봉사 활동을 실천한다. 4. 봉사 활동에 적합한 사회적 상호 작용 방법을 활용한다.	– 모둠별 계획된 자원봉사 실천 – 진행자와 모둠원은 모둠별 자원봉사 활동 모니터링 – 실천한 자원봉사 활동에 대한 즉각적 평가
	6			– 평가 내용을 바탕으로 계획 수정 및 보완하기 – 실천 준비하기(필요한 준비물, 역할 분담 등)
	7			– 모둠별 보완 및 수정된 내용의 자원봉사 실천 – 진행자와 모둠원은 모둠별 자원봉사 활동 모니터링 – 실천한 자원봉사 활동에 대한 즉각적 평가
평가 단계	8	1. 반성적 사고를 통한 이타성 및 사회적 책임감 향상	1. 사회적 상호 작용과 봉사 활동 내용에 대해 연계하여 평가한다. 2. 활동 및 프로그램 참여에 대해 참여자, 관찰자 간에 피드백을 주고받는다. 3. 자신이 성찰한 내용을 기록한다.	– 마인드맵 그리기 활동을 통해 학습과 봉사 활동을 평가 – 자원봉사 활동에 대한 지역 사회 관련 사람들(친구, 가족, 이웃, 선생님)로부터 피드백 – 프로그램 참여 소감문 작성 및 발표하기 – 전체 프로그램 정리하기 – 수료증 수여

출처: 연윤영(2014). p. 20.

(3) 봉사 학습 프로그램의 결과

총 8회기의 봉사 학습 프로그램을 주 2회, 4주간 실시하며 봉사 학습 프로그램의 효과성을 연구한 결과, 실험 집단에 참가한 학생들의 자기 효능감, 이타성 및 사회적 책임감이 유의미하게 증가하였는데 그중에서 특히 자기 효능감 향상에 매우 효과적이라는 결론을 얻었다.

2) 탈학문적 접근에서 계획된 초등학교 봉사 학습 프로그램

이지현(2014)은 2013년 선행 연구로 초등학교 3학년을 대상으로 '우리 고장 홍보대사 프로젝트', '안전한 학교 만들기'라는 두 가지 봉사 학습 프로그램을 개발하였다. 이 봉사 학습 프로그램을 시행하며 문제점과 보완점을 도출하였고, 이후 2014년 2차 봉사 학습 프로그램으로 '민주 시민성'이라는 학습 영역과 '지역 사회 문제 해결'을 주제로 하여 교과 통합적으로 교육 과정을 구성, 30차시 분량의 봉사 학습 프로그램을 개발 시행하였다(p. 42).

(1) 봉사 학습 프로그램의 개요

- **대상 :** 초등학교 4학년
- **학습 영역 :** 민주 시민성(citizenship)
- **프로그램 주제 :** 지역 사회 문제 해결
- **교육 과정 연계 :** 사회, 국어, 수학, 미술, 음악, 창의 체험 활동

• 봉사 학습 프로그램 목적

함께 해결해야 할 공동의 문제, 즉, 정치 문제를 해결하는 바람직한 방법으로서 민주주의에 대한 기초적 이해를 바탕으로 선거의 필요성과 과정, 원칙을 이해하고 다양한 지역 문제를 민주적으로 해결할 수 있는 실천적 능력을 기른다.

• 봉사 학습 프로그램 목표

첫째, 우리가 사는 지역 사회 혹은 지역 사회 주변에서 발생하는 다양한 문제와 그 원인을 조사하여 알아본 후 이를 민주적으로 해결해 가는 과정을 이해하도록 한다.

둘째, 지역의 대표를 뽑는 선거의 필요성과 과정, 원칙을 이해하고 실천하는 과정을 통해 지역 대표와 유권자의 바람직한 역할과 자세를 이해한다.

셋째, 지방자치와 지방자치단체의 의미, 지방자치단체의 종류와 하는 일을 지역의 다양한 사례를 바탕으로 이해한다.

넷째, 후보자 또는 유권자가 되어 지역 사회 문제를 해결하기 위한 어린이 지역 대표를 선출하고 지방 정부와 지방 의회를 조직하는 활동을 통해 공동의 문제를 민주적인 방법으로 해결할 수 있는 실천적 능력을 기른다.

(2) 봉사 학습 프로그램의 세부 내용

한 가지 주제를 가지고 교육 과정을 통합적으로 운영하여 사회, 국어, 수학, 미술, 음악 등 5과목을 중심으로 학습 프로그램을 개발하고, 각각의 차시에 대한 학습 계획안을 작성하였다. 프로그램의 세부 내용은 〈표 12-4〉와 같다.

〈표 12-4〉 지역 사회 문제 해결을 위한 교과 통합 봉사 학습 프로그램

차시	교과 통합 재구성	활동 내용
1~2	사회+국어	• 학급의 문제를 민주적으로 해결하는 방법 알아보기 – 토의 절차 알아보기 – 토의에 적합한 주제를 정하고 토의를 통해 문제 해결하기 (예: 우리 반 이름 정하기, 급식에서 먹기 싫은 음식을 남겨도 좋은가 등)
3	–	• 영화 '아름다운 세상을 위하여' 도입부 감상 • 지역에서 일어날 수 있는 다양한 문제와 그로 인한 어려움 짐작하기 • 지역 문제를 민주적으로 해결하는 과정 파악하기
4~5	사회+국어	• 지역 사회 탐방하기: 가자! ㅇㅇ기자단 – 우리 마을 곳곳을 돌아다니며 문제점 파악하기 – 사진, 동영상, 설문조사 팀으로 각각 나누어 프로젝트 학습
6~7	사회+국어+수학	• 지역 사회의 문제를 기준을 정하여 분석하기(장소별, 상황별) • 분석한 자료를 바탕으로 신문기사 작성하기(사진, 기사문, 그래프)
8	사회+국어+연극(창의 체험)	• 문제 해결에 있어 주민 참여의 중요성 이해하기: 창의 연극 • 우수 주민 자치 사례 살펴보기(주민 자치 우수 사례집 참고)
9	사회+국어	• 『초딩, 자전거 길을 만들다』 책을 읽고 내용 파악하기 • 해결 방법을 찾아 독후 활동하기
10	사회+국어+창의 체험	• ㅇㅇ천의 위치와 당면한 문제 조사 – ㅇㅇ천 복원 사업 및 주민들의 문제 해결 사례 조사하기 – 오염된 하천을 정화하는 방법 탐구(EM 흙 공)
11~13	사회+국어+수학	• 프로젝트 계약서 작성하기 • ㅇㅇ산 가는 길에서 발생한 여러 문제 분석하기 • 읽는 이를 고려하여 의견과 근거가 드러나게 제안하는 글쓰기
14	과학+미술+사회	• EM 흙 공 제작 및 하천 살리기 – 구청, 주민센터에 EM 흙 공으로 원적산 가는 길 살리기 프로젝트 추진계획 알리기 – EM 흙 공 제작하기 – EM 흙 공 던지기 및 자연 정화 활동
15	사회+미술+국어	• 선거의 필요성 및 선거 과정 알기 • 선거 원칙 알기(소책자, 노래, 만화 제작)

차시	교과 통합 재구성	활동 내용
16	사회+국어	• 대표 선출 기준 토의하기 – 리더의 자질은?: 사회적 이슈(세월호 사건) + 스토리텔링 『멋진 반장이 될래요』 동화 연계 수업
17~20	사회+국어+미술 +음악	• 정당을 만들어 선거 홍보 벽보를 만들고 연설문 작성하기 • 선거 운동하기 • 선거하기 • 대표자와 유권자의 역할 발표하기
21	사회+창의 체험	• 지방자치단체의 종류 알기 • 우리 지역의 지방자치단체 알기
22~23	사회+국어+미술	• 지방 의회가 하는 일 알아보기 • 지방 정부가 하는 일 알아보기 • 지방 의회와 지방 정부가 하는 일을 만화로 나타내기
24~25	사회+국어	• 지방 의회와 지방 정부 구성하기 • 지역의 문제를 선정하여 의회와 정부의 역할 해 보기
26~30	사회+국어+창의 체험	• 지역 사회 문제 해결 과정에 대한 발표 자료 제작하기 • 발표를 통해 해결 사례를 공유하고 토의를 통해 성찰 • 성찰 일기 작성 및 발표

출처: 이지현(2014). pp. 42-68.

(3) 봉사 학습 프로그램의 결과

한 가지 주제를 가지고 교육 과정을 통합적으로 운영하여 사회, 국어, 수학, 미술, 음악 등 5과목을 중심으로 학습 프로그램을 개발하였는데, 세부적으로는 창의 연극 등 창의 체험 활동과 하천 살리기 운동에 관한 직접적인 봉사 활동을 시행하였고, ○○산 가는 길에 대한 정화를 위해 옹호 및 시민 행동을 보이는 봉사 활동을 진행하였다. 이 같은 봉사 학습 프로그램의 시행 결과, 초등학교 학생들이 지역 사회의 문제를 지역 사회의 주인이 되어 적극적으로 해결해 나가고자 하는 태도와 의지를 보였고, 민주 시민성과 관련된 인식과 태도에 긍정적인 변화가 나타났다.

13장
활동 주체별 자원봉사 활동

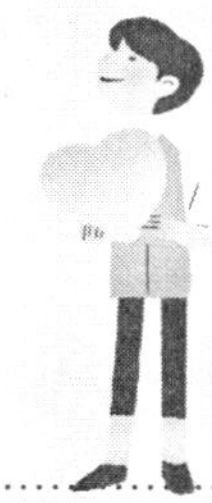

1. 대학의 자원봉사 활동

1) 대학 자원봉사 활동의 의의와 필요성

대학의 자원봉사는 대학이 사회의 구성원으로서 사회의 욕구와 필요에 봉사해야 한다는 이념을 실현하는 방법이며, 치열한 경쟁 사회 속에서 다음 세대를 이끌어 나갈 대학생들에게 사회 각 분야에 대한 실천적 경험과 인간과 환경에 대한 통합적 이해 능력 및 종합적 사고의 폭을 넓혀 주는 교육적 가치를 실현시켜 준다는 점에서 의의가 크다고 할 수 있다. 따라서 대학의 자원봉사 활동은 단순히 이웃에게 도움을 주는 활동이라는 좁은 인식의 틀을 벗어나 대학의 모든 과정에 체계적으로 확대시켜 나가야 할 과제인 것이다.

대학생의 측면에서 자원봉사 활동은 무한한 잠재력과 가능성을 지니고 있기에 보다 체계적이며 전문적인 활동을 통해 자원봉사 활동을 촉진시켜야 한다. 이는 초, 중, 고등학교로부터 실천되기 시작하는 자원봉사 제도의 긍정적 정착을 위해서라도 매우 중요하다.

한편, 대학 자원봉사 활동은 학생들의 바른 인성과 성숙한 자아 형성을 돕는 활동이며, 대학 생활 동안 여러 사람들과 협력하고 사람들이 직면한 다양한 문제를 발견함으로써 가정과 사회를 새롭게 바라볼 수 있는 시각을 학습한다는 점에서 다른 주체의 봉사와 크게 구별된다(이재풍 외, 2019).

이외에도 대학 자원봉사는 학생들의 전문 지식 및 기술의 적용과 연마를 지원하는 활동이다. 사회적 책임감과 사회 지도자로서의 능력을 배양하는 활동이기도 하며, 봉사 활동을 통해 사회 문제와 사회 발전에 대한 올바른 이해와 인식을 가질 수 있다.

또한 봉사 활동을 통해 자신의 가치관을 정립하고, 구체적이면서도 확실한 직업을 선택하게 되는 중요한 계기가 마련되기도 한다. 그래서 일부 대학교는 이를 시간제로 학점화하여 운영하기도 하고, 봉사 동아리를 양성화하여 봉사 활동의 기회를 학생들이 많이 가질 수 있도록 지원하기도 한다.

2) 대학 자원봉사 활동의 현황 및 유형

대학의 자원봉사 활동은 점차 유형의 범위를 확대하여 왔다. 해방 이후 문맹퇴치를 위한 야학, 방학이나 농번기를 활용한 농촌 일손 돕기, 의료 봉사나 전문교육 등의 활동을 전개하였으며, 각종 사회 단체나 기관에서 나름대로 자원봉사 활동을 수행해 왔다. 이렇듯 대학 자원봉사 활동은 사회에 다양한 방법으로 진행, 확대해 왔으며 어느 계층보다 활발하고 든든함을 보여 주었다. 대학의 전공별 자원봉사 활동의 유형은 〈표 13-1〉과 같다.

〈표 13-1〉 대학의 전공별 자원봉사 활동 유형

전공 학과	봉사 활동	봉사 대상	파트너	비고
어문학 계열	학습 지도	초·중·고교생	교육청, 초·중·고교	
	성인교육	성인	복지관, 공공 기관, 민간 단체	문맹 퇴치, 외국어교육, 재소자 재활교육
	행정 지원	공공, 민간 단체	공공, 민간 단체	편지, 서류 작성, 번역
신문방송학	홍보	공공, 민간 단체	공공, 민간 단체	소식지 제작
법학과	법률 상담	저소득층, 민간 단체	민간 단체, 정부 기관	
	재소자 상담, 갱생 보호	재소자	민간 단체, 정부 기관	
경영학과	경영기술 지도	중소기업	중소기업청, 상공회의소	중소기업, 경영 향상 지원
	모금 마케팅 지원	민간 단체	민간 단체	
정치학과	공명선거 캠페인	민간 단체, 선거관리위원회	민간 단체, 선거관리위원회	선거 감시, 행정 지원, 캠페인
	의정 활동 감시	각급 회의	시민 단체	
체육학과	건강, 체력 관리, 레크리에이션	노인	구청노인복지과, 사회체육센터, 노인복지 시설	
의예/ 간호학과	건강 관리, 무의촌 진료	저소득층 무료 진료, 건강교육	보건소, 간호사 및 의사협회	
공예학과	학습 도구 제작	조기 교실, 특수학교	교육청, 특수학교, 장애인복지 단체	

출처: 한국대학사회봉사협의회(2013).

3) 대학 자원봉사 활동의 활성화 방안

- 대학의 자원봉사 활동 활성화를 위한 자원봉사 관련 전담 기구 설치와 전문 인력의 배치
- 자원봉사에 대한 체계화된 지도와 교육, 훈련을 통해 자원봉사의 동기 부여와 전공을 심화하고 삶의 의미를 찾는 데 도움을 주도록 함
- 전공과 연계된 맞춤형 자원봉사 프로그램 개발
- 자원봉사 교과목의 필수화 확대
- 학점 또는 장학생 선정 시, 졸업 요건 가산점 등 인센티브 제도 적극 활용

2. 청소년의 자원봉사 활동

1) 청소년 자원봉사 활동의 의의와 필요성

청소년은 보통 연령적으로 12세에서 24세 정도의 아동기에서 성인기로 전환되어 가는 과정의 사람들을 말한다. 따라서 중·고·대학생의 나이에 해당되는 자를 중심으로 이들의 자원봉사 활동을 살펴보고자 한다.

청소년 자원봉사라 함은 청소년 자신의 정신적·육체적 자원을 활용하여 자발적인 의도로 타인이나 사회를 위하여 어떠한 대가를 요구하지 않으면서 일정한 기간 동안 지속적으로 봉사를 수행하는 것을 말한다.

청소년기는 자아 정체성과 도덕성을 통합시킬 수 있는 시기로 사회 접촉의 기회를 제공하는 일환이 되기에 청소년들의 건전한 성장을 돕기 위해 자원봉사 활동은 반드시 필요한 일이라 할 수 있다. 즉, 청소년기의 자원봉사 활동은 자신의 인성 발달 면에서 긍정적인 영향을 주며 자아 정체성의 향상과 타인에 대한 긍정적 태도가 향상된다. 또한 자원봉사 활동을 통한 경험과 교육은 청소년의 올바른 도덕관과 자아정체감, 그리고 책임 있는 사회인으로서의 역할을 다할 수 있도록 돕기 위해 필요한 것이다.

청소년 자원봉사 활동의 필요성

- 사회성 발달에 도움을 준다.
- 지도력 향상의 기회를 가진다.
- 공동체 의식을 함양해 준다.
- 민주 시민으로서의 자질을 갖추게 된다.
- 사회생활에 필요한 직업에 대한 탐색과 준비를 하게 한다.
- 학교에서의 교과 학습 내용을 확인하고 강화할 수 있는 기회를 준다.
- 청소년들의 취미 향상을 도모하고 여가를 활용할 수 있다.
- 건강하게 성장할 수 있게 도움을 주며 불건전한 일탈 행동을 예방한다.

2) 청소년 자원봉사 활동의 현황 및 유형

청소년들의 자원봉사 활동 실태를 조사한 'VMS 사회복지 자원봉사 통계 연보'에 따르면, 10대 이하가 35.2%로 가장 높은 비율을 보였고, 다음으로 20대(31.5%), 40대(9.1%) 순으로 나타나 전 연령층 중 청소년들의 자원봉사 활동 분포가 높은 것으로 나타났다. 학생들의 자원봉사 현황 분포로는 고등학생이 39.3%로 가장 높은 비율을 나타냈고, 중학생이 31.0%, 대학생 25.3%의 순으로 나타났다(VMS 사회복지 자원봉사 통계 연보, 2017).

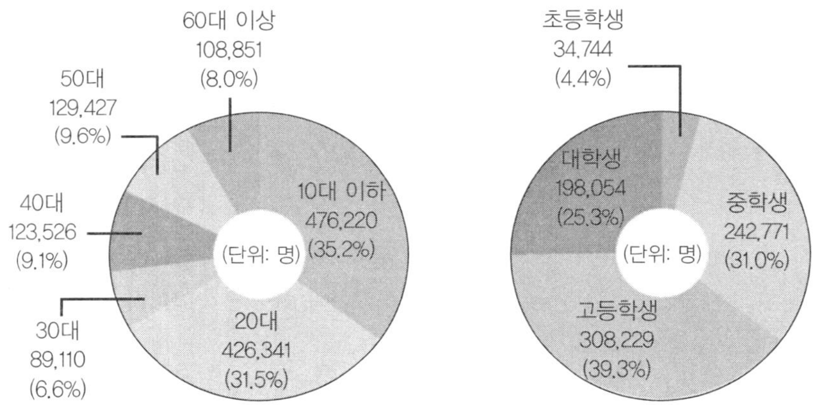

출처: VMS 사회복지 자원봉사 통계 연보(2017).

[그림 13-1] 청소년 자원봉사 현황(연령별/유형별)

청소년의 자원봉사 활동은 일상생활 속에서 이루어지도록 해야 한다. 학교 공부를 끝내고 쉽게 찾아 할 수 있어야 하며, 크게 부담이 없으면서 배운다는 생각이 강하게 일어날 수 있는 동기 부여적 성격의 유형들이 마련되어야 할 것이다. 일반적인 청소년의 자원봉사 활동의 유형을 살펴보면 〈표 13-2〉와 같은 것들이 있다.

〈표 13-2〉 청소년 자원봉사 활동 유형

구분	자원봉사 활동의 내용
심부름 봉사	• 재가 노인, 장애인 가정 등을 방문하여 심부름과 일상적인 청소 및 함께 이야기하고 함께 놀이하기
장애인 돕기	• 장애인들과 관련된 재활 작업의 보조 활동이나 장애인들의 심부름 도와주기 • 장애인의 집 안과 주변 청소 돕기
적십자 봉사 활동	• 적십자사 헌혈 캠페인 참가 • 범죄, 사고 등의 희생자 및 가족들을 돌보는 일과 복구 작업에 참여, 위생 소독을 돕는 활동
자선 및 위로 행사	• 사회복지 시설 방문을 통해 영아원, 양로원, 요양원, 병원 등에서 생활하는 사람들을 직접 도와주거나 말벗이 되어 주는 활동
공공 기관 대행	• 공공 기관의 신청 서류 대행 및 노인들에 대한 대필 등의 지원 활동
급식 서비스	• 무료 급식소 및 복지관의 노인 급식 서비스에 대한 보조 활동 등으로 급식 현장에 투입되어 실천
학교 봉사 활동	• 동급생이나 저학년의 학생들 중 보충 학습 지도 • 학습 능력이 부족한 학생들에게 개인 보충 지도

출처: 유용식 외(2016).

3) 청소년 자원봉사 활동의 활성화 방안

- 청소년들의 특성에 적합한 봉사 활동 프로그램의 개발이 필요
- 자원봉사 활동 참여 이전에 이론 교육을 충분히 제공하여 봉사 활동의 참여 동기와 자발적 참여가 이루어질 수 있도록 함
- 학교, 청소년 단체 및 시설, 봉사 활동 기관 간의 협력과 연계

3. 노인의 자원봉사 활동

1) 노인 자원봉사 활동의 의의와 필요성

노년기는 개인의 삶을 결론짓는 중요한 시기이며 우리 모두가 노년기를 보내게 된다는 일반성이 있다는 점에서 볼 때, 활기차고 보람된 노년기를 향유하는 것은 개개인의 인생에 있어서 행복한 삶의 영위와 성공적 노년을 위해 긍정적으로 영향을 미친다고 할 수 있다. 이러한 측면에서 자원봉사 활동을 적극적으로 활용하는 것은 큰 의미가 있다.

노인 자원봉사 활동이란, 노인이 자원봉사의 주체가 되는 노인에 의한 자원봉사 활동을 말한다. 노인은 자원봉사 활동으로 여가 시간의 활용과 사회 참여를 통한 사회 통합적인 활동으로 건강의 유지는 물론, 다양한 경험을 사회에 환원하는 계기가 될 수 있으며, 고독과 역할 상실의 문제를 해결할 수 있다. 또한 지역사회 공동체 의식을 강화하고, 비노년층이 노년층을 바라보는 시선에도 변화를 가져와 노인에 대한 긍정적인 인식을 심어 줄 수 있다.

2) 노인 자원봉사 활동의 현황 및 유형

우리나라 노년층의 자원봉사 활동 및 관심은 점차 증가하는 추세로 2017년 통계청 자료에 따르면, 60대 이상의 자원봉사 활동은 전년도 대비 11.3% 증가하였다. 노인 여성의 자원봉사 참여율(10.8%)이 노인 남성(4.3%)에 비해 높은 편이며, 1인당 평균 50시간 이상으로 타 연령층 대비 2배 이상 높은 것으로 나타났다. 아래의 〈표 13-3-1〉에 나타났듯이, 인구 대비 참여율은 60대 12%, 70대 11%로 나타났다.

〈표 13-3-1〉 노인 자원봉사자의 현황

연령	인구	등록 인원	활동 인원	인구대비율	등록률	활동률
60대 이상	6,310,651명	943,432명	254,218명	12%	15%	27%
70대 이상	5,481,299명	591,910명	102,914명	11%	11%	17%

출처: 1365 자원봉사포털(2020). 등록기준(2019년).

※ 등록 인원: 조회 연도까지 자원봉사자로 등록된 인원수

활동 인원: 조회 연도에 1회 이상 자원봉사에 참여한 인원수

인구대비율: 전체 인구 중 해당 연령대가 차지하는 비율

노인 자원봉사 활동의 유형과 내용은 〈표 13-3-2〉와 같다.

〈표 13-3-2〉 노인 자원봉사 활동의 유형

구분	전문 영역	단순 전문 영역	일반 영역
상담 및 교육	• 자문 및 전문 상담	• 단순 상담 • 상담 및 교육에 필요한 사무 보조	• 생활 상담, 인간관계 조정, 심리적 원조
정치, 법, 경영	• 공무원, 국회의원, 지방의회의원 등에 노인복지 자문 및 정보 제공 • 법률 상담 및 자문, 퇴직자 활용 중소기업 활성화 프로그램 개발 및 자문	• 부정선거 감시, 선거사무소 보조 • 법률 상담 및 자문 업무 보조	• 투표, 개표 참관인 활동
보건, 의료	• 보건의료 전문적 상담 • 진료(은퇴 의사)	• 병원 업무 보조, 호스피스	• 환자 방문, 환자 동행, 건강정보 전화 서비스
예술, 문화, 레크리에이션	• 음악교육, 판소리 지도 • 민요, 가요, 무용, 레크리에이션 지도	• 노인 합창단, 예술단 구성 위문 공연 • 박물관, 미술관 안내, 홍보, 노인운동 지도 보조	• 지역문화재 보호 관리 • 문화 행사, 노인운동 행사 지원
대인 서비스	• 식이요법 지도 • 점역 서비스 • 케어, 가사 서비스	• 전기제품 수리 • 의류 수선 • 이미용 서비스 • 거동 불편자 운전	• 우호 방문, 말벗 • 음식 배달, 시장보기 지원 • 영아 돌보기

구분	전문 영역	단순 전문 영역	일반 영역
환경 보호, 교통, 청소년 지도, 소비자 보호	• 환경교육, 환경오염 조사 • 교통 관련 자문 • 성폭력 상담 • 소비물품 상담	• 환경교육 및 환경오염 조사 보조 • 교통자문 보조 • 소비자 상담 보조	• 쓰레기 줍기, 노인 교통 정리 • 유해 환경 조사, 불량상품 고발, 우리 농산물 애용 운동
구호사업, 국제협력	• 외국어 통역, 안내 • 자료 번역	• 긴급 구호	• 119 전화 당번, 난민 구호 • 금품 기증, 국제 협력 행사 지원

출처: 최덕경 외(2013).

3) 노인 자원봉사 활동의 활성화 방안

노인 자원봉사 활동은 개인적, 사회적으로 유익하다는 점에서 선진국을 중심으로 국가의 지원에 힘입어 활성화되는 추세이다. 그러나 아직도 우리나라는 상대적으로 노인들의 자원봉사 참여율이 낮은 수준에 머물러 활성화되지 못한 상황이다. 이렇듯 상대적으로 노인들의 자원봉사 활동 참여가 활성화되지 못한 가장 주된 요인을 뽑자면 건강 및 경제 수준과 관련되어 있으나, 우리나라 노인들의 심리적 특성으로 권위주의적 성향이 강한 점, 봉사 활동에 대한 홍보와 인식 부족, 노년층에 적합한 다양한 봉사프로그램의 부족과 노인의 욕구를 반영한 프로그램 개발의 미흡, 사회적 지원 체계와 제도적 장치의 부족 등을 들 수 있다.

우리나라 노인의 자원봉사 활동을 활성화하기 위해서는 다음과 같은 방안을 통해 노력해야 할 것이다.

- 노인의 자원봉사 활동 의식 전환과 동기 부여를 높이기 위해 홍보와 교육 강화
- 노인의 특성 및 요구가 반영된 맞춤형 자원봉사 프로그램 개발
- 노인 자원봉사 활동의 지속적 참여와 확대를 위해 사회적·국가적 차원에서의 지원 체계 확립

4. 기업의 자원봉사 활동

1) 기업 자원봉사 활동의 의의와 필요성

기업의 자원봉사는 기업 구성원의 활동과 기업의 활동으로 구분된다. 구성원의 활동은 과거에는 주로 기업의 정책적 유도로 이루어졌으나 최근에는 부서 단위의 자발적 모임으로 결성되기도 한다. 따라서 기업의 임직원들과 퇴직자들이 자발적으로 지역 사회 또는 사회복지 조직에 공식적으로 지원하는 활동을 우리는 기업의 자원봉사라고 할 수 있다(남기철, 2007).

2) 기업 자원봉사 활동의 현황 및 유형

(1) 기업 자원봉사 활동의 현황

기업 차원에서의 자원봉사 활동은 사회 구성원들에게 기업의 선한 이미지를 갖게 하며, 이는 곧 신뢰하는 기업으로 인정하므로 결국 선순환의 결과를 낳아 더 많은 이윤을 창출할 수 있는 계기가 된다(최덕경 외, 2013).

기업의 자원봉사 활동은 CEO가 자원봉사에 대한 관심을 가지고 있을 때 회사의 임직원 및 그 가족에게까지 자원봉사에 대한 인식과 시너지 효과를 쉽게 확산할 수 있다는 이점이 있다(조휘일, 2000). 우리나라에서는 1994년 10월 19일에 창설된 삼성봉사단 출범 이후 기업 내에 체계적인 봉사 조직이 구성되어 지출액도 현재 기업 규모에 따라 수십억에서 수천억 규모에 이르고 있다.

(2) 기업 자원봉사 활동의 유형

- 사회적 일자리: 교보생명 교보다솜이 간병봉사단
- 지역 사회 사회공헌 활동: GS칼텍스 원어민영어교실
- 기업 자원봉사 활동: 포스코 기업 자원봉사 활동

- 자선 기부: 이랜드복지재단 물품 지원
- 전문자원봉사단: SK 프로보노(Pro Bono Publico: 공익을 위하여)
- 기업의 특성을 살린 자원봉사: 웅진, 한국야쿠르트, 대상

3) 기업 자원봉사 활동의 활성화 방안

- 기업의 정책에 자원봉사 활동을 적극 반영
- 자원봉사 활성화를 위해 기업 내 자원봉사 전담 기구 설치와 전담 직원 배치
- 봉사 활동의 성과를 높이기 위해 개인과 경비 지원의 매칭 제도 도입
- 우수 자원봉사자에 대한 인정 및 포상 제도
- 자원봉사 유급 휴가, 휴직 제도의 시행

현대 사회는 단순히 일부 집단의 부(富)의 축적보다는 사회에 적극적으로 공헌하는 가치 있는 삶을 요구하고 있다. 더 많은 기업들이 노블리스 오블리주(noblesse oblige: 가진 자의 도덕적 의무)를 지켜 나갈 때 기업과 사회가 함께 발전해 나갈 것이다.

5. 종교 기관의 자원봉사 활동

1) 종교 기관 자원봉사 활동의 의의와 필요성

우리나라는 전쟁으로 인한 빈곤, 고아, 질병 등의 문제가 발생할 당시에 선교단체가 주류를 이룬 외국원조 단체의 개입으로 근대적 의미의 사회복지 활동이 전개되었으며, 특히 개신교와 같은 종교계가 교육, 의료, 구제 등 복지 사업을 담당하여 왔으며 현재까지도 사회복지 분야에 많은 기여를 하고 있다는 점에서 의의가 크다고 할 수 있다. 이는 향후에도 사회복지의 다양한 욕구 충족에 있어서 지속적으로 종교계의 역할을 기대한다는 의미가 된다. 사실 종교계의 사회복지 참여는 교세의 증가와도 밀접한 상관관계가 있음이 보고되었다(유장춘, 2004).

결국 지역 사회에서 풍부한 자원과 정보를 갖고 있는 종교 기관의 자원봉사 활동은 종교 이념의 실현은 물론, 당면한 교세 정체의 문제 해결을 위한 시대적 대안이며 국가의 공적 복지 체계의 보완적 역할이라는 점에서 의의가 있다.

종교가 갖고 있는 사랑과 자비의 이념은 사회복지의 기본 이념과 맞닿아 있음에도 불구하고, 그동안 자원봉사 활동에 있어서 한국의 종교계는 본질적 기능이 아닌 교세 확장의 차원에서 행해진 것이 사실이다. 그런데 교세 확장 둔화의 현상을 겪고 있는 최근에는 종교의 본질인 사랑과 자비의 가치를 구체적으로 실천하고자 하는 모습으로의 필요성이 대두되고 있다. 따라서 종교 기관에서의 자원봉사 활동은 평등과 이타주의, 소외된 이웃을 위하고 자비를 행하는 종교의 본질적 이념 실현이라는 점에서 중요성이 더욱 크다.

2) 종교 기관 자원봉사 활동의 현황 및 유형

종교 기관의 자원봉사 활동은 그동안 종교계 및 기관별로 활동을 하는 이유로 객관적 파악이 어려운 것이 현실이다. 자원봉사자의 종교별 참여율을 살펴보면 개신교 32.7%, 불교 21.4%, 가톨릭 19.9%의 순으로 나타났으나(한국자원봉사단체협의회, 2002), 분명한 점은 우리나라 사회복지 활동의 많은 부분이 종교 단체에 의하여 실시되고 있고 많은 인력이 종교인이라는 것이다.

〈표 13-4〉 종교 기관의 자원봉사 활동 유형

종교 단체명	자원봉사 활동 유형
개신교	• 서해안 살리기(방제 작업, 생태 복원, 주민 위로, 아동 지원 등) • 거리의 성탄절 • 국제 구호(미얀마, 중국 등) • 북한 구호(밀가루, 비료 지원) • 태백 구호(가뭄 피해 극복 지원) • 연대 사업(아프가니스탄 지원, 생명사랑 실천운동, 지역봉사단 조직) • 화해와 위로(용산참사 중재, 논현동 고시원 참사 희생사 위로)
불교	• 자원봉사자 특화교육(자원봉사시민대학) • 자원봉사자 파견 및 배치 사업 • 국내외 구호 사업(독거노인 · 소년소녀가장 후원 사업, 무료 급식소 운영, 결식아동 지원 사업, 실직 가정 지원 사업, 북한동포 돕기, 인도 및 태국 어린이 구호 사업 등) • 환경 운동(은행나무 심기, 녹색살림) • 생명사랑 운동(낙태반대 운동)
가톨릭	• 해외 원조 • 헌혈증 지원 사업 • 긴급 구호 • 제대혈 등록 사업 • 국제봉사단 • 장기 기증 및 이식 대기자 지원 사업 • 달팽이 사진관 • 무료 개안 • 자살예방센터 • 백혈병 어린이 돕기

출처: 최덕경 외(2013).

3) 종교 기관 자원봉사 활동의 문제점 및 활성화 방안

그동안 개신교계는 양적인 성장에만 치중하여 헌신과 봉사만을 강조한 나머지 자원봉사 활동을 소홀히 한 점이 없지 않다. 이는 자원봉사에 대한 지출이 적은 점(5~7%)에서 맥을 같이한다. 이와 관련하여 목회자들은 교회 예산의 10% 이상은 되어야 한다고 인식하고 있다. 그리고 교회 내 자원봉사 활동을 전담하는 인력이 거의 없다. 불교계는 타 종교에 비하여 사회복지에 대한 이해의 결여로 인해 역량에 비해서 자원봉사 활동의 참여가 미진하다는 지적을 많이 받는다. 가톨릭도 이와 유사한 문제점을 갖고 있는데, 특히 신부에 대한 사회복지 교육 미흡과 신자들의 사회복지에 대한 인식 부족 등이 지적되고 있다. 따라서 우리나라의 종교 기관 자원봉사 활동의 활성화를 위한 발전 과제를 종합하면 아래와 같다.

첫째, 종교계 전체의 보유 자원에 대한 총량 파악이 선행되어야 한다. 체계적인 자원봉사 활동은 물적·인적·시설 자원에 대한 파악이 이루어져야 할 것이다.

둘째, 종교계 성직자들의 자원봉사 이해 교육의 시행이다. 사회복지에 대한 열의에 비해 복지 사회 구현을 위한 전문적인 훈련과 교육을 받은 성직자들이 많지 않아 비전문성이 문제되고 있기 때문이다.

셋째, 지역사회협의체에 종교 단체가 참여를 해야 한다.

넷째, 종교계의 자원봉사 활동을 위한 총괄 및 전담 기구가 설치되어야 한다.

6. 전문직의 자원봉사 활동

1) 전문직 자원봉사 활동의 의의와 필요성

전문직 자원봉사 활동이란 전문 직업을 가진 개인 또는 집단의 자원봉사 활동을 의미한다. 전문직은 일반적으로 대학 및 대학원 교육 과정 수준의 정규 교육 또는 훈련을 필요로 하는 직무 능력으로 정의되며, 준전문직은 기술전문교육 과정 수준의 직무 능력으로 정의된다(표갑수, 2012).

최근의 자원봉사 활동은 스스로 찾아오는 사람을 접수하여 활용하는 차원을 넘어서 자원봉사 인력을 개발하기 위해 전문직 종사자나 각 분야의 숙련자들을 참여시키려는 추세가 증가하고 있다(박태영 외, 2015). 전문직 종사자들의 자원봉사 활동이 더욱 강조되고 있는 것은 전문직들이 복지 서비스 제공에 필요한 전문적 기술이나 지식을 공유하고 있어 자원봉사 대상자에게 고급화된 양질의 서비스를 제공할 수 있을 뿐만 아니라 자원봉사 활동에 유리한 많은 장점을 가지고 있기 때문이다(김명숙, 2000). 즉, 전문직 자원봉사는 전문적 지식과 기술을 가지고 있기에 자원봉사에 대한 서비스의 확대와 함께 질적 향상을 가져오게 되어 문제해결을 위한 자원을 동원하는 데 효과적이다.

2) 전문직 자원봉사 활동의 현황 및 유형

전문 직업별 자원봉사 활동의 유형은 종교, 사회복지, 교육, 의료, 법, 심리 분야 등으로 나누어 볼 수 있다. 기술 관련 자원봉사 활동은 어학, 예능, 이미용, 전문자격 기술 활용 등이 있으며, 정신 관련 자원봉사 활동은 격려, 상담, 조언 등이 있고 이 밖에도 성직자, 의사, 변호사, 약사, 각종 전문가의 자문 등이 있다.

3) 전문직 자원봉사 활동의 활성화 방안

- 전문가 단체와의 협력을 강화함
- 전문직 종사자들은 지역 사회에서 자신들의 활동을 인정받기 원하는 경향이 있으므로 그 욕구를 충족시켜 주어야 함
- 다양한 자원봉사 프로그램을 개발하여 전문직 자원봉사자들의 유입을 활성화시킴
- 전문가들이 보유한 재능 및 지식과 기술을 접목시켜 자원봉사 프로그램을 제공함
- 전문직에 대한 정보 공유 체계가 구축되어야 함

7. 여성의 자원봉사 활동

1) 여성 자원봉사 활동의 의의와 필요성

여성의 자원봉사는 다양한 기술과 잠재력을 가지고 있다는 평가 때문에 이들의 사회 참여를 중요하게 인식하고 있다. 뿐만 아니라 여성의 자원봉사 활동은 자녀 세대에 대하여 긍정적 모델링 역할을 제공하며 미래 노년기를 바람직하게 보내기 위해서도 꼭 필요한 활동이다(최덕경 외, 2013).

자원봉사 활동은 여성에게 지역 사회 발전과 공공의 복지 증진을 위한 사회 참여의 잠재적 능력을 발휘할 수 있는 계기가 된다는 점에서 의의가 크다. 또한 중년기 여성의 경우는 자원봉사 활동을 통해 사회생활에서 타인과의 의미 있는 인간관계를 형성하게 되어 갱년기에 느끼는 심리적 상실감 등을 긍정적 측면에서 극복하는 데 많은 도움이 될 수 있다. 그리고 여성의 적극적인 사회 참여를 통해 사회 문제를 해결하는 데 기여하고, 생활 속에서 자원봉사 활동의 실현과 분위기 조성에 기여할 수 있다는 장점을 갖고 있다. 아울러 이러한 과정을 통하여 여성 자신의 인격 성장과 잠재 능력을 개발할 수 있는 기회가 되기도 한다.

2) 여성 자원봉사 활동의 유형

여성의 자원봉사는 아동에서부터 노인에 이르기까지 모든 영역으로 활동 범위가 넓다. 이 가운데 특히 가정폭력, 미혼모, 성폭력 여성 등 사회적 보호가 필요한 분야가 대표적 영역이라 할 수 있다. 또한 가족 분야의 자원봉사로 한부모가족, 이혼가족, 조손가족, 다문화가족 등 사회의 도움이 절실히 필요한 가족의 기능과 역할을 보완 또는 대체하는 데 적합하다.

그러나 그동안 여성의 자원봉사 프로그램들이 사회복지 시설을 중심으로 취약계층을 대상으로 하는 노력 봉사나 각종 행사 보조, 불우이웃 방문, 가사 원조 등의 비전문적인 단순 분야에 치중하고 있어, 전문적 활동으로의 확보가 미흡하고 봉사자들의 자긍심을 높이기에 부족한 점이 있다.

3) 여성 자원봉사 활동의 활성화 방안

- 자원봉사자 자신의 자아실현은 물론 잠재 능력을 효과적으로 활용할 수 있는 자원봉사 프로그램이 필요
- 여성의 자원봉사 프로그램을 개발하여 활용 가능한 분야를 확대
- 지역 사회의 욕구를 파악하여 참여와 호응을 얻기 위한 방법으로 여성 자원봉사 활동을 기획
- 자원봉사 프로그램을 여성 자원봉사자들의 인적 자원 개발의 측면으로 연계

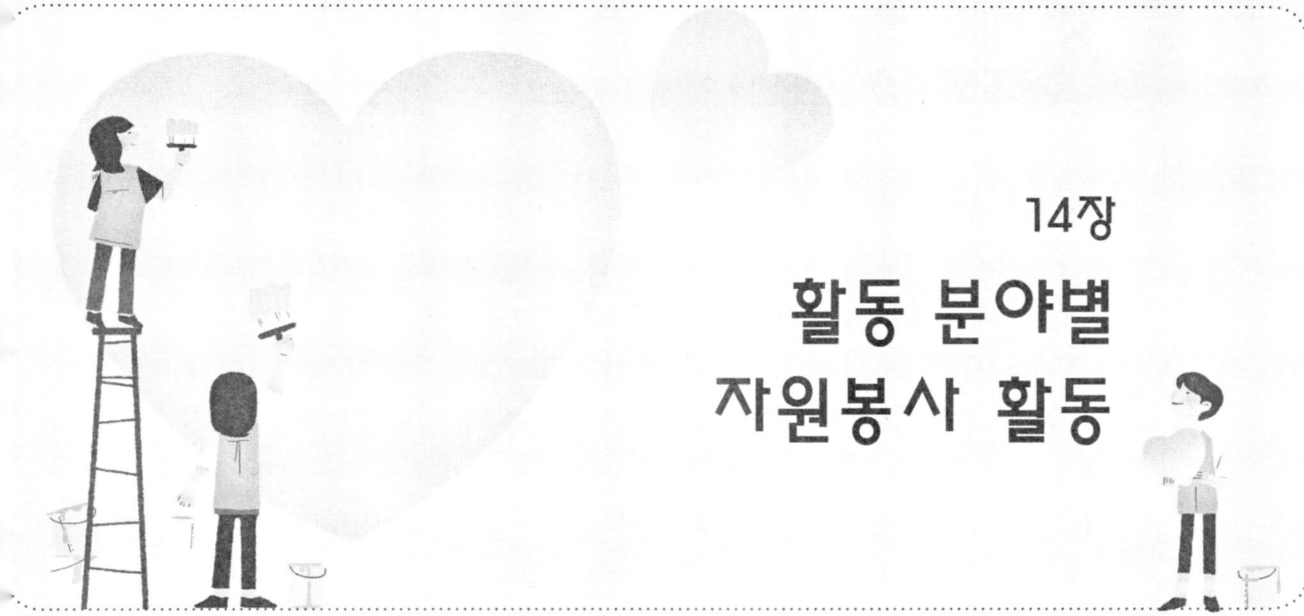

14장
활동 분야별 자원봉사 활동

1. 아동·청소년을 위한 자원봉사 활동

1) 자원봉사 대상으로서의 아동·청소년

일반적으로 아동은 영유아 시기부터 초등학교에 다니는 아이로 신체적·정신적으로 미숙한 단계에 있는 사람을 총칭하는데 「아동복지법」에서는 18세 미만의 사람으로 정의하고 있다.

아동은 자신이 안전하고 사랑을 받고 있으며, 누군가에게 소속되어 보호받고 있다는 감정을 지니고 싶어 한다. 그리고 자신의 욕구와 희망에 대한 만족을 즉각적으로 얻기를 원하는 민감성의 특징과 미성숙한 단계에서 성숙한 단계로의 성숙화 과정, 인간으로서의 독립된 생활을 가능케 하는 사회 적응의 시기적 특성을 갖고 있는데, 이런 면에서 아동은 심리·정서·신체적으로 보호를 받아야 할 대상이라 할 수 있다.

전통적으로 아동의 보호와 양육의 기능을 담당했던 가족 기능이 약화되면서 핵가족 및 다양한 가족 구조의 출현, 사회 양극화와 위기 가정의 증가 등으로 아동복지의 영역은 도전을 맞고 있다. 특히 정상적인 가정에서 부모의 보호를 받지 못하고 자라는 시설 아동, 소년소녀가장 아동, 결손가정 아동, 실직가정 아동 등 요보호 가정의 아동은 자원봉사 활동의 중요한 대상이 된다.

그런데 이러한 아동들은 게으름, 주의 산만, 정서 불안, 파괴적 행동, 도벽 등의 습관과 부적절한 대인 관계, 자신감 결여 등의 특징을 나타낸다. 또한 학습장애 및 정서장애의 문제를 갖고 있어 여가, 놀이 지도, 특별 활동 지도, 자매 결연과 같은 상담과 심리적 지지가 필요하며 학습 지도, 생활 지도, 컴퓨터 지도 등의 교육적 지원과 경제적 지원이 요구된다. 그리고 청소, 취사, 세탁, 수선, 위생적 생활 환경을 위한 자원봉사 활동이 필요하다. 이러한 요보호 아동에 대한 자원봉사 활동에는 무엇보다 아동에 대한 애정과 관심, 그들에 대한 정확한 이해가 우선이다. 아동의 심리·정서적 변화와 주위 환경의 변화를 관찰할 수 있어야 하며, 신뢰감과 안정감을 줄 수 있는 지속적인 봉사 활동이 필요한 것이다. 즉, 아동의 욕구와 그들의 수준에 부합하는 방법을 선택하여 그들과 함께할 때 진정한 의미의 자원봉사가 될 것이다. 결국 아동을 위한 자원봉사 활동은 아동의 긍정적 변화를 유도하고, 원만한 대인 관계 기술과 일상생활 지도가 가능하도록 해야 할 것이다.

한편 청소년은 주로 중·고등학생의 연령을 중심으로, 발달적 특성과 제도적 측면에서는 이보다 범위가 더 넓다. 「청소년 기본법」에서는 9세에서 24세 이하인 사람을, 「청소년 보호법」에서는 19세 미만인 자를 청소년으로 정의하고 있다. 청소년은 발달 단계상 아동기와 성인기 중간에 위치한 과도기적 존재로서 미성숙하고 자아 정체성에 대한 혼란과 미래에 대한 불안감과 갈등을 겪는 특성을 갖고 있다. 따라서 이 시기를 잘 이겨 나가게 하기 위해서는 청소년기의 특성에 대한 올바른 이해를 전제로 한 성인의 도움이 절실히 필요하다.

청소년은 독립적이고 통합된 인격체로서 개별적이고 다양한 요구를 인정받고 존엄성이 유지될 수 있어야 한다. 성장 과정 중에 있으므로 보호와 지지를 필요로 하고, 친구를 선택하고 진로를 정하는 등의 다양한 발달 과업을 수행해야 하기 때문에 다른 세대에 비해 외적 자원이 더 절실하게 필요하다. 그런데 아동과 마찬가지로 청소년들은 가족의 기능이 약화되어 공동체 생활의 지혜를 배우는 기회가 줄어들었고, 입시 위주의 교육 환경 속에서 바람직한 미래상을 그려 낼 수 없는 사회문화적 환경에 처해 있다. 이와 같은 상황에서 청소년들을 위한 자원봉사 활동의 필요성은 아무리 강조해도 지나치지 않을 것이다.

2) 아동·청소년을 위한 자원봉사 활동 종류와 내용

(1) 아동을 위한 자원봉사 활동 종류와 내용

자율성을 지닌 존재이면서 또한 성인에게 보호를 받아야 하는 의존적인 존재로서의 아동은 적절한 양육 보호, 의사 표현을 통한 자기 결정권 등 건전한 성장·발달이 보장되어야 한다. 그러나 현대 사회의 발전에 따른 산업화, 도시화, 핵가족화 등의 급격한 사회 변동은 우리의 아동들을 열악한 사회문화 환경 속으로 밀어 넣고 있다.

이러한 상황에 처한 아동들에게 가정과 공식적 교육 체제만으로는 건강하고 밝은 성격 형성과 이타적 가치관 확립에 대한 기대를 하기가 어렵다. 사회는 자원봉사자들과 같은 바람직한 집단의 활동을 이끌어 냄으로써 아동들의 올바른 사회화를 유도하고, 원만한 대인 관계 및 건전한 사회인으로서 성장할 수 있도록 도움을 주어야 한다.

그러므로 아동을 위한 자원봉사 활동은 아동의 특성 이해를 기본으로, 그들의 욕구를 파악하여 삶의 질을 향상시킬 수 있는 프로그램을 개발하여 제공하는 것이 필요하다. 아동을 위한 자원봉사 활동의 구체적인 종류와 내용은 〈표 14-1-1〉과 같다.

〈표 14-1-1〉 아동을 위한 자원봉사 활동의 종류와 내용

구분	종류	자원봉사 내용
직접적 자원 봉사	상담	• 또래 상담 • 전화 상담 • 가족 상담 • 학교부적응 아동 상담 • 문제행동 아동 상담
	심리적 지지	• 결손가정 아동 지도 • 요보호 아동 결연 • 실직가정 아동 심리·정서 지도
	교육 지원	• 아동공부방 학습 지도 • 학습부진 아동 지도 • 아동교육 프로그램 지도 • 아동 컴퓨터 지도 • 아동 자원봉사자를 위한 교육
	여가 선용 지도	• 취미 교육 • 독서지도 • 동아리 활동 지도 • 캠프 활동 보조 • 레크리에이션 지도 • 전통문화놀이 지도
	사회 활동 지도	• 동반 외출 • 농촌 활동 지도
	보호 활동	• 방과 후 아동보호 지도 • 일일 위탁부모 • 영·유아보호시설 아동 돌보기
간접적 자원 봉사	업무 보조	• 아동 단체·시설 업무 보조 • 아동 숙박 시설(수련장) 업무 보조
	초청 및 방문	• 사회복지 시설 방문 봉사
	조사 활동	• 유해문화환경 조사·감시 • 위험 장소 검사
	정보 제공	• 자원봉사 활동 정보 지도 제작 • 아동을 위한 지역사회신문 제작
	캠페인	• 가출아동공동체 건립 및 운영을 위한 바자회 • 소년소녀가장을 위한 음악회 • 결식아동을 위한 사랑의 빵 나누기 모금 • 저소득 가정 아동의 교육비 지원을 위한 바자회 • 아동학대 예방 및 신고 캠페인

출처: 한국사회복지협의회(1997). 자원봉사 프로그램 백과.

(2) 청소년을 위한 자원봉사 활동 종류와 내용

청소년기는 그 어떤 시기보다도 급격하고도 다양한 발달 과정에 있을 뿐 아니라 사회적으로 부여되는 역할이나 책임의 과중으로 인해 어려움을 겪는 시기이

다. 따라서 이 시기를 잘 이겨 나가게 하기 위해서는 성인들의 도움이 절실히 필요한데 아동과 마찬가지로 청소년을 제대로 돕기 위해서는 이들의 특성에 대한 바른 이해가 우선되어야 한다.

청소년을 위한 자원봉사 활동은 청소년이 당면한 문제나 어려움을 극복할 수 있도록 돕는 것에서부터 청소년의 성장 가능성을 최대한 발현할 수 있도록 돕는 것까지를 포함한다. 구체적인 청소년 대상 자원봉사 활동의 종류와 내용은 〈표 14-1-2〉와 같다.

한편, 우리나라의 대표적인 청소년을 위한 자원봉사 활동으로는 청소년상담 전문직 자원봉사, 법무부의 범죄예방자원봉사위원, 1388청소년지원단 등이 있다.

〈표 14-1-2〉 청소년을 위한 자원봉사 활동의 종류와 내용

구분	종류	자원봉사 내용
직접적 자원봉사	상담	• 청소년 상담(전화, 면접, 인터넷) • 학교 상담 자원봉사 • 비행 청소년 상담(법무부, 검찰청 관련)
	결연	• 소년소녀가장, 결손 가정, 시설 청소년, 비행 청소년 개별 결연
	교육 지원	• 기능교실 지원 • 방과 후 학습 지도 • 청소년 자원봉사자를 위한 교육
	사회 활동 지원	• 산업 시찰 및 역사 탐방 • 농촌 활동 지도
	여가 선용	• 음악·그림·문학·연극·캠프 지도·전통놀이 지도
	취업 지원 서비스	• 청소년들의 직업 훈련 • 직업 알선 및 사회 적응 훈련
	생활 및 가사 지원 서비스	• 결식 청소년 무료 급식 • 식사 준비 및 취사 • 불우청소년 도시락 및 밑반찬 전달 • 세탁, 생필품 구입, 시장 보기 등
	보호 활동	• 가출청소년 일시 보호(쉼터) • 민간 가정위탁

구분	종류	자원봉사 내용
간접적 자원 봉사	업무 보조	• 시설 환경 정리 • 행정 업무 보조 • 차량 지원
	시설 장비	• 아동복지 시설 화단 만들기 • 보일러·수도 등 각종 시설 정비 • 놀이터 등 장비 정비 • 아동복지 시설 자연 학습장 만들기
	조사·정보 제공·캠페인	• 청소년 유해문화환경 조사·감시 • 청소년 신문 제작 • 청소년 욕구 조사 등 사회 조사 • 근로 청소년을 위한 음악회 개최 • 청소년 유해환경 단속 및 계몽 • 불우 청소년 장학금 모금을 위한 활동 • 청소년을 위한 금연, 약물남용 방지 캠페인

출처: 한국사회복지협의회(1997). 자원봉사 프로그램 백과.

3) 아동·청소년을 위한 자원봉사 활동 시 유의 사항

(1) 아동을 위한 자원봉사 활동의 자세와 유의할 점

- 대상 아동에 대한 지속적인 관심과 이해
- 약속 시간의 엄수와 신뢰 관계 형성
- 눈높이 자원봉사
- 아동의 솔직한 자기감정 표현과 긍정적인 감정의 유도
- 원만한 대인 관계 기술 및 일상생활 지도
- 시설 아동 자원봉사에 대한 각별한 주의

(2) 청소년을 위한 자원봉사 활동의 자세와 유의할 점

- 긍정적인 초기 관계의 수립
- 자신의 역할과 업무 및 한계에 대한 명확한 이해
- 청소년의 서비스에 대한 욕구와 현재 감정에 대한 검토
- 공동의 목표 선정 및 대안 선택
- 청소년에게 도움을 줄 사회적 자원 탐색과 의뢰
- 활동 과정에 있어 교육적 요소 중시
- 청소년의 자기 결정에 대한 존중
- 청소년을 둘러싼 환경과의 협력 체제 구축
- 청소년의 안전 문제
- 활동 시작 전, 종료 후의 관련된 사항: 활동에 대한 기록을 남기고 활동 중 의문시되었거나 조정되어야 할 부분을 기관 담당자와 협의

2. 노인을 위한 자원봉사 활동

1) 자원봉사 대상으로서의 노인

일반적으로 노인은 65세 이상의 사람을 의미하며, 개인의 신체적 및 심리적 영역에서 기능의 정도가 약화되고, 주요한 지위와 역할이 상실된 상태에 있는 사람을 일컫는다. 노인들은 증가된 여가 시간을 갖고 있으며, 은퇴나 퇴직 등으로 직업적 역할 상실 및 수입원의 단절로 경제적 사정이 어려워졌고, 젊은 시기 대비 건강이 악화되어 결국 심리·사회적 고립과 소외라는 부정적 특성을 갖고 있다. 이로 인해 빈곤과 질병의 문제, 역할 상실의 문제, 소외에 따른 고독의 문제를 내포하고 있다.

또한 우리나라는 급속한 노인 인구의 증가로 인해 노인복지가 사회복지의 가장 큰 영역으로 대두되어 대응하고 있으나 공적 체계와 자원만으로는 감당하기 어렵기 때문에 시민들의 자발적인 자원봉사 활동이 절대적으로 필요하다고 할 수 있다. 최근에 노인들의 욕구는 정신적·질적 욕구를 포함하는 복합적인 욕구의 강화, 인간관계성, 지속성, 개별성이 강조되고 참여적 경향의 특성을 보이므로 이러한 변화를 반영한 자원봉사 활동이어야 그 효과가 극대화될 것이다.

2) 노인을 위한 자원봉사 활동 종류와 내용

노인을 위한 자원봉사는 좁은 의미에서의 사회복지 시설, 재가복지 서비스, 노인복지 시설 등을 포함하여 보건 의료, 소득 보장, 고용, 주택, 환경, 교육 등의 분야까지 광범위한 범위를 갖기에 그 종류가 다양하고 많다. 독거노인들의 경우는 일상생활에서 스스로 자신에게 일어나는 여러 가지 일들을 신변 처리하기가 어려운데 그 가정을 찾아가 의복 및 침구 세탁이나 목욕을 도와드리는 것, 노인생활 시설을 방문하여 노인들의 숙소를 청소하고 물리 치료를 보조하는 것 등 스스로 해결할 수 없는 부분이 많은 점에서 매우 의미 있는 활동이 될 수 있다. 자세한 자원봉사 활동의 종류와 내용은 〈표 14-2〉와 같다.

〈표 14-2〉 노인을 위한 자원봉사 활동의 종류와 내용

구분	종류	자원봉사 내용
직접적 자원 봉사	정서적 위문	• 안부전화 걸기 • 독거노인 결연 • 무의탁노인 가정 방문 • 신앙 및 고충 상담 • 무의탁노인 경로 잔치 및 생일 잔치
	심리적 자립	• 인지치료 • 회상치료 보조
	교육 지원	• 노인대학 운영 보조 • 문맹노인 학습 지도
	사회 활동 지원	• 노인 자서전 쓰기 지도 • 독거노인 모임 지도 • 장애인 및 허약노인 외출 동행 • 치매노인 사회 적응 지도
	여가 선용	• 노인 체육 지도 • 노인 취미 활동 그룹 지도 • 노인 특기 개발 지도
간접적 자원 봉사	취업 지원	• 노인 취업 알선 • 노인 공동작업장 지원
	생활 및 가사 지원	• 노인 가정 환경 미화 • 노인 급식 및 도시락 배달 • 노인 목욕 보조 • 무의탁노인 세탁물 배달 • 이·미용 서비스 • 영정 사진 촬영
	의료 및 건강 지원	• 노인 건강 강좌 • 노인 진료 • 호스피스 • 병간호 및 신체 수발 • 약품 구입 대행 • 개인 위생 대행
	업무 보조	• 시설 환경 정리 • 차량 운행 • 행정 업무 보조
	시설 장비	• 노인복지 시설 환경 미화 • 휠체어 등 노인 장비 정비 • 보일러·수도 등 각종 시설 정비
	방문 활동	• 노인 시설 위문 공연 • 경로당 방문 • 시설노인 생활 보조
	조사·개발	• 노인 관련 출판물 제작 보조 • 노인 욕구 조사 보조 • 노인 생활물품 조사 보조

출처: 한국사회복지협의회(1997); 류기형 외(2013).

3) 노인을 위한 자원봉사 활동 시 유의 사항

노인을 대상으로 하는 자원봉사 활동에서는 노년기 자아 통합을 이루고 만족한 삶을 영위할 수 있도록 도와야 한다. 따라서 다양한 재가 노인 서비스 분야와 시설 서비스 분야에서의 지역 주민의 적극적인 참여가 필요하다. 그런데 노인을 대상으로 하는 자원봉사 활동은 매우 조심스럽게 접근해야 한다. 노인들은 대부분 오랜 생활에서 영역별로 많은 경험을 쌓으면서 살아왔다. 그러나 현재 그들은 은퇴로 인하여 공식적 사회 활동으로부터 벗어나 스스로 살아가기 위한 노력을 하고 있는 시기이므로 이들을 위한 자원봉사 활동을 보다 효과적으로 실행하기 위해서는 다음과 같은 유의 사항을 숙지해야 한다.

- 자기 결정권이 존중되어야 한다.
- 하나의 인격체로서 자율성과 독립성이 인정되어야 한다.
- 단정한 외모와 겸손한 태도를 가진다.
- 노인들이 관심을 갖는 일부터 시작한다.
- 노인들과 함께 봉사 활동의 내용을 정한다.
- 한계를 분명히 하고 지나치게 무리한 행동은 하지 않는다.
- 자원봉사 활동 중에 얻는 정보와 기밀은 절대로 비밀을 유지한다.
- 피치 못할 사연으로 약속을 어길 경우는 가능한 방법으로 사전에 통지한다.
- 혼자서 감당하기 힘든 목욕 봉사, 청소 등은 그룹별 봉사 활동으로 하는 것이 바람직하다.
- 노인의 신체적·정신적·환경적 특징을 수용한다.
- 노인들의 요구가 우선되고, 변화되는 시대의 독특한 요구에도 부응할 수 있어야 한다.

3. 장애인을 위한 자원봉사 활동

1) 자원봉사 대상으로서의 장애인

장애인은 신체적·정신적 장애로 인하여 장기간에 걸쳐 일상생활 또는 사회생활에 상당한 제약을 받는 자로 정의할 수 있다(「장애인복지법」 제2조). 과거에는 장애인의 기본적 인권뿐만 아니라 장애인이라면 누구나 갖는 특수 욕구를 사회적으로 요구할 권리를 가진 사람이라고 인정받지 못하였다(김성재, 1991). 그러나 장애인은 지역 사회에서 비장애인들과 똑같이 살아야 하고, 이에 걸맞는 사회 환경을 구비해야 한다는 1960년대 정상화 이론(노멀라이제이션: normalization)의 영향과 장애인들이 그들의 특수 욕구(special need)를 요구할 권리가 있음을 명시한 1975년의 유엔 장애인권리선언으로 인해 장애인을 위한 복지는 사회 통합을 강조하는 틀로 전환되었다고 할 수 있다. 이로 인해 현재는 장애인이 인간으로서의 생활이 가능한 자립을 하도록 하고, 다른 시민과 차별 없이 동등한 생활을 영위할 수 있도록 한다는 측면에서 자립, 평등, 완전 참여를 강조하고 있다. 따라서 장애인을 위한 자원봉사 활동도 사회 통합의 차원에서 진행되어야 할 것이다.

한편, 장애인들은 일반적으로 장애로 인한 심리사회적인 문제, 경제적 문제, 의료적 문제, 고용의 문제, 가족 문제 등의 어려움을 겪고 있으므로 인간다운 생활의 중요한 요소로서 자립, 사회적 연대, 지역 사회의 구성원으로서의 참여를 활성화시킨다는 맥락에서 장애인복지와 자원봉사 활동의 중요성이 점점 더 큰 비중을 차지하고 있다.

2) 장애인을 위한 자원봉사 활동 종류와 내용

장애인이란 심신의 어떤 부분에 장애라는 특수성을 지녔을 뿐, 삶의 전반에 걸친 모든 영역에서 다른 사람들과 동일한 욕구를 지니고 있다. 더욱이 장애의 정도와 유형에 따라, 개인적인 특성에 따라 각기 다른 다양한 욕구를 지녔기에 장애인에 대한 자원봉사 활동은 그 종류를 일률적으로 규정하기 어렵다. 따라서 장애인을 위한 자원봉사 활동은 큰 틀에서는 그들의 지역 사회 내에서 삶의 보람을 느끼며 정상적인 생활을 영위할 수 있도록 돕는 방향으로 진행되어야 할 것이다.

일반적으로 장애인을 위한 자원봉사 활동은 타 대상자들에 비해 다양하고 광범위하다고 볼 수 있다. 성장과 발달 과정에 있는 장애 아동의 경우 보호와 교육과 관련된 봉사 활동, 직업 활동이 필요하고 사회 활동이 왕성한 청장년에게는 보호 및 생활, 취업 지원과 관련된 봉사 활동이 필요하는 등 전 연령에 걸쳐서 각 연령 단계와 장애 유형에 맞는 자원봉사 활동이 요구되는데 이에 대한 상세한 내용은 〈표 14-3〉과 같다.

〈표 14-3〉 장애인을 위한 자원봉사 활동의 종류와 내용

구분(목적)	목표	종류	자원봉사 내용
직접적 자원봉사 (자립 기능 향상)	심리적 지지	정서적 위문	• 재활전화 상담 • 책, 신문 읽어 주기 • 말벗
		심리적 자립	• 발달장애인 친구 되기 • 장애인 홈페이지 운영 • 심리재활 프로그램 안내 및 보조
	사회적 증진	교육 지원	• 장애 아동 학습 지도 및 보조 • 장애인 컴퓨터 교육 • 직업 훈련 보조 • 시각장애인 이동 훈련 보조
		여가 선용	• 장애 아동 발달을 위한 학예 활동 지도 • 체육 활동 지도 • 여가 선용 보조 • 운동회 개최 • 현장 학습 보조 • 견학 및 야외 학습 보조
		사회 활동 지원	• 발달장애인의 대중교통 이용 지도 및 보조 • 발달장애인의 지역 사회 시설 이용 지도 및 보조 • 언어 소통을 위한 수화 통역 • 중증장애인 나들이 보조 • 시각장애인 길 안내 • 운전 자원봉사 활동 • 장애인 특수 장비 보수(휠체어, 목발, 의족 등)

구분(목적)	목표	종류	자원봉사 내용
간접적 자원봉사 (사회적 지지)	생활 안정	취업 지원	• 구인·구직 개척 및 상담 • 구직 장애인을 위한 작업 지도 및 보조 • 장애인 직업재활을 위한 욕구 분석 보조 • 취업 알선 및 사후 지원 • 고용 홍보 보조 • 영세 가정 장애인 개별 결연
		생활 및 가사 지원	• 장애 아동 돌보기 • 장애인그룹홈 관리 보조
		의료 및 건강 지원	• 순회 진료 • 건강검진 및 병원 이용 안내 • 병간호 및 신체적 수발 • 물리치료 및 재활치료 보조 • 언어치료 보조 • 건강 관리 지도
	시설 지원	업무 보조	• 관련 시설·단체 업무 보조 • 시각장애인을 위한 녹음테이프 제작 보조 • 시각장애인을 위한 도서 전산화 작업 보조 • 장애인 체육대회 보조 • 후원자 개발·관리 보조
		시설 장비	• 설비·장비 보수 및 환경 관리
		방문 활동	• 장애인 시설 위문 공연 • 장애인 시설 방문 • 시설장애인 생활 보조
	사회 환경 조성	조사 활동	• 장애인 관련 조사 연구 보조 • 장애인 관련 욕구 조사·사회 조사 보조
		정보 제공	• 강연회 개최 • 영화 상영, 계몽서 출판
		캠페인	• 장애인 관련 각종 행사 및 캠페인 보조

출처: 김동배 외(2011); 이만식 외(2017).

3) 장애인을 위한 자원봉사 활동 시 유의 사항

장애인과 비장애인이 더불어 사는 사회를 만들기 위해서는 국가적 차원의 장애인 복지 정책을 필두로 지역 사회의 환경 변화와 자원봉사자의 역할이 강조된다. 자원봉사자들은 장애인에 대한 지역 사회의 편견을 없애고 장애인에게 우호적인 사회 분위기를 조성하거나 불리한 사회 환경과 제도를 개선하는 데 있어 일정한 역할을 담당할 수 있고, 직접적으로는 장애인을 위한 서비스에 참여, 그들의 재활을 도와줄 수 있다. 일반적으로 장애인을 위한 자원봉사 활동 시 유의 사항은 다음과 같다.

- 장애인은 각기 다른 개성을 갖고 있는, 다른 인격체임을 인식해야 한다.
- 장애인을 대할 때에는 자연스러운 태도로 그들의 요구가 있을 때만 도와주어야 한다.
- 장애인을 보았을 때, 주춤하거나 유심히 바라보지 말아야 한다.
- 장애인이 무엇을 원하는지 잘 듣고 행동하는 것이 좋다.
- 보행이나 대화 시 장애인 자신의 보조대로 안내해야 한다.
- 장애인에 대한 지나친 동정, 과잉보호, 과잉 친절, 과잉 염려는 금물이다.
- 장애인 특성을 이해하고, 관련 환경을 이해해야만 효과적인 자원봉사 활동을 할 수 있다.

4. 여성을 위한 자원봉사 활동

1) 자원봉사 대상으로서의 여성

최근 우리 사회에서 가족의 큰 변화를 꼽자면 이혼의 증가, 이로 인해 한부모 가족과 여성 가구주 가족의 증가일 것이다. 관련된 문제로 여성으로의 범위를 좁혀 보면, 여성의 교육 수준과 사회 진출이 증가하고 경제력이 향상됨에 따라 사회적 지위 또한 과거에 비해 높아진 게 사실이다. 그럼에도 아직도 우리 사회는 모든 영역에서 여성에게 불합리하고 불평등한 관행이 존재하여 이를 극복하기 위한 다양한 차원의 접근 및 인권과 인식 차원 등의 노력이 진행되고 있다.

취업 여성이 증가하고 있으나 열악한 대우와 노동 조건, 불안정한 취업 조건, 일과 가사의 이중 부담, 모자 가정의 경제적 문제, 가정 폭력의 피해와 학대받는 여성의 문제, 성 문제와 연관된 미혼모 문제와 이로 인한 빈곤, 편견 등의 사회 문제, 윤락 여성의 문제 등 다양한 현황에 직면하고 있다. 물론 이를 해결하고자 인간의 존엄성과 인간다운 생활을 할 권리로서의 여권주의, 여성복지의 차원에서 여성이 한 사회의 구성원으로서 삶의 질을 영위할 수 있도록 다양한 영역에서 노력해 온 게 사실이다.

이러한 노력의 일환으로 여성을 위한 자원봉사 활동은 다음의 2가지 차원에서 사회적 의의를 갖는다.

첫째, 여성 문제에 대한 사회적 인식을 개선시킨다는 점이다. 자원봉사 활동을 통해 여성의 현실과 문제에 직면하게 되고, 그 과정 속에서 여성 문제가 얼마나 심각한지 우리 사회의 대책이 얼마나 열악한지를 깨닫게 되는 것이다.

둘째, 문제의식을 통해 해결을 위한 의지 형성 및 자발적인 시민들의 참여 유도이다. 이렇듯 여성들의 사회적 위치를 확인함은 물론, 여성복지의 측면에서 자원봉사 활동은 절실히 필요하다.

2) 여성을 위한 자원봉사 활동 종류와 내용

여성의 문제 해결에 도움을 주기 위한 기관은 다양한 형태로 존재한다. 이들 기관은 여성 문제의 한 부분만을 담당하기 보다는 중복된 문제를 담당하는 경우가 많다. 따라서 여성 문제 해결을 위한 기관으로서 자원봉사가 가능한 기관을 분류하는 일은 간단한 일이 아니다. 최근 우리 사회에서 중요한 이슈로 다뤄진 여성 문제는 빈곤, 폭력, 미혼모, 이주 여성 등으로 영역별 대표 기관을 살펴보면 다음의 〈표 14-4-1〉과 같으며 여성을 위한 구체적인 자원봉사 활동의 종류와 내용은 다음의 〈표 14-4-2〉와 같다.

〈표 14-4-1〉 여성을 위한 자원봉사 기관

<table>
<tr><th colspan="2">문제 영역</th><th>기 관</th></tr>
<tr><td colspan="2" rowspan="4">빈곤 여성</td><td>종합사회복지관</td></tr>
<tr><td>건강가정지원센터</td></tr>
<tr><td>한부모가정지원센터</td></tr>
<tr><td>모자보호의 집</td></tr>
<tr><td rowspan="6">빈곤
여성</td><td rowspan="3">가정 폭력</td><td>여성긴급전화 1366</td></tr>
<tr><td>가정폭력상담소</td></tr>
<tr><td>가정폭력피해여성 쉼터</td></tr>
<tr><td rowspan="3">성폭력</td><td>여성긴급전화 1366</td></tr>
<tr><td>성폭력상담소</td></tr>
<tr><td>성폭력피해여성 쉼터</td></tr>
<tr><td colspan="2">미혼모</td><td>미혼의 집</td></tr>
<tr><td colspan="2" rowspan="3">이주 여성</td><td>종합사회복지관</td></tr>
<tr><td>건강가정지원센터</td></tr>
<tr><td>다문화가족지원센터</td></tr>
</table>

출처: 김동배 외(2009).

〈표 14-4-2〉 여성을 위한 자원봉사 활동의 종류와 내용

구분	종류	자원봉사 내용
직접적 자원봉사	정서적 위문	• 요보호 여성 말벗 • 요보호 여성 상담 • 요보호 여성 동반 외출
	심리적 자립	• 매 맞는 여성쉼터 • 윤락녀 후견인 맺어 주기
	교육 지원	• 어머니 교육 • 요보호 여성 건강 교육 • 빈곤 여성 한글 교육
	사회 활동 지원	• 요보호 여성 가정 체험 • 요보호 여성 동반 외출 • 자조모임 조직 및 참석 주선
	여가 선용	• 요보호 여성 운동 지도 • 윤락녀 취미교실
	취업 지원	• 무료 직업 상담 • 취업 훈련생 대상 집단 지도
	의료 지원	• 요보호 여성 건강 정보 제공 • 요보호 여성 약물치료
	생활 지원	• 모자원 가사 보조 지도 • 생활협동 운동
간접적 자원봉사	업무 보조	• 도서 수집 및 정리 • 모자원 캠프 보조
	조사·개발	• 저소득층 지원 설문 조사
	정보 제공	• 광고 및 비디오 모니터링
	캠페인	• 각종 서명 운동 • 요보호 여성 후원금 모금 • 여성 관련법 개정을 위한 운동

출처: 한국사회복지협의회(1997); 최덕경 외(2013).

3) 여성을 위한 자원봉사 활동 시 유의 사항

요보호 여성들을 돕는 자원봉사는 대부분 자신의 문제를 스스로 해결할 수도 있는 성인이라는 점에서 다른 아동, 청소년, 장애인, 노인들을 대상으로 하는 자원봉사 활동과 차이를 갖는다. 모자 가정의 경우는 여성뿐 아니라 자녀의 복지도 함께 고려해야 하며, 요보호 여성과 한부모가족을 위한 자원봉사 활동은 다음과 같은 특성에 각별히 유의해야 한다.

- 요보호 여성(미혼모, 성폭력 및 가정 폭력 피해 여성)이나 위기가족 및 한부모가족의 경우, 정서적으로 불안정하고 자기표현을 하지 않으려는 경향이 있으므로 성급하게 대하지 말고 스스로 표현할 때까지 인내심을 가지고 기다려 주는 자세가 필요하다.
- 봉사자의 가치관보다 요보호 여성 및 한부모가족의 가치관과 생각 등을 수용하고 우선적으로 고려해야 한다.
- 봉사 활동 시 지나친 간섭이나 동정은 삼가야 한다. 자칫 또 다른 상처를 남길 수 있기 때문이다.
- 자원봉사 활동 중 사진이나 동영상 촬영 등으로 대상자의 사생활이나 초상권 침해가 일어나지 않도록 유의해야 한다.

5. 지역 사회를 위한 자원봉사 활동

1) 지역 사회의 정의와 특성

지역 사회는 일반적으로 일정한 지리적 영역 안에 거주함으로써 서로 간에 사회적인 상호작용을 하고 심리적인 유대감을 가진 하나의 집단으로 정의될 수 있다(김동배 외, 2009). 지역 사회는 특정한 지리적 테두리 안에 사람들이 모여 사는 공간적 장소이며, 지리적인 의미를 내포하고 있다. 또한 주민들 간의 합의성, 일체감, 공동 생활양식, 공통 관심과 가치, 공동 노력을 강조한다.

비록 오늘날에 들어서는 교통과 정보통신의 발달로 인해 전통적 의미의 지역적 경계가 무너져 지리적 의미의 지역 사회는 점차 그 의미를 상실하고 있는 실정이나, 다른 새로운 형태의 지역 사회가 나타나고 있다. 그 예로 공동의 관심과 이해관계를 강조하는 기능적 의미의 지역 사회 즉, 공동체의 의미가 부각되고 있는 것이다. 이러한 공동체 의미는 구성원들의 동질적 정서적 유대를 기반으로 하기 때문에 지역 사회를 긍정적인 방향으로 변화시키는 지역복지 차원의 기능이 가능해지기에 중요한 의의를 갖고 있다.

한편, 현대의 지역 사회는 경제적 공동체로서의 기능 상실, 도시 빈민의 증가, 학교 등 교육 불평등 심화, 교통 문제, 환경 파괴 등의 문제를 안고 있다. 이러한 상황에서 지역 차원의 사회복지를 의미하는 지역사회복지(community welfare)는 지역 사회의 여러 문제를 예방, 해결하고 복지 향상을 위한 사회적 노력이라 할 수 있다. 이러한 차원에서 지역사회복지는 지역 주민의 삶의 질 향상을 위해 지역사회의 문제 해결 및 주민의 욕구 충족의 협력 강화 방안으로 중요한 사회복지적 접근이라 할 수 있다.

그러므로 지역 주민들이 자발적이고 활발하게 참여하는 자원봉사는 지역 사회가 당면하고 있는 다양한 문제를 해결하고 지역 주민들의 공동체 의식을 높이는데 반드시 필요하다. 왜냐하면 지역에 대해 바로 알고 있는 주민들이 지역 사회

내 자원봉사 활동을 함으로써 서로 돕고 살기 좋은 지역으로 가꾸고 지켜 나가기 가 용이하기 때문이다.

2) 지역 사회를 위한 자원봉사 활동 종류와 내용

지역 사회를 위한 자원봉사 활동은 프로그램의 활동 장소와 활동 대상에 따라 구분할 수 있다. 또한 지역 사회에서는 사회복지 기관과 시설들이 담당하는 역할이 아주 큰데, 그 분야가 다양하여 구분 기준에 따라 여러 가지로 유형화할 수 있다. 따라서 자원봉사 활동은 지역 사회의 활동이 일어나고 있는 장소와 환경, 기관 및 시설이 그 활동의 장이라고 할 수 있으며 구체적인 종류와 내용은 다음의 〈표 14-5〉와 같다.

〈표 14-5〉 지역 사회를 위한 자원봉사 활동의 종류와 내용

구분	종류	자원봉사 내용
환경 분야	자연환경	• 야생 동식물 보호 • 나무 심기 • 산불 방지 및 예방 활동
	지역 사회	• 불법 홍보물 제거 • 화단 가꾸기 • 하천 및 골목 청소 등
	환경 단체	• 환경 보호 시민 운동 • 환경 오염원 고발 및 신고 • 환경 오염 방지 활동
교통·범죄·법률 분야	교통안전	• 교통 정리 • 카풀 서비스 • 주정차 단속 • 안전한 통학로 만들기
	범죄 예방	• 범죄 신고 • 건전 비디오 선정 • 학교 주변 유해 환경 퇴치 운동 • 성폭력 및 학교 폭력 상담
	법률	• 법원/검찰청 등의 행정 보고 • 무료 변호 • 법률 교육 • 재소자 위문 활동

구분	종류	자원봉사 내용
교육·경제 분야	교육	• 각급 학교의 일일 교사 • 성인 한글교실 • 예절 교육 • 지역공부방 • 주부 교양 강좌 • 컴퓨터 등 기능 훈련 교사
	경제	• 취업 상담 • 구인처 개발 • 기업 홍보물 발송 • 물가 등 각종 경제 정보 제공 서비스
정치·문화·체육·관광 분야	정치	• 선거 사무실 행정 보조 • 공명선거감시단 활동
	문화	• 문화유적 청소 및 관리 • 인간문화재 후원 • 공연, 전시장 안내 및 질서 유지 • 전통문화 보전 활동
	체육	• 경기장 안내 • 훈련 보조 • 교통 통제 • 행사장 질서 유지 • 타지역 선수 무료 숙박 제공
	관광	• 관광지 안내 • 외국 관광객 통역 • 지역 관광 홍보 • 도우미 활동 등
사회의식 개선·구호·구조 활동	사회의식 개선	• 거리 질서 캠페인 • 각종 모금 캠페인 • 지역신문 및 지역안내지 제작
	구호 및 구조 활동	• 재난 지역 인명구조 활동 • 수해 및 한해 복구 활동 • 이재민 각종 모금 사업 • 헌혈 및 장기 기증
도·농 및 국제 협력 분야	봉사 단체 간 협력	• 지역 내 또는 타지역 자원봉사 단체와의 협력 및 교류 활동 • 합동 캠프
	도·농 간 협력	• 농촌 방문 일손 돕기 • 농산물 직거래 • 농촌학교 책 보내기 • 의료 지원
	국제 협력	• 국제 협력 및 난민 지원 • 국제 편지 교류 • 외국인 한글 교육 • 민요 강습 • 의료봉사단

출처: 김영호 외(2006); 최덕경 외(2013).

3) 지역 사회를 위한 자원봉사 활동 시 유의 사항

지역 사회에서 자원봉사 활동을 하는 것은 장점과 함께 단점을 가질 수 있다. 장점으로는 자신의 지역을 좀 더 잘 알 수 있으므로 지역에 대한 주인의식을 가질 수 있으며, 활동 시 거리가 가까워 시간을 낭비하지 않는다는 것이다. 또한 지역의 현실에 맞는 활동과 프로그램을 제안할 수 있는 조력자 역할이 가능해진다는 것이다. 이에 반해 단점은 복지 서비스를 이용하는 특정한 지역 사회 주민에 대한 사적인 내용을 알게 되므로 부담이나 피해를 줄 수 있다는 것이다. 따라서 자원봉사 활동 중에 알게 된 비밀을 지키는 것이 가장 중요하다.

또한 지역 사회를 위한 자원봉사 활동이 성공을 거두기 위해서는 무엇보다도 지역 사회와의 적절한 협력 혹은 네트워크 구성이 필수적이며, 지역 사회의 주어진 현상과 자원을 적절하고 효과적인 자원으로 활용하여야 한다.

6. 다문화가족을 위한 자원봉사 활동

1) 다문화가족의 정의와 특성

다문화가족은 국제결혼 등을 통해서 서로 다른 인종의 상대를 만나 결합한 가정을 말한다. 즉, 우리 사회에 거주하고 있는 외국인 노동자, 국제결혼 이민자, 북한이탈주민, 그 밖에 외국인 거주자, 외국인과의 사이에서 태어난 자녀들을 일컫는다.

우리나라는 단일민족이라는 민족주의와 순혈주의가 타 국가에 비해 강하여 다문화가족은 오랜 세월 혼혈가족, 혼혈인 등으로 불리며 소외되었다. 그러나 최근 국제결혼에 따른 이주 여성 및 외국인 노동자의 유입, 북한이탈주민의 증가 등으로 한국 사회는 빠르게 다민족·다문화 국가로 변화되어 가고 있다.

다문화가족이 국내에 체류하면서 겪는 문제는 크게 국적 취득 문제, 인권 침해 문제, 사회문화적 적응 문제, 한국 사회로의 통합 문제를 들 수 있다. 이와 관련해서 구체적으로 살펴보면, 열악한 노동 조건, 임금 체불, 폭력 및 가정 폭력, 학대 문제, 문화적 갈등과 지역 사회의 문화적 대응력 미비의 문제, 인종적 차별, 낙인감, 빈곤과 자녀 교육의 문제, 의사소통의 문제 등이 있다.

2) 다문화가족을 위한 자원봉사 활동 종류와 내용

최근에는 다문화가족에게 향한 차별적이고 배타적인 면과 관련해서 사회적 인식이 많이 개선되고 있으나 정책이나 복지 서비스만으로는 한계가 있어 자발적인 시민들의 자원봉사 활동이 필요하다. 그러므로 다문화가족의 아동 및 청소년을 임파워먼트시킴으로써 한국 사회로의 적응을 돕고, 다름과 차이를 극복하는 데 필요한 경험과 기술, 문화적 이해를 습득할 기회를 제공해 줄 필요가 있다. 또한 의사소통으로 어려움을 겪고 있는 다문화가족에게는 언어 지도 및 상담, 학습 지도 등을 위한 자원봉사 활동이 필요하다. 다문화가족을 위한 자원봉사 활동의 종류와 내용은 〈표 14-6〉과 같다.

〈표 14-6〉 다문화가족을 위한 자원봉사 활동의 종류와 내용

구분(목적)	목표	종류	자원봉사 내용
직접적 자원봉사 (자립 기능 향상)	심리적 지지	상담	• 전화 상담 및 말벗 • 가정통신문 읽어 주기 • 가족과의 상담
		심리적 자립	• 자조 모임 참여 • 결연
	사회적 증진	교육 지원	• 한국어 교육 • 한국음식 만들기 • 한국문화 익히기
		여가 선용	• 취미 활동 그룹 지도 • 특기 개발 지도
		사회 활동 지원	• 자조 모임 지원 • 사회 적응 지도
간접적 자원봉사 (사회적 지지)	생활 안정	취업 지원	• 직업 훈련 및 사회 적응 훈련 • 취업 알선 및 사후 관리
		생활 및 가사 지원	• 가사도우미 지원 • 산모도우미 지원
		의료 및 건강 지원	• 건강검진 및 병원 이용 안내 • 건강 관리 지도
	시설 지원	업무 보조	• 관련 시설 및 단체 업무 보조 • 후원자 개발 및 관리 보조
		시설 장비	• 설비 장비 보수 및 환경 관리
		방문 활동	• 시설 위문 공연 • 다문화 시설 방문
	사회 환경 조성	조사 활동	• 다문화 관련 조사 연구 보조 • 다문화 관련 욕구 조사 및 사회 조사 보조
		정보 제공	• 강연회 개최 • 영화 상영, 다큐멘터리 제작 지원
		캠페인	• 다문화 관련 각종 행사 및 캠페인 보조

출처: 최덕경 외(2013).

3) 다문화가족을 위한 자원봉사 활동 시 유의 사항

국가적 차원에서 다문화가족의 문제를 해결하는 데는 어려움이 있다. 그러므로 문제를 예방하고 해결하는 데에는 자원봉사자의 역할이 매우 중요하다. 다문화가족은 무엇보다도 사회적 편견 및 의사소통의 어려움과 자녀의 교육 문제까지 우리 사회 적응에 적지 않은 어려움을 겪고 있다. 주로 빈곤층에 해당되는 이들에게 시민들의 자원봉사 활동은 이들이 어려움을 극복하고 욕구 및 문제를 해결하는 데 매우 유익한 자원이 될 것이다. 모두 함께 어우러져 사는 사회를 만들기 위해서는 자원봉사자들의 적극적인 역할과 배려가 강조된다. 다문화가족을 위한 자원봉사 활동 시 유의할 점은 다음과 같다.

- 자원봉사자들은 다문화가족에 대한 인종 차별이나 편견을 갖지 않고 그들에게 우호적인 태도로 접근하여 도와주어야 한다. 그들 역시 각각 다른 개성을 가지고 있는 소중한 인격체임을 인식해야 한다.
- 다문화가족 자녀에게 이중 문화 및 언어 사용이 단점이 아니라, 부모의 언어와 문화를 가지고 있는 이중 언어·이중 문화의 장점을 주지시켜 줌으로써 그들의 긍정적인 정체성을 확립시켜 주고 자존감을 높여 주도록 한다.

7. 국제 자원봉사 활동

1) 국제 자원봉사 활동의 개념

국제 자원봉사 활동(International Voluntary Service)이란 국제적인 봉사 활동에 자발적으로 참여하는 활동을 말한다. 일반적으로 국제 자원봉사 활동이라고 하면 외국에서의 활동을 우선적으로 생각하게 되는데, 활동 장소가 국내일 경우 국제적 문제나 프로젝트에 참여하는 것도 국제 자원봉사 활동이라 할 수 있다.

우리나라는 한국국제협력단(Korea International Cooperation Agency: KOICA)에서 파견하는 해외봉사단이나 여러 민간 단체에서 파견하는 다양한 형태의 프로그램이 국제 자원봉사 활동으로 알려져 있다. 구체적으로 살펴보면, 단순히 외국으로 가서 관광 활동이나 문화 체험을 벗어나, 지역 사회의 환경, 생태, 인권, 평화, 문화유산, 국제 협력과 관련된 현장 프로젝트에 참여하는 활동을 말한다(최덕경 외, 2013). 즉, 언어, 종교, 정치, 사회경제적 장애를 뛰어넘어 자신의 시간, 능력, 에너지를 사용하여 사회 변화, 경제 발전, 환경 보전 등을 실천하는 활동을 말한다. 이 밖에도 생활양식의 계몽과 교육, 빈곤 문제 해결을 위한 기부, 영농 기술 지원, 주거, 교육 시설 건설을 위한 활동 지원, 각종 질병의 예방 치료를 위한 의료 활동도 해당된다.

최초의 국제 자원봉사자들은 주로 상호 도움을 주고받거나 국가의 지원을 받지 못하는 어려운 사람들을 돕는 등의 일에 참여했다. 각 나라의 특수한 상황에 따라 내용에 있어서 차이가 있으나 전체적으로는 주로 학교나 병원, 장애인이나 고아들을 위한 시설 등에서 자원봉사 활동을 이어 나간 공통적 흐름이 있다.

국제 자원봉사 활동은 인도주의적 차원에서뿐만 아니라 국위 선양의 측면에서도 중요한 역할을 한다. 일정 기간 외국, 저개발 국가에서 거주하며 지역 사회 개발 및 발전에 참여하는 한편 자신의 경험을 확대할 수 있다.

2) 국제 자원봉사 활동의 동향

최근에는 국제 자원봉사 활동이 각국의 정부나 국제 기구, 민간 단체들이 다양한 방법으로 많은 노력을 기울이는 분야가 되어, 사업과 프로그램들이 다양해지고 확대되는 추세이다. 국제 자원봉사 활동의 동향을 정리해 보면 다음과 같다.

- 전 세계적으로 국제 자원봉사 활동에 대한 관심이 계속 증가하고 프로그램이 확대되고 있다.
- 국가적·국제적인 기구들이 더욱 적극적으로 국제 자원봉사 활동을 조직해 나가고 있다.
- 국가적·국제적인 차원의 정기적인 활동뿐만 아니라 민간 차원의 활동도 빠른 속도로 증가하고 있다.
- 전통적 형태인 국제워크캠프(Internationl Workcamp)가 계속 유지되고 있다.
- 선진국에서 후진국으로의 이동에서 후진국에서 선진국으로의 이동이 증가하고 있다.
- 활동이 주제와 이슈 중심으로 전문화되고 있으며, 연대를 목표로 한 네트워크 활동이 활발히 전개되고 있다.

3) 국제 자원봉사 활동의 동기

- 다른 문화를 경험하기 위해서
- 기술과 지식을 공유하기 위해서
- 무엇인가에 대한 도전정신으로
- 여행과 국제적 경험을 통한 학습의 연장선상에서
- 현재와 미래를 위한 지속 가능성의 차원에서
- 교육의 일환으로서 풍부한 경험을 얻기 위해서

4) 국제 자원봉사 활동의 기대 효과

① 세계 시민으로 여러 사람들을 만날 수 있다.

② 국제 사회에 공헌: 한국인으로서가 아니라 이 지구에 사는 지구 시민의 일원으로서 국제 사회를 위해 기여할 수 있다.

③ 자신의 성장과 자기 발견의 기회를 가질 수 있다.

④ 경제적 이점과 부의 환원: 보통의 여행이나 유학보다 경제적이며, 자신의 부를 사회에 환원하는 부수적인 이득도 있다.

5) 국제 자원봉사 활동의 유형과 종류

(1) 국제 자원봉사 활동의 유형

- 워크캠프형(2~3주간)
- 개인·단기형(몇 주~몇 개월)
- 정기 방문형
- 장기 개발형(최소 1년 이상 현지 체류)
- 긴급 원조형
- 인턴십형
- 국내형

(2) 국제 자원봉사 활동의 영역과 프로그램

〈표 14-7〉 국제 자원봉사 영역과 프로그램

목표	체계	서비스	프로그램
난민/빈민 구호	현장 활동	기술 지원	르완다 난민 정착 지원, 기아봉사단 파견
		행정 지원	르완다 난민 아동의료 지원
	국내 후원	모금 활동	평화의 주머니 보내기, 사랑의 달리기 모금, 제3세계 빈민촌 펌프 파주기, 사랑의 동전 모으기, 북한 어린이 급식 후원
		업무 지원	동전 분류 업무 지원, 카드 분류와 봉입
제3세계 개발 지원	지역 사회 개발	기술 지원	베트남 직업 훈련원 사업
		행정 자문	연변 지역 새마을 운동, 인도네시아 양돈 사업
		교육 지원	연변과학기술대학교 교육봉사, 필리핀 교육봉사, 스리랑카 한국어 교육, 스리랑카 보건 교육
	주민 서비스	의료 지원	네팔 적집자사 혈액원 지원, 네팔 진료소 건립, 네팔 병원 건립, 네팔 학교 건립, 네팔 가족계획 업무, 탄자니아 의료 지원
외국인 보호/후원	보호 활동	권익 옹호	외국인 노동자 법률 상담소 운영
		생활 안정	외국인 상담소 의료 지원
	후원 활동	교육 지원	외국인 상담소 상담 및 통역
		위문 활동	해외입양 동포 모국어 연수, 외국인 노동자 문화 축제
국제 친선 교류	행사 지원	현장 활동	국제 기독교 청소년 교류, 청소년 국제 교류 파견 사업
	편의 제공	후원 활동	외국 청소년 민박, 한국·에티오피아 친선 교류, 한국·일본 청소년 적십자 교류

출처: 한국사회복지협의회(1997); 최덕경 외(2013).

6) 한국의 국제협력단

한국국제협력단(Korea International Cooperation Agency: KOICA–코이카)은 대한민국의 대외 무상협력 사업을 주관하는 외교부 산하 정부 출연 기관이다. 우리나라와 개발도상국가와의 우호협력 관계 및 상호 교류를 증진하고, 이들 국가들의 경제사회 발전 지원을 통해 국제 협력의 증진에 이바지하는 목적을 달성하고자 1991년 설립하였으며, 2008년 경기도 성남시 수정구로 이전하였다. 2018년 기준 53개국의 개발도상국을 대상으로 4,863명의 파견 사업을 진행하였으며, 예산의 규모도 단일 봉사 단체의 사업 규모로는 국내 최대이다(한국중앙자원봉사센터, 2018).

- 해외봉사단(World Friends Korea: WFK)

한국 정부 파견 해외봉사단의 이름으로 기존 5개의 행정 부처에서 개별적으로 운영하던 7개의 해외봉사단을 2009년부터 단계적으로 통합하여 단일 브랜드화한 사업단으로 총괄 사업의 운영 주체는 코이카(KOICA)이다.

8. 기타 자원봉사 활동

1) 공공 기관에서의 자원봉사 활동

공공 기관의 자원봉사 활동은 공공 기관의 성격과 기관에서 하는 일에 따라 조금씩 달라지는데, 대표적인 공공 기관에서의 자원봉사 활동은 다음의 〈표 14-8-1〉과 같다.

〈표 14-8-1〉 공공 기관에서의 자원봉사 활동 형태와 내용

분야	자원봉사 형태와 내용
시청, 군청, 읍·면·동사무소	• 청소, 민원 안내, 사무 보조 등
보건소	• 가정방문간호 지원, 재가보건간호 대상자 및 가족의 청소, 밑반찬 제공, 보건소 내의 환자 안내, 대기실 정리, 거즈 접기, 면봉 만들기, 청소, 사무 보조 등
우체국	• 청소, 민원 안내, 사무 보조 등
도서관	• 서가 정리, 열람실 안내, 사무 보조, 청소 등
박물관	• 문화재 보호감시 활동, 문화재 훼손현장 신고, 지역 사회 문화재 지도 만들기, 박물관 내 안내, 사무 보조, 청소 등
경찰서	• 교통질서 지키기 보조 및 계몽 – 횡단보도 신호 지키기, 횡단보도 정지선 지키기 등 계몽 활동 – 무단 횡단 방지 캠페인 – 버스 정류장 줄서기, 교통질서 캠페인 • 교통 시설물 정비 – 각종 교통 표지판 등을 세척, 정비함으로써 쓰임새 및 중요성 인식 • 기초질서 지키기 활동 참여 – 길거리 담배꽁초 줍기, 인도 바닥의 붙은 껌 떼기 • 경찰서 내 청소, 사무 보조 등
소방서	• 청소, 사무 보조 등
문화회관	• 각종 행사 지원, 청소, 사무 보조
공공 시설물	• 공원 이용객 안내 및 문화·체육 행사 시 질서 유지, 청소, 제설 작업 등 공원 환경 정비, 공원 이용 모니터링, 주차장 차량 정비 및 안내, 식물원 꽃묘장 관리 보조 등

출처: 현외성(2017).

2) 의료 기관에서의 자원봉사 활동

의료 기관으로서의 병원은 자원봉사 활동의 중요한 위치를 차지하고 있다. 병원의 위치가 접근성이 쉬운 곳에 있으며, 자원봉사 활동의 형태와 내용이 참여자들이 활동하기에 쉽고 다양하다는 이점이 있다(현외성, 2017). 구체적인 자원봉사 활동의 종류와 내용은 〈표 14-8-2〉와 같다.

〈표 14-8-2〉 병원에서의 자원봉사 활동 내용

자원봉사 실천 주체	자원봉사 내용
입원 환자를 위한 활동	대화 상대, 병원에서의 각종 보조, 세탁, 물건 사오기 심부름, 편지 대필, 기도, 아동 대상 놀이 및 학습 지도, 물리치료 보조, 산책 보조, 이동도서 대출, 수예, 생화·조화·그림 지도, 호스피스, 레크리에이션, 간호 보조원 등
외래 환자를 위한 활동	접수·안내·대필·지참물 맡기는 일 돕기 동행 아동 보호, 대합실 잡지 정리 및 꽃 갈아 주기
병원 내 업무 지원 및 서비스	위생 재료 만들기, 식사에 관한 보조, 병원 내 환자 이송, 병상 만들기, 공동 세탁 및 청소, 사무 보조, 자원활동센터 운영, 방역 활동, 화단 정리, 보건 위생 강좌, 계몽, 상담 등

출처: 현외성(2017).

3) 환경 관련 분야의 자원봉사 활동

환경 문제에 대해 많은 사람들이 언급하는 것은 '전 지구적으로 사고하고 지역적으로 행동하라'는 명제이다. 환경 문제는 전 지구적인 문제이다. 따라서 전 지구적 차원에서 전략적으로 대응하는 것이 필수적이다. 인간은 주변 환경의 영향을 받으며 살아가고 있다. 오염되고 훼손된 주변 환경을 보전하려면 모든 국민은 물론 정부와 기업이 힘을 모아야 하고 여기서 나타나는 자원봉사 활동의 역할은 매우 중요하다.

최근 환경 문제에 대한 시민들의 의식이 높아지면서 이 분야에서 활동하는 자원봉사자들이 현저히 증가하고 있다(구혜영, 2019).

환경 분야에서의 자원봉사 활동은 산, 강, 공원, 도로의 쓰레기 줍기, 벽의 낙서나 벽보 없애기, 쓰레기 분리 수거, 환경 캠페인에 참가하여 환경 보전의 중요성을 알리는 일, 환경 감시원으로서 대기 오염이나 수질 오염을 측정하고 감시하는 일, 매연 차량 감시 활동과 신고, 환경 모임을 조직하고 이끌어 가는 일 등이 있다. 생활 속에서 쓰레기를 줄이고, 에너지 절약, 재활용 활동, 환경 비누를 만들어 사회복지 시설이나 이웃에게 나누어 주는 활동도 의미 있는 환경 분야에서의 자원봉사 활동이라 할 수 있다.

4) 재난 분야의 자원봉사 활동

재난이란 돌발 사고를 뜻하는 것으로 예기치 못한 또는 원하지 않는 사건·현상의 출현으로 재산이나 인체에 손실을 가져오는 것을 의미한다(최일섭 외, 2016). 재난으로 인한 재해는 원인에 따라 자연재해와 인위재해로 나뉘는데 오염과 자연파괴, 생태계 파괴 등 특성상 위험과 피해 규모가 상상 이상이 되는 경우가 있다. 재난 구호 봉사 활동의 내용으로는 재해 난민 돌봄 서비스(식사, 세탁, 청소, 소독 등), 비상 식량 제공 및 의식주 구호 물품 제공 서비스, 제거 활동, 위기 개입 및 정서적 상담 등이 있다. 대표적인 재난 발생으로 인한 자원봉사 활동의 예로는 태안 기름유출 사고(2007년)를 수습하기 위한 자원봉사 활동, 세월호 참사(2014년)에서의 구조 활동 자원봉사가 있었으며, 포항 지진 발생(2017년)과 고성·속초 산불(2019년)에서의 민간 봉사단과 개인이 행정안전부 산하 자원봉사센터의 전국적 망을 활용하여 활동한 자원봉사는 민·관 협력 체계를 통한 재난 분야 자원봉사 활동의 대표적 예이다.

5) 새로운 개념의 자원봉사 활동

(1) 프로보노

프로보노(Pro Bono Publico)는 '공공의 이익을 위하여(For the Public Good)'라는 라틴어의 줄임말로 특정 분야의 전문가가 자신의 전문성을 이용하여 보수 없이 자발적으로 사회를 위해 봉사하는 활동을 의미한다.

현재 우리나라에서는 고용노동부에서 기업의 파트너십을 맺어 경영 컨설팅을 받는 등의 민간 자원의 연계 활동이 이에 해당된다. 프로보노는 전문성을 갖춘 자원봉사자들의 사회공헌 활동이므로 사회적 경제 조직, 일반 기업의 노무나 경영 노하우 전수 등 활용 여지가 무궁한 분야이기도 하다(한국중앙자원봉사센터, 2018).

(2) 버추얼 볼런티어

버추얼 볼런티어(virtual volunteer)는 인터넷을 통한 온라인 자원봉사를 의미하며 e-volunteering이라고도 한다. 자원봉사 활동이 시간과 공간에 대한 제약을 받지 않고 언제 어디서나 자유롭게 이루어지므로 자원봉사 활동의 자유도를 극대화해 주고 있다. 따라서 시간이 날 때 틈틈이 인터넷이나 다양한 SNS(Social Network Service) 채널을 통해서 집중적으로 참여할 수 있다는 장점을 갖고 있다. 현대 사회의 특징을 잘 대변하듯 빠르고 실시간 소통이 가능한 젊은층의 자원봉사 참여를 유도할 수 있다. 실제로 고베 대지진이나 아이티 지진 당시 재난 구호에서 큰 힘을 발휘하였으며, 최근 코로나19(COVID-19) 상황에서의 비대면, 사회적 거리 두기 조건에서도 거리와 비대면의 한계를 극복한 자원봉사 활동 사례가 이에 해당된다.

(3) 문화 자원봉사

문화 자원봉사는 문화적 소통으로 사회에 기여하는 활동을 의미한다. 인문학적 공감 또는 예술을 기반으로 활동을 펼치는 자원봉사는 봉사자나 봉사를 받는 사람의 문화적 감수성을 증진시키고 사회적으로는 창의성과 활력을 띤 문화 공동체를 형성하는 것을 목적으로 한다. 문화 자원봉사는 일반적인 자원봉사 정신을 근간으로 문화적 감수성이 만들어 낼 사회적 변화에 초점을 맞추고 있다(문화체육관광부, 2014).

(4) 볼런테인먼트

볼런테인먼트(voluntainment)는 볼런티어리즘(volunteerism)과 엔터테인먼트(entertainment)의 합성어로, 시민들의 주체성을 극대화하고 흥미와 자발성을 자극하여 자원봉사에 참여하도록 이끌 수 있는 효과적인 개념으로 탄생하였다. 나눔과 봉사를 의미하는 볼런티어리즘과 놀이, 몰입, 재미를 의미하는 엔터테인먼트의 두 단어가 합쳐진 형태로서 볼런테인먼트는 자원봉사의 내적, 외적 즐거움을 강조한다(볼런티어21, 2006).

(5) 볼런투어리즘

국민의 경제 수준 및 의식 수준의 향상, 여가 시간 및 생활양식의 변화 등으로 전통적인 자원봉사 활동은 관광(tourism)과 여가(leisure), 휴가(holiday), 오락(entertainment) 등과 융합되어 그 영역이 점차 확대되어 가고 있다(이정석, 2010). 볼런투어리즘(voluntourism)은 자원봉사 활동을 뜻하는 볼런티어(volunteer)와 관광을 의미하는 투어리즘(tourism)이 합성된 신조어로, 장기간의 휴가 동안 저개발 국가에 가서 현지인과 함께 봉사 활동을 하는 것을 의미한다. 엄밀히 말해 자원봉사 활동보다는 관광에 좀 더 초점을 둔 개념으로 관광을 즐기는 일정 중에 시간을 내어 자원봉사 활동을 한다는 것을 의미한다. 이는 주로 자원봉사 활동을 하며 일부 시간을 이용해 관광을 하는 것을 의미하는 볼런티어 투어리즘(volunteer tourism)과는 차이를 두고 있다(이원희, 2011).

참고 문헌

참고 문헌

강철희·유재윤·박소현(2012). 기부와 자원봉사에의 참여 행동에 관한 연구. 한국사회복지학, 64(2), pp. 273-298.

고상민·황보환·지용구(2010). 소셜네트워크서비스와 온라인 사회적 자본. 한국전자거래학회지, 15(1), pp. 103-118.

고재욱·송노원·양경희·이원웅·조재숙(2013). 행복한 사회를 만들어 가는 자원봉사론. 서울: 양서원.

관계부처합동(2018). 자원봉사 활동 진흥을 위한 제3차 국가기본계획(2018~2022).

교육부(2015). 2015 개정 창의적 체험활동 교육 과정(교육부 고시 제2015-74호).

구재관·권향임·박정임·박주현·심의보·임상록·정주석(2014). 자원봉사론. 서울: 양서원.

구혜영(2019). 자원봉사론. 서울: 신정.

국제개발협력위원회(2014). 국제개발협력. 국제협력단.

권병옥(2008). 자원봉사 활동의 실태와 활성화방안에 대한 연구. 한양대학교 행정자치대학원 석사학위논문.

권지성·염태산(2019). 사회복지 실천가와 연구자를 위한 사회복지실천 질적 평가방법론. 경기: 공동체.

권현수(2007). 자원봉사관리자 재교육과 직업적 역량 및 전문직업성과의 관계. 경북대학교 대학원 박사학위논문.

김동배·김선아·이서원·장신재·조학래·홍영수(2009). 자원봉사의 이해. 서울: 학지사.

김명숙(2000). 자원봉사활동에 있어서 전문인력 활용에 관한 연구: 간호사 중심으로. 계명대학교 여성대학원 석사학위논문.

김미애(2013). 자원봉사센터의 수퍼비전이 자원봉사관리자의 임파워먼트에 미치는 영향 분석. 경희대학교 공공대학원 석사학위논문.

김미현·이종수(2012). 조직 내 저성과자 관리에 관한 실증연구: 공공조직과 민간조직의 비교를 중심으로. 한국인사행정학회보, 11(3), pp. 55-77.

김범수·권선진·손영희·신승연·이종복·전종숙·정옥희·정용충·최은숙(2016). 자원봉사론 3판. 서울: 학지사.

김범수·신원우(2006). 지역사회복지론. 서울: 공동체.

김성재(1991). 장애인인권과 사회통합. 국립특수교육원연구보고서.

김승용·김순안·김오복·김은묵·김재중·박은주·오준심·이경순·이미영·이현심(2011). 자원봉사론. 서울: 양서원.

김영모(1999). 현대 사회 계층론. 한국복지정책연구소.

김영인(2003). 시민성 함양 방안으로서 청소년 봉사활동지도에 관한 연구-봉사학습효과를 중심으로. 사회과교육, 42(2), pp. 185-210.

김영철(1991). 대한적십자사 사회봉사사업의 활성화방안: 자원봉사 활동을 중심으로. 경기대학교 행정대학원 석사학위논문.

김영호(2003). 자원봉사의 이론과 실천. 현학사.

김영호·오정옥·김상조·문혜숙·이은경(2006). 자원봉사의 이론과 실제. 서울: 창지사.

김은경(2007). 대학 교과과정과 연계한 봉사-학습(Service-Learning)의 효과. 서울여자대학교 대학원 석사학위청구논문.

김은아(2001). 우리 나라 공공자원봉사 프로그램 개발방안에 관한 연구. 경희대학교 산업정보대학원 석사학위논문.

김정혜(2008). 주부자원봉사활동 프로그램 개발과 활성화 방안에 관한 연구 -경기도 여성자원활동센터를 중심으로-. 한양대학교 행정·자치대학원 석사학위논문.

김현진·이동수(2011). 사회복지시설 자원봉사자의 참여동기가 직무만족과 지속의지에 미치는 영향. 한국거버넌스학회보, 18(1), pp. 243-270.

남기철(2007). 자원봉사론. 나남출판.

대한민국 정부(2016). 제3차 저출산 고령사회 기본 계획, pp. 191-205.

도숙자(2005). 지방자치시대 자원봉사활성화 방안에 관한 연구. 충남대학교 행정대학원 석사학위논문.

류기형(2008). 자원봉사 직무특성이 활동만족도와 지속의지에 미치는 영향 연구. 한국사회복지정책학회 35, pp. 221-244.

류기형(2010). 자원봉사 동기유형과 보상인식 및 자원봉사 과업만족도와의 관계에 관한 연구. 사회복지정책, 37(4), pp. 75-96.

류기형·남미애·박경일·홍봉선·강대선·배의식(2013). 자원봉사론. 경기: 양서원.

류기형·남미애·박경일·홍봉선·강대선·배의식(2018). 자원봉사론 5판. 경기: 양서원.

문화체육관광부(2014). 문화자원봉사활동 매뉴얼 활동가용. 세종: 문화체육관광부.

박가나(2009). 청소년 참여활동이 공동체의식에 미치는 효과. 청소년학연구, 16(10), pp. 273-306.

박병현(1994). 영국과 미국의 사회복지제도 발달비교 1859~1935, 사회복지의 역사와 과제-인창 신섭중박사 회갑기념논문집. 기념논문간행위원회.

박선영(2010). 한국에서의 실천적 시민교육 재구성을 위한 영국 시민교육과 자원봉사 활동 고찰. 청소년학연구, 17(2), pp. 87-108.

박용순·송진영·황치정·박현숙(2018). 자원봉사론. 서울: 창지사.

박태영·김숙경·오주·이경은·장덕희·채현탁·최태자(2008). 자원봉사론. 경기: 공동체.

박태영·채현탁·정진석·조미정(2015). 자원봉사론. 경기: 공동체.

박희봉·김명환(2001). 우리나라 지역 사회의 사회 자본 증진에 관한 연구. 한국정치학회보, 34(4), 219-237.

보건복지부(2020). 2020년도 사회복지자원봉사사업지침.

볼런티어21(2001). 자원봉사센터 운영 매뉴얼.

볼런티어21(2004). 자원봉사 관리자 아카데미 일반 과정.

볼런티어21(2005). 2005 한국인의 자원봉사 의식 및 현황 조사연구, 행정자치부. pp. 45-61.

볼런티어21(2006). 볼런테인먼트 프로그램 실천 매뉴얼. 서울: 볼런티어21.

볼런티어21(2006). 자원봉사관리자 아카데미(일반과정).

볼런티어21(2012). 전국자원봉사 활동 및 기부실태 조사연구 2011: 1990~2011 자원봉사 및 기부실태 비교.

서울시자원봉사센터(2013). 우리시대의 자원봉사-사회적 경제와 자원봉사의 연계를 통한 지역공동체 활성화. 서울시자원봉사센터 전문가포럼 자료집.

성도경·박희봉·장철영(2004). 사회자본과 거버넌스 증진을 위한 정부와 시민사회의 역할. 대한정치학회보, 12, pp. 419-438.

성종희(2001). 가족자원봉사 프로그램 개발을 위한 연구. 울산대학교 대학원 석사학위논문.

신기철·신용철(1990). (새우리말)큰사전. 삼성출판사.

신원식·신근화(2020). 사회복지 프로그램 개발과 평가-제안서 작성의 실제-. 경기: 공동체.

안정선(2016). 사회복지 슈퍼비전 매뉴얼 개발을 위한 기초연구 -사회복지관의 직원 슈퍼비전 지침 분석을 중심으로-. 슈퍼비전과 실천연구, 1집, 한국사회복지슈퍼비전학회, pp. 25-50.

안정선·최원희(2016). 사회복지 슈퍼비전의 이론과 실제. 서울: 신정.

연윤영(2012). 교과과정과 연계한 청소년 봉사 학습 프로그램 개발 및 효과성 연구. 강남대학교 사회복지전문대학원 석사학위청구논문.

염철현(2009). 미국 역대 행정부의 자원봉사법 변천 과정과 최근 동향. 교육법학연구, 21(1).

원미순·박혜숙(2010). 자원봉사활동 경험이 시민의식에 미치는 영향. 한국거버넌스학회보, 17(3), pp. 225-245.

유용식·손호중(2009). 자원봉사 활동의 지속성에 영향을 미치는 요인. 한국비영리연구, 8, pp. 27-57.

유용식·원요한·김봉순·유길준(2016). 자원봉사론. 경기: 양서원.

유장춘(2003). 교회사회복지활동의 경정요인과 그 활성화를 위한 제언. 교회사회사업. 창간호, 145-182.

이강현·정진경(2006). 자원봉사 조직 및 자원봉사자의 자원봉사 인정·보상 시행 경험에 관한 연구. 한국비영리연구, 5(1), pp. 101-135.

이금룡·박상욱·유은경(2013). 인정·보상이 봉사활동 만족도에 미치는 영향에 관한 연구-자기주도성의 매개효과를 중심으로. 한국지역사회복지학 Journal of Community Welfare, Vol. 47, pp. 177-200.

이금룡·전용호(2011). 노인자원봉사 활동 공통기준 수립 및 인정과 보상체계 구축 기반 조성. 한국노인종합복지관협회 노년사회정책연구소 연구자료.

이만식·김성호·오단이·전구훈·원도연(2017). 뉴패러다임 시대의 자원봉사론. 서울: 학지사.

이문국 외 역(1999). 사회복지대백과사전. 서울: 나눔의집.

이민홍·정병오(2012). 사회복지프로그램 개발과 평가. 서울: 나눔의집.

이병순·김효정·오효근·박미혜·민승화·김화진·강정희(2014). 자원봉사실천가가 풀어쓴 자원봉사론. 경기: 공동체.

이상수·이명진(2014). 문화 선호와 참여의 다양성에 관한 연구. 한국사회학, 48(5), pp. 25-57.

이성록(2005). NGO·NPO 인간관리총론 자원봉사 매니지먼트. 서울: 미디어숲.

이성록(2005). 자원봉사 어드바이저. 서울: 미디어숲.

이성철(2008). 자원봉사활동 기본법 시행 3년, 평가와 과제. 한국자원봉사포럼.

이원희(2011). 볼런투어리즘 활성화 방안. 서울: 한국문화관광연구원.

이재풍·김남희·김동진·이외승·최선희·황유정(2019). 자원봉사론. 경기: 양서원.

이정석(2010). 지방자치단체의 볼런투어리즘 도입 및 브랜드화 전략. 지방정부연구, 14(3), 139-163.

이준구(2008). 재정학. 다산출판사.

이지현(2014). 봉사 학습 프로그램 개발 및 효과연구: 초등학생의 이해와 민주 시민성에 미치는 영향을 중심으로. 경인교육대학교 교육전문대학원 석사학위 청구논문.

이청자·김노마·송성숙·김응진(1993). 자원활동 수요 개발에 관한 연구. 한국여성개발원.

이현기(2011). 일반노인 시간자원봉사의 특징: 평균시간과 개인자원을 중심으로. **노인복지연구**, 54, pp. 387-411.

임상록·최영숙·장우심·윤영미·정옥희·김광병·변민수(2007). **사회복지개론**. 파란마음.

전미선·이종수(2014). 성과급은 내재적 동기에 어떤 영향을 미치는가?: 동기 부여 혹은 동기구축(crowding-out) 효과와 경로 분석. **한국인사행정학회보**, 13(1), pp. 161-176.

전용호·이금룡(2013). 노인 자원봉사의 인정과 보상에 관한 연구. **노인복지연구**, 62, pp. 173-201.

정규호(2008). 특집논문: 민주적 거버넌스와 시민사회; 풀뿌리 사회경제 거버넌스의 의미와 역할-원주지역 협동조합운동을 사례로. **시민사회와 NGO**, 6(1), pp. 113-147.

정길영(2013). **자원봉사론**. 서울: 동문사.

정다원(2012). 자원봉사관리자의 직무만족에 영향을 미치는 요인 : 충청지역 자원봉사센터 직원을 대상으로. 충주대학교 일반대학원 석사학위논문.

정진경(2013). 복지국가 맥락에서 스웨덴, 미국, 한국의 자원봉사정책 비교 연구. **한국행정학보**. 47(2).

정진경(2016). 자원봉사 법제의 이해와 자원봉사 실천현장으로부터의 메아리. 제1회 전국자원봉사센터 실천지향컨퍼런스 정책이슈별 PLUG-IN 세션1 발제.

정진경·송정안·신수옥(2013). **EU·영국 자원봉사 정책 및 현황조사 결과보고서**. 한국자원봉사협의회·안전행정부.

조복순(2005). 자원봉사학습 프로그램이 중학생의 자아 존중감과 진로의식 성숙에 미치는 효과. 영남대학교 교육대학원 석사학위청구논문.

조철민(2016). 자원봉사 관리자 역량 강화를 논의에 부치며. 제1회 전국자원봉사센터 실천지향컨퍼런스 정책이슈별 PLUG-IN 세션3 발제.

조휘일(1991). 한국사회복지분야의 자원봉사행동과 관련된 개인 및 조직 특성에 관한 연구. **한국사회복지학**. 11(18), pp. 117-151.

조휘일(1998). **자아실현과 지역 사회 공동체 형성을 위한 현대 사회와 자원봉사**. 서울: 홍익재.

조휘일(2000). 자원봉사프로그램관리과정개발에 관한 연구. 사례중심으로 본 자원봉사 관리의 실제. 서울: 서울특별시사회복지협의회.

조휘일(2002). 자원봉사 프로그램 관리. 서울: 학지사.

조휘일(2004). 사회복지 슈퍼비전 실천의 방향. 한국사회복지행정학회 춘계 학술대회 자료집, pp. 3-22.

조휘일(2011). 자원봉사론. 경기: 공동체.

주성수·정희선·윤영미·이경화(2017). 2017 자원봉사 활동 실태조사 및 활성화 방안 연구. 행정안전부.

최덕경·강기정·박경애·박창우·배은숙·이명원·이혜자·정은미·정혜선(2006). 자원봉사론. 서울: 공동체.

최덕경·이서영·서정학·배은숙·박주현(2013). 현대사회와 자원봉사. 경기: 공동체.

최유미(2010). 자원사 교육과 인정이 직무만족에 미치는 영향에 관한 연구. 한국지역사회복지학 Journal of Community Welfare, Vol. 32, pp. 151-183.

최유미(2012). 한국형 자원봉사관리 평가지표 개발연구. 한국지역사회복지학. 43, pp. 115-135.

최일섭·고기숙·구자행·이창호·정진경(2007). 자원봉사 활동 진흥을 위한 국가기본계획 수립 연구용역. 한국자원봉사협의회.

최일섭·곽현모·김성기(2016). 자원봉사/여가 및 취미생활. (사)한국생애설계협회.

표갑수(2010). 사회복지학 총서 자원봉사론. 나남.

한국보건사회연구원·보건복지가족부(2005). 2004년도 전국노인생활실태 및 복지욕구조사, 정책보고서 2005-3.

한국복지연구회(1997). 현대 사회의 자원봉사론. 서울: 유풍출판사.

한국사회복지협의회(1997). 자원봉사 프로그램 백과.

한국자원봉사협의회(2016). 한국자원봉사의 해 국민운동을 위한 10대 어젠다 모델사례 발굴 및 보급.

한국중앙자원봉사센터(2018). 중앙부처와의 자원봉사 협력방안 연구.

행정안전부(2008). 자원봉사 활동 관리 표준 매뉴얼 개발 보고서.

행정안전부(2012). 자원봉사 활동 진흥을 위한 제2차 국가기본계획(2013~2017).

행정안전부(2018). 2018 자원봉사 현황 자료집.

행정안전부(2020). 자원봉사 활성화를 위한 자원봉사센터 운영 지침.

현외성(2014). 자원봉사론 강해(2판). 서울: 학지사.

현외성(2017). 현대 자원봉사론. 서울: 창지사.

홍경준(2017). 초등학교 봉사 학습에 관한 조사연구: 광주·전남지역 중심으로. 광주 교육대학교 교육대학원 석사학위청구논문.
황성철·정무성·강철희·최재성(2005). **사회복지행정론**. 경기: 학현사.
황성철·정무성·강철희·최재성(2017). **사회복지행정론**. 경기: 정민사.

사회복지자원봉사인증관리(www.vms.or.kr).
서울시자원봉사센터(volunteer.seoul.go.kr).
통계청(www.kostat.go.kr).
한국국제협력단(www.koica.go.kr).
한국대학사회봉사협의회(http://kucss.or.kr).
한국사회복지협의회(www.bokji.net).
한국중앙자원봉사센터(www.v1365.or.kr).
1365 자원봉사 포털(www.1365.go.kr).

Aida, J., Kondo, K., Kondo, N., Watt, R. G., Sheiham, A., & Tsakos, G.(2011). Income inequality, social capital and self-rated health and dental status in older Japanese. *Social science & medicine, 73*(10), 1561–1568.

Andronic, R. L.(2014). Volunteering: Theoretical approaches and personal characteristics. *Scientific Research & Education in the Air Force-AFASES, 2,* 475–478.

Bekkers, R. H. F. P.(2005). *Charity begins at home: How socialization experiences influence giving and volunteering.* Paper prepared for the 34th Arnova Annual Conference Washington DC, November 17–20, 2005.

Bekkers, R., & de Wit, A.(2014). Participation in volunteering: What helps and hinders. *A deliverable of the project: "Impact of the third sector as Social Innovation" (ITSSOIN), European Commission – 7th Framework Programme,* Brussels: European Commission, DG Research.

Bennett, R.(2018). *Nonprofit marketing and fundraising: a research overview.* Routledge.

Berman, E. M., Bowman, J. S., West, J. P., & Van Wart, M. R.(2013). *Human Resource management in Public Service: Paradoxes, Processes and Problems.* Los Angeles: Sage.

Binder, M., & Freytag, A.(2013). Volunteering, subjective well-being and public policy. *Journal of Economic Psychology, 34,* 97–119.

Boz, I., & Palaz, S.(2007). Factors Influencing the Motivation of Turkey's Community Volunteers. *Nonprofit and Voluntary Sector Quarterly 36*(4): 643–661.

Browne, K.(2005). *An introduction to sociology.* Polity Press.

Choukas–Bradley, S., Giletta, M., Cohen, G. L., & Prinstein, M. J.(2015). Peer influence, peer status, and prosocial behavior: An experimental investigation of peer socialization of adolescents' intentions to volunteer. *Journal of youth and adolescence, 44*(12), 2197–2210.

Clary, E. G., Snyder, M., Ridge, R. D., Copeland, J., Stukas, A. A., Haugen, J., & Miene, P.(1998). Understanding and assessing the motivations of volunteers: a functional approach. *Journal of personality and social psychology, 74*(6), 1516.

Conrad, D., & Hedin, D.(1989). High School Community Service: A Review of Research and Programs.

Dean, J.(2016). Class diversity and youth volunteering in the United Kingdom: Applying Bourdieu's habitus and cultural capital. *Nonprofit and Voluntary Sector Quarterly, 45*(1_suppl), 95S–113S.

Dekker, P., & Halman, L. (Eds.).(2003). *The values of volunteering: Cross-cultural perspectives.* Springer Science & Business Media.

Denhardt, R. B., Denhardt, J. V., & Aristigueta, M. P.(2012). *Managing human behavior in public and nonprofit organizations.* Sage.

Donovan, F. & Jackson, A. C.(1991). *Managing Human Service Organization.* Sydney: Prentice Hall.

Dovidio, J. F., Piliavin, J. A., Schroeder, D. A., & Penner, L. A.(2017). *The social psychology of pro-social behavior.* Psychology Press.

Dunn, P. C.(1995). Volunteer Management, Encyclopedia of Social Work(19th ed). NASW. 2483–2490.

EC(2000). Concise Report of the Debates of the First Convention of Civil Society Organised at European Level. European Commission. (Http://europa.eu.int)

Eliasoph, N.(2013). *The politics of volunteering.* John Wiley & Sons.

Ferrante, J.(2012). *Sociology: A global perspective.* Nelson Education.

Fischer, L. R., & Schaffer, K. B.(1993). *Older volunteers: A guide to research and practice.* Sage Publications, Inc.

Flctcher, K. B.(1987). *The Keys to 9 Successful Volunteer Program.* Washington D. C. : The

Taft Group.

Hall, D.(1987). A Historical Overview of the Private Non–profit Sector, In powell, W.(ed). *The Nonprofit Sector: A Research Handbook,* New Haven l Yale University Press.

Hardcaetle, A., Wenocur, S., & Powers, P. R.(1997). *Community Practice: Theories and Skills for Social Workers.* New York : Oxford Press.

Haski–Leventhal, D.(2009). Altruism and volunteerism: The perceptions of altruism in four disciplines and their impact on the study of volunteerism. *Journal for the Theory of Social Behaviour, 39*(3), 271–299.

Hedley, R., & Smith, J. D.(1994). *Volunteers and the Contract Culture.* London : Volunteer Center·UK.

Hout, M., & Fischer, C. S.(2002). Why more Americans have no religious preference: Politics and generations. *American Sociological Review, 67*(2), 165–190.

Hope, S., & Figiel, J.(2015). Interning and investing: rethinking unpaid work, social capital and the "Human Capital Regime", *Triple C: Journal for a Global Sustainable Information Society, 13*(2).

Huitt, W.(2001). Motivation to learn: An Overview. http://chirom.valdosta.edu. Independent Sector, 2001. *Giving and Volunteering in the Unites States: Key Findings.* Washington, D. C: Independent Sector.

Hustinx, L., Cnaan, R. A., & Handy, F.(2010). Navigating theories of volunteering: A hybrid map for a complex phenomenon. *Journal for the theory of social behaviour, 40*(4), 410–434.

Illingworth, P.(2016). *Us before me: ethics and social capital for global well-being.* Springer.

Ilsley, P. J.(1990). *Enhancing the Volunteer Experience.* San Francisco: Jossey–Bass Publ.

Ilsley, P. J. & John A. N.(1981). *Recruiting and Training Volunteers.* New York: McGraw–Hill Book Co.

Jacobson, A.(1987). *Standard and Guidelines for the Field of Volunteerism.* Association of Volunteer Bureaus.

Jensen, K. H.(2008). *Volunteers and well-being.*

Kadushin, A.(1992). *Supervision in Social Work*(3rd ed.), NY: Columbia University Press.

Kadushin, A., & Harkness, D.(2002). *Supervision in Social Work.* N.Y.: Colombia University Press.

Katz, H., & Malul, M.(2015). Do you enjoy giving more or more than others? The positionality of voluntary contributions. *VOLUNTAS: International Journal of Voluntary and Nonprofit Organizations, 26*(6), 2755–2767.

Kim, M. Y., Yu, H. J., & Park, S. M.(2017). Examining and Testing the Roles of Human Resource Development(HRD) in the Public Sector: Evidence from US Federal Agencies. *International Review of Public Administration, 22*(1): 60–86.

Kleinginna, J. Jr., & A. Kleinginna.(1981). A categorized list of motivation definitions, with suggestions for a consensual definition. *Motivation and Emotion 5*: 263–291.

Kliger, D. E., & Nalbandian, J.(2003). *Public Personnel Management: Contexts and Strategies*(5th ed.). London: Person Education Ltd.

Lareau, A.(2015). Cultural knowledge and social inequality. *American Sociological Review, 80*(1), 1–27.

Lee, Y. J., & Brudney, J. L.(2009). Rational volunteering: A benefit–cost approach. *International Journal of Sociology and Social Policy, 29* (9/10), 512–530.

Loss, M.(2006). 이탈리아의 사회적 기업. 국제노동브리프, 4(6), 31–38.

Luthans, F., Luthans, B. C., & Luthans, K. W.(2015). *Organizational Behavior: An EvidenceBased Approach*. IAP.

Lynch, R.(1983). Designing Volunteer Jobs for Results. *Voluntary Action Leadership*, Summer.

Maslow, A.(2018). 매슬로의 동기 이론(소슬기 옮김). 유엑스리뷰.

Morrow–Howell, N., Hinterlong, J., Rozario, P. A., & Tang, F.(2003). Effects of volunteering on the well–being of older adults. *The Journals of Gerontology Series B: Psychological Sciences and Social Sciences, 58*(3), S137–S145.

Musick, M. A., & Wilson, J.(2007). *Volunteers: A social profile*. Indiana University Press.

Nesbit, R.(2013). The influence of family and household members on individual volunteer choices. *Nonprofit and Voluntary Sector Quarterly, 42*(6), 1134–1154.

OECD(2015). *The welfare state in Crisis*. paris : OECD.

Putnam, R. D.(2001). Tuning in, tuning out: the strange disappearance of social capital in America. *Controversies in Voting Behavior*. CQ Press, Washington, DC.

Putnam, R. D.(2016). *Our kids: The American dream in crisis*. Simon and Schuster.

Putnam, R. D., & Campbell, D. E.(2010). *Amazing grace: How religion divides and unites us*.

New York: Simon and Schuster.

Ritzer, G.(2009). 사회학 이론(김왕배 옮김), 한울출판사.

Rousseau, J. J.(1951). *Political Writings of J. J. Rousseau. 2 vols* (ed.), Cambridge University Press.

Sheard, J.(1995). From Lady Bountiful to Active Citizen. In D. Smith, C. Rochester, & R. Hedley, *An Introduction of Voluntary Sector.* London : Routledge.

Smith, J. D.(1995). The Voluntary Tradition. In D. Smith, C. Rochester, & R. Hedley, *An Introduction of Voluntary Sector.* London : Routledge.

Smith, R. M.(1977). Problem in Measurement of Organizational Effectiveness, *Administntive Science Quarterly. 22,* 46–56.

Stelljes, A. D.(2008). *Service-learning and community engagement: Cognitive developmental long-term social concern.* Cambria Press.

Southby, K., & South, J.(2016). Volunteering, inequalities and barriers to volunteering: a rapid evidence review, Leeds Beckett University.

Stenzel, A. K., & Feeney, H. M.(1976). *Volunteer Trainning and Development: A Manual.* The seabury Press.

Stolle, D., & Hooghe, M.(2002). Preparing for the learning school of democracy. *In 98th Annual Meeting of the American Political Science Association.* Boston.

Stürmer, S., & Snyder, M.(Eds.).(2009). *The psychology of prosocial behavior: Group processes, intergroup relations, and helping.* John Wiley & Sons.

Tsui, M.(2004). *Social Work Supervision.* Sage Publications; 20, 33–61, 137–146.

Wang, L., & Graddy, E.(2008). Social capital, volunteering, and charitable giving. *Voluntas: International Journal of Voluntary and Nonprofit Organizations, 19*(1), 23.

Wilson, J.(2000). Volunteering. *Annual review of sociology, 26*(1), 215–240.

Wilson, J., & Musick, M.(1997). Who cares? Toward an integrated theory of volunteer work, *American sociological review,* 694–713.

Wilson, J., & Musick, M.(1998). The contribution of social resources to volunteering. *Social science quarterly,* 799–814.

Wilson, M.(1976). *The Effective Management of Volunteer Programs.* Colorado : Volunteer Management Associates.

Wu, H.(2011). *Social impact of volunteerism.* Points of Light Institute.

Yildiz, A.(2015). *Volunteers motivation and sense of community in a sports event* (Doctoral dissertation, MIDDLE EAST TECHNICAL UNIVERSITY).

저자 소개

■ **임원균**

신안산대학교 사회복지과 교수
사회복지공동모금회 경기지회 배분분과위원회 부위원장
한국통합사례관리학회 이사

■ **이문국**

신안산대학교 사회복지과 교수
자활정보센터 비상근 소장
한국노인인력개발원 비상근 연구센터장

■ **이혜림**

신안산대학교 아동보육과 교수
안산시 자원봉사센터 운영위원
안산시 보육정책위원회 위원

■ **신용석**

신안산대학교 사회복지과 교수
성균관대학교 사회복지연구소 선임연구원
국제학술지(SSCI) OMEGA-Journal of Death and Dying 심사위원

■ **김한욱**

신안산대학교 사회복지과 교수
반포종합사회복지관 관장
사회복지공동모금회 중앙회 경영기획·홍보팀장

■ **김부산**

신안산대학교 사회복지과 교수
능인종합사회복지관 관장
강남구사회복지기관협의회 회장

자원봉사론

초 판 1쇄 인쇄 2021년 2월 1일
초 판 1쇄 발행 2021년 2월 5일

지 은 이 | 임원균·이문국·이혜림·신용석·김한욱·김부산
펴 낸 이 | 김기섭
편 집 인 | 이윤희
펴 낸 곳 | 창지사 www.changjisa.com
08589 서울시 금천구 가산디지털 1로 83 파트너스타워 1차 9층
전화 (02)719-2211~3
팩스 (02)701-9386
등 록 | 1977년 4월 28일 · 제1-421호

ISBN 978-89-426-1425-7 (93330)

값 20,000원